Johannes Steinhoff

# Die Straße von Messina

Johannes Steinhoff

# Die Straße von Messina

Tagebuch des Kommodore

FLECHSIG

Umwelthinweis:
Dieses Buch und der Umschlag wurden auf chlorfrei gebleichtem Papier gedruckt.
Die Einschrumpffolie – zum Schutz vor Verschmutzung – ist aus umweltverträglichem und recyclingfähigem PE-Material.


Erschienen im List Verlag
Genehmigte Lizenzausgabe

Flechsig Verlag
Internet: www.verlagshaus.com
Einbandgestaltung: Silberwald Agentur für visuelle Kommunikation, Rimpar
www.silberwald.biz
Gesamtherstellung: Himmer GmbH Druckerei und Verlag, Augsburg
www.himmer.de
ISBN 978-3-8035-0123-3

# Inhalt

„Während der Casablanca-Konferenz im Jahre 1943 beschossen der Premierminister und Präsident Roosevelt, Sizilien mit dem Ziele zu stürmen, dieses als Operationsbasis gegen Südeuropa zu gebrauchen und dadurch das Mittelmeer für die Streitkräfte der Alliierten zu öffnen. Die Operation erhielt den Decknamen ‚Husky'."

FELDMARSCHALL ALEXANDER
IN „DIE EROBERUNG SIZILIENS"

„Der 13. Mai – der Tag, an dem die Schlacht um Tunesien endete – ist der Zeitpunkt, an dem die Operation ‚Husky' begann. Sobald die Streitkräfte der Achse in Tunesien kapituliert hatten, konnten die Landstreitkräfte der Alliierten alle Anstrengungen darauf konzentrieren, Sizilien sturmreif zu machen."

„HISTORY OF THE UNITED STATES NAVAL OPERATINS
IN WORLD WAR II",
SICILY – PALERMO – ANZIO

„Den geschätzen 5.000 alliierten Frontflugzeugen standen aufseiten der Achsenstreitkräfte nur 1.250 Maschinen gegenüber, etwa je zur Hälfte deutsche und italienische Flugzeuge. Davon waren 320 deutsche Flugzeuge zum Frontflug einsatzbereit, unter ihnen: 130 Jäger des Typs Messerschmitt 109."

FRANZ KUROWSKI,
„DAS TOR ZUR FESTUNG EUROPA"

„Nach Überführung aus Afrika über Sizilien nach dem Festland verlegt das Geschwader mit der I. und II. Gruppe nach Sizilien und wird am 20. Juni 1943 einsatzbereit gemeldet."

KRIEGSTAGEBUCH DES
JAGDGESCHWADERS 77

# Trapani, den 21. Juni 1943

Wir fahren mit dem Kübelwagen durch die engen Gassen zum Hafen. Das Fahrzeug holpert über das schlechte Pflaster, sein Rattern erfüllt die Straßen mit Getöse. Hinter uns erhebt sich eine Staubwolke bis hinauf zu den Dächern. Alles ist mit einer feinen Schicht weißen Tuffsteinmehles bedeckt – die Straße, die Häuser, die Türen und die Fensterläden. Hier und da haben die Bomben Lücken in die Häuserfront gerissen.

Kein Mensch zeigt sich. Die Einwohner haben die Stadt Trapani verlassen. Es ist die Zeit der Bombenangriffe.

Wir biegen in eine Häuserflucht ein, die gerade so viel Raum bietet, dass der Wagen passieren kann, und stehen plötzlich im gleißenden Sonnenlicht vor der Mole.

Zur Rechten, mit dem Blick auf die halbrunde Bucht, eine weiße Häuserfront. Die Fensterläden und Türen sind geschlossen. Nur eine Tür steht offen. Die grellbunten Fliegenvorhänge hängen schlaff in der Sonne. Im Schatten der Mauer hocken zwei Männer in zerschlissenen schwarzen Anzügen, die Mütze in den Nacken geschoben, und öffnen Muscheln, die sie aus einem Blecheimer nehmen. Sie würdigen uns keines Blickes.

Wir steigen aus dem Wagen. Straden löst die Maschinenpistole aus ihrer Befestigung, dann gehen wir durch den weichen Sand zum Wasser hinab.

Der kleine Hafen hat die Form eines Hufeisens. Nach Westen hin blickt man hinaus auf das Mittelmeer. In der glühenden Mittagssonne erscheint seine Fläche unbewegt und bleiern, und ohne Übergang wölbt sich darüber der grelle Himmel.

An der Mole zur Linken sind zwei verlassene von Rost zerfressene Frachtkähne festgemacht. Der Hafen ist flach und eng. Das Wasser, brackig mit öligen Schlieren, liegt still, und überall sitzen Algen und Muscheln am morschen Holz.

„Es kann nicht weit sein“, sage ich. „Gestern habe ich das aus der Luft gesehen, dort drüben finden wir weißen Sandstrand.“ Wir gehen zurück bis an die Kaimauer, an den Häusern entlang, und durchqueren dann einen verwahrlosten Garten. Nach wenigen Schritten sind wir wieder am Meer.

Hier ist etwas reinere Luft, ein schwacher, lauer Wind weht. Der Sandstrand zieht sich nach Norden bis zum Horizont. Wenn man sich umwendet, sieht man die weiße Stadt Trapani im flimmernden Licht liegen, und im Osten ragt in blauer Ferne der Berg Erice. Es ist vollkommen still. Wir entkleiden uns und legen uns in den weißen Sand.

„Wie leer und tot jetzt alles hier ist“, sagt Straden. „Als wir aus Afrika kamen und hier landeten, wussten wir doch genau, Herr Major, dass wir wieder hierher kommen würden. Aber wir wollten es nicht wahrhaben.“ Ich lasse den körnigen Sand durch die Finger rieseln. „Ein elender, verlorener Posten, auf den man uns gestellt hat. Dieses

Sizilien ist ein einziger Felsen ohne Deckung." – „Die werden uns hier fertigmachen", sagt er dumpf.

„Aber wir haben uns doch etwas erholt in den vergangenen sechs Wochen, das müssen Sie zugeben."

„Ja", sagt Straden, „wenn ich unsere Lage mit den letzten zwei Monaten in Afrika vergleiche, dann ist das hier ein Sanatorium."

„Kommen Sie, wir wollen ins Wasser, bevor wir uns einen Sonnenbrand holen." Das Wasser ist lauwarm. Man muss mehr als hundert Meter hinaus waten, ehe es über die Hüfte steigt. Dann beginnen wir zu schwimmen.

Ich weiß nicht, woher auf einmal das Angstgefühl in mir kommt, aber plötzlich muss ich kehrtmachen und schnell Land unter den Füßen fühlen. So rasch ich kann, eile ich auf die Düne zu und werfe mich in den Sand. Schnaufend erscheint Straden ein wenig später. In diesem Augenblick hören wir die Warnschüsse. Drei weißgelbe Flakwölkchen hängen hoch über der Stadt.

„Sie kommen", sagt Straden.

Während wir uns hastig anziehen, dringt das Motorengeräusch an- und abschwellend zu uns herüber.

„Mitchell oder Marauder. Ob das unserem Platz gilt?"

Noch bevor wir den Rückweg antreten, erreicht uns das dumpfe Grollen der Detonationen. Weit in der Ferne, am Hang des Erice, steigen schmutzigbraune Staubwolken auf. Als wir beim Kübelwagen ankommen, ist der Hafen leer und tot wie zuvor. Alle Türen sind geschlossen. Auch die Männer mit den Muscheln sind fort. Wir begegnen keiner Menschenseele, als wir mit heulendem Motor durch die Stadt jagen.

Straden bringt den Wagen vor der Liegeplatzbaracke der Zweiten Jagdgruppe zum Stehen. Von den Stufen der Baracke erhebt sich Hauptmann Freiberg, der Kommandeur dieser Gruppe. „Angriff von ungefähr sechzig Mitchell", meldet er. „Was sie zerstört haben, weiß ich noch nicht. Der Segen ging bei der Ersten Staffel runter. Das Telefon ist ausgefallen."

Ein paar Flugzeugführer haben sich im Schatten der Olivenbäume erhoben. Der Staub der Splittergräben haftet noch an den Knien ihrer Hosen und an den Schwimmwesten.

Freiberg sieht müde und überanstrengt aus. Der blonde Haarschopf hängt über die schweißbedeckte Stirn ins Gesicht. Wie seine Flugzeugführer trägt er die gelbe Schwimmweste, die den Oberkörper bedeckt und seine Hüfte umschließt. Daran, mit den kleinen Karabinerhaken befestigt, hängt ebenfalls der gelbe Farbbeutel. Beide Waden sind von Gurten umschlossen, in denen Leuchtpatronen stecken. An den Füßen hat er Sandalen. Das Khakihemd ist auf dem Rücken und unter den Armen nassgeschwitzt. Wie oft habe ich ihm gesagt, dass er beim Fliegen keine Sandalen tragen soll, geht es mir durch den Kopf. Einmal wird er doch herausspringen müssen, und wenn er das Glück hat, an Land niederzugehen, bricht er sich die Knöchel. Dieser Mann, sechsundzwanzig Jahre alt, ist ein begnadeter Flieger, aber nervös wie ein Rassepferd. Jeder im Geschwader weiß, dass er trinkt – dass er eigentlich jeden Abend betrunken ist. Er hat panische Angst vor Bombenangriffen. Wer mit der Faust gegen die Barackenwand schlägt und „Alarm" schreit, kann ihn blindlings in den Splittergraben springen lassen. Aber Freiberg hat sich noch nie vor einem Einsatz gedrückt. Während der Luftschlacht um Malta und während des Afrikafeldzuges schoss er 99 Gegner ab. Er trägt das Ritterkreuz. Der hundertste Abschuss will ihm seit Monaten nicht gelingen.

In der Baracke klingelt das Telefon. Die Erste Staffel meldet, dass es beim Bodenpersonal Verluste gegeben hat, obwohl der Angriff der 8,8-cm-Flak galt.

„Wir müssen die Nerven behalten, Freiberg", sage ich. „Wir werden viele einsatzbereite Maschinen brauchen für das, was uns bevorsteht. Der General der Jagdflieger wird in den nächsten Tagen zu uns herüberfliegen und den Jagdeinsatz vom Geschwadergefechtsstand aus leiten. Er kommt aus der Reichsverteidigung und hat die Erfahrung mit den Viermotorigen, die uns noch fehlt."

„Ja, ja", antwortet Freiberg mürrisch, „wir haben die fabelhaften Berichte über den Einsatz im Reich gelesen. Die kriegen beim Frühstück höflich mitgeteilt, dass von Ostengland her ein dicker Hund im Anmarsch ist und dass sie gegen zehn Uhr starten sollen. Und wenn sie herausspringen oder notlanden müssen, dann sind sie zum Mittagessen wieder zu Hause ... Unsereiner fliegt über dem lausigen Mittelmeer – falls man überhaupt rechtzeitig in die Luft kommt –, und wenn man aussteigen muss, holt einen kein Mensch aus dem Bach."

„Schon gut", sage ich beruhigend, ich kenne seine Art. „Das ist eben ein Kriegsschauplatz eigener Art hier. Übrigens wird es sehr bald besser werden. Bei Marsala werden große Funkmessgeräte aufgebaut, die erfassen die Viermotorigen schon im Anflug. Wir werden künftig rechtzeitig in die Luft kommen, wenn sie ihre Angriffe auf Rom oder Neapel oder auf die Straße von Messina fliegen."

„Auf dem Erice gibt es jetzt einen Peiler", wirft Straden ein, „der unseren Standort über dem Mittelmeer genau feststellt, sobald wir Funksprech benutzen. Man wird uns also auch aus dem Wasser holen können."

„Wer?", fragt Freiberg, ohne ihn anzusehen.

Wenn man zum Geschwadergefechtsstand will, muss man die Serpentinen am Erice hinauffahren. Die Straße ist steil und staubig. Bevor man auf dem Höhensattel vor der Ortschaft ankommt, biegt man links ab und erreicht auf holprigem Feldweg ein kleines Plateau am Fuße des Gipfels. Das Panorama, das sich hier bietet, ist großartig. Der Blick schweift weit über den Südwesten der Insel. Scheinbar zum Greifen nahe liegt in der Bucht das weiße Trapani mit seinem Hafen. Der Flugplatz mit der neuen

Betonpiste schließt sich an, und weiter im Süden schimmern die Salinen. Marsala ist im Dunst nur zu ahnen. Fern verlieren sich die Einzelheiten in den graugrünen Olivenhainen, aus denen Häuser, Dörfer und Städtchen als weiße Tupfen hervorleuchten. Nur der Nachbarflugplatz Chinisia ist an seiner hellen Startbahn noch gut zu erkennen.

Hinter der Baracke steigt der Felsen des Erice steil an. Wochenlang schon sind Arbeiter damit beschäftigt, eine Höhle in den Fels zu treiben. Seit wir wieder in Sizilien sind, bearbeiten sie mit Presslufthämmern und Spitzhacken das braune Gestein und türmen vor dem gähnenden Eingang haushoch den Abraum auf.

Einem großen Hufeisen gleich soll die Höhle einen der gewaltigen Pfeiler umlaufen, die das Plateau des Erice tragen. Sie wird somit zwei Ausgänge haben, aber noch ist nicht die Hälfte der Arbeit getan. Schon heute aber bildet sie unsere Zuflucht bei Bombenangriffen.

In dem Augenblick, als der Kübelwagen auf dem Plateau zum Stehen kommt, explodieren hoch über uns drei Flakgranaten, die den Alarm anzeigen. Die Nachmittagsbrise, die sich erhoben hat, weht das Motorengeräusch der startenden Alarmstaffel vom Flugplatz zu uns herauf.

„Welche Staffel?“ frage ich.

„Die Zweite.“

„Wer führt?“

„Zöhler.“

Es sind wohl an die fünfzehn Maschinen, die herausstarten. Man kann das Aufwirbeln des Staubes in den Splitterboxen beobachten, wenn der Motor anspringt, und dann das eilige Rollen zur Startbahn, das Ausrichten in den Wind und den hastigen Start. Inzwischen hat der kühle Seewind den Dunst vertrieben. Klar zu übersehen liegt die Ebene von Trapani zu unseren Füßen. Auf den Straßen um den Flugplatz ist Bewegung. Aufgeschreckt durch die Warnschüsse der Flak versucht sich, wer kann, in Sicherheit zu bringen. Auch hier oben beginnt die Flucht in den Schutz des Erice.

Oberleutnant Bachmann, mein Adjutant, hat Dienst auf dem Gefechtsstand. Im Gegensatz zu Straden, der zur Spitzenklasse der Sportler des Reiches gehört und die Figur des Athleten hat, ist Bachmann dicklich und dem Sport abgeneigt. Das olivbraune männliche Gesicht mit dem wilden Haarschopf gewinnt seinen besonderen Ausdruck durch die großen tiefschwarzen Augen. Er lacht gern und zeigt dabei eine Reihe schöner, gleichmäßig weißer Zähne. Wenn ich das Geschwader in der Luft führe, fliegen die beiden so gegensätzlichen Offiziere in meinem Stabsschwarm.

„Es sind Zweimotorige, Herr Major“, meldet Bachmann. „Sie fliegen auf Sciacca zu.“ Die Erste Gruppe des Geschwaders liegt in Sciacca. „Ist die Erste alarmiert?“ „Sie haben eine Staffel in der Luft, Godert führt.“ Immer wieder Godert, muss ich denken. Dieser ehemalige Feldwebel mit dem durch Flugunfälle verunstalteten Gesicht ist seit Kriegsbeginn das Arbeitspferd dieser Gruppe, zuverlässig und brav fliegt er jeden Einsatz. Ihm fehlt der Spürsinn der großen Jagdflieger, ihre Schießkunst hat er nicht entwickeln können. Aber er hat Generationen von Jagdfliegern ausgebildet, ihnen das taktische Fliegen beigebracht. Als ich als junger Leutnant bei der Seejagdstaffel eintraf, um das Jagdfliegen zu erlernen, wurde ich einem Oberfeldwebel zugeteilt, der nun mein Jagdlehrer sein sollte – er hieß Godert. Ich lernte durch ihn, wie man in enger Formation seinen Platz neben dem Kettenführer hält, als sei man dort festgenagelt, wie man angreift und schießt, den Kurvenkampf einleitet oder abbricht.

Nach einem Jahr rückte ich auf und vertauschte die Rolle des „Kazmareks" mit der des Kettenführers – und plötzlich flog Godert neben mir, indem er meinen Flugbewegungen wie „festgenagelt" folgte und meine Weisungen durchführte. Manchmal, wenn beim Karussell des Jagdfliegens im engen Verband die Flugzeuge schwerelos zu werden schienen, wenn Wolken und Sonne und Horizont in kreisender Bewegung durch Windschutzscheibe und Verspannung der Flächen unserer Doppeldecker wanderten, ging ein Grinsen über Goderts Gesicht, und er nickte zustimmend, als wollte er sagen: „Gut so, du machst es richtig."

„Sie haben Sciacca überflogen und fliegen Palermo an. Zöhler hat Feindberührung." Aus dem Lautsprecher tönt das Stakkato der Ausrufe, Meldungen und Befehle, die nur entschlüsseln kann, wer diesen Augenblick der Feindberührung und Gefechtseröffnung wieder und wieder mitgemacht hat. „Aufpassen!" „Dranbleiben!" „Hanni dreifünf" – „Ich greife an …"

„Sie machen kehrt und kommen über den Erice zurück", sagt Bachmann. Er erhält ständig neue Positionsmeldungen von unserer Flugmeldezentrale. „Es sind offenbar Spitfires dabei. Der Hafen von Palermo wurde angegriffen, sie sind jetzt etwa dreitausend Meter hoch."

Überfallartig beginnt die schwere Flak zu feuern. Motorengeräusch wird hörbar, schwillt an und vermischt sich plötzlich mit dem Pfeifen fallender Bomben. Als wir aus der Baracke stürzen, sehen wir den Westrand des Platzes in Staubwolken gehüllt. Aus den umliegenden Olivenhainen am Rande des Platzes steigen die Staubfontänen. Die Flak feuert ununterbrochen auf das Motorengeräusch im Westen. Der Feindverband selbst ist mit bloßem Auge nicht auszumachen. Wenig später meldet die Gruppe, dass die Staffel wieder gelandet ist. Ein Flugzeugführer wird vermisst. Über Palermo wurde ein Bomber abgeschossen. Feldwebel Reinhold ist aus seiner Messerschmitt herausgesprungen, aber am Fallschirm sicher gelandet.

In der Abenddämmerung fahre ich mit Straden zu unserer Wohnung hinaus. Zahlreiche Eselskarren und Pferdefuhrwerke beleben die Straße, die Stunden der großen Hitze sind zu Ende – und die Zeit der massierten Bombenangriffe. Als wir von der Hauptstraße abbiegen und dem schmalen Feldweg auf dem Grat folgen, öffnet sich der Blick auf das Halbrund der Bucht von Bonagia. Wir Offiziere des Stabes wohnen und essen in einem kleinen, unscheinbaren Landhaus. Es steht in einem Weinberg, seine Fassade ist rosa getüncht. Hier wirkt der Obergefreite Rieber – er ist mein Bursche, Kasinokoch, Ordonnanz – kurz Mädchen für alles. Glasbläser von Beruf, übertrifft er an Gewicht und Brustumfang jeden im ganzen Geschwader. Er braucht deshalb weder Dienstgrad noch Namen, sondern alle nennen ihn „Dicker".

Als ich vor vier Monaten meine Jagdgruppe nach den schweren Abwehrkämpfen im Kaukasus für einen kurzen Heimaturlaub verlassen hatte und aus dem Urlaub heraus überraschend nach Afrika versetzt wurde, bat ich, meine Habseligkeiten bald nachzusenden. Zwei Monate später – wir waren in Sizilien eingetroffen – meldete sich der „Dicke" mit meinem Gepäck. Er war seit Jahren mein Bursche und wollte bei mir bleiben.

Ich steige die enge Treppe zu meinem Zimmer hinauf. Das Feldbett steht an der Wand neben der Tür. Unter dem Stuhl liegt der kleine braune Koffer, dem man die Odyssee über die Kriegsschauplätze des Großdeutschen Reiches ansieht. Wo immer meine Messerschmitt mich hintrug, begleitete mich dieses Vademecum. Rieber versteht es meisterhaft, den Koffer kunstreich mit dem zu füllen, was ich bis zum Eintreffen des „großen" Gepäcks brauche.

Die Flügeltür zu dem kleinen Balkon steht weit offen. Das letzte Abendlicht lässt die Bucht noch einmal aufleuchten, die Häuser, die Hänge und Felsen glühen im satten Ockerton. Es ist ein Anblick von klassischer Schönheit, die schmerzt, wenn man sich unserer Situation bewusst wird.

Ich lasse mich auf das Bett fallen, um mich ein wenig zu entspannen. Die Düfte von Riebers Kochkunst durchziehen das Haus. Geräusche dringen aus den Nachbarräumen. Stühle werden gerückt, das Wasser rauscht durch die Leitungen. Es herrscht eine wohltuende Stille, die hier und da von freundlichen, bekannten Geräuschen überdeckt wird. Und dann ist plötzlich der Bass der Flugzeugmotoren zu hören.

Die Wellington Bomber fangen heute früh an, denke ich. Jede Nacht, sobald die Dunkelheit herabsinkt, sind sie da. Wie in Russland die alten sowjetischen Doppeldecker, spielen sie die Rolle der „Nervensäge", die das Angstgefühl erzeugt, das uns nicht schlafen lässt. Sie werfen ihre Bomben in gleichmäßigen Intervallen in die Umgebung unseres Flugplatzes, auf die Gefechtsstände und Unterkünfte. Und wir hassen sie, weil die Nacht kurz ist, und weil wir übermüdet sind und schlafen möchten.

Ich schrecke aus dem bleiernen Schlaf hoch, der mich unversehens überfallen hat. Vor meinem Feldbett steht der „Dicke" und meldet: „Herr Major, das Essen ist fertig."

Es ist dunkel geworden. Im Esszimmer sind die Holzläden geschlossen, sonst schwirrt das Ungeziefer herein. Der Abend bringt noch keine Abkühlung.

Am Tisch ist der Stab versammelt. Straden und Bachmann und Bernhard, der junge Leutnant, den wir „das Pimperle" nennen. Obgleich er erst zwei Monate bei uns ist, weiß niemand mehr, warum er diesen Spitznamen erhielt. Mit siebzehn Jahren machte er das Abitur „unter erleichterten Bedingungen“. Dann folgte eine verkürzte Offiziersausbildung, gleichzeitig erwarb er den Flugzeugführerschein und wurde Jagdflieger. Nun wird er bei uns bald seinen zwanzigsten Geburtstag feiern. Die alten Hasen des Stabes nehmen sich seiner an und bereiten ihn auf den Einsatz vor. Aber seit wir in Sizilien sind, ist Bernhard still und in sich gekehrt. In den Augen dieses jungen Mannes steht das Erschrecken und die Angst, als wisse er, dass hier ein neues Kapitel im Luftkrieg aufgeschlagen wird, und er hat wohl nicht die Kraft, sich den schnoddrigen Ton der anderen anzueignen. Wenn man ihn anspricht, kommt er wie aus einer anderen Welt und ist um äußerste Höflichkeit bemüht. Ich glaube, er hat in den letzten Nächten kaum geschlafen.

Außer den Offizieren sitzt Feldwebel Zahn am Tisch. Er fliegt in meinem Stabsschwarm. Von Beruf ist er Automechaniker. Er ist fliegerisch begabt und agiert zuverlässig, präzise und couragiert, wenn er mein Rottenflieger ist. Der große, hellblonde Mann aus Norddeutschland drängt nach dem Einsatz, wo immer er eine Chance sieht. Als wir um den Tisch sitzen, erlischt das elektrische Licht. Stets darauf vorbereitet, stellt der „Dicke“ gelassen eine bauchige Karbidlampe zwischen die Schüsseln. Sie spendet ein scharfes, bläuliches Licht und faucht übermäßig laut. Straden sieht mich an. Ich weiß, dass er gern etwas anderes sagen möchte als: „Die Hitze macht einen fertig“ oder „Scheiß Kriegsschauplatz“ oder „Bin hundemüde“. Aber es hat keinen Zweck, wir reden immer das gleiche vergröberte Vokabular des Krieges, das nichts von uns selber verrät.

Gleich blaugrünen Scheiben leuchten die Gesichter in dem halbdunklen Raum. Wie müde und erschöpft sie alle sind! Die wenigen Tage der „Auffrischung“ auf dem Festland haben diesen Zustand nur hinausgezögert. Die fluchtartige Räumung Afrikas liegt jetzt zwei Monate zurück. Ihre fahlen Gesichter sagen in diesem Augenblick, was keiner zugeben möchte: Wir haben eine Niederlage erlitten. Sie alle – mit Ausnahme Bernhards – erreichten Sizilien in letzter Stunde, physisch und seelisch erschöpft. Und es gibt wenig Hoffnung auf eine Änderung dieses Zustandes.

Beinahe wäre es misslungen, den Feldmarschall davon zu überzeugen, dass mein Geschwader der Erholung bedurfte, dass es keine brauchbare und wirksame Kampfkraft mehr darstellte und aus dem Einsatz gezogen werden musste.

Der Befehl zur Rückverlegung traf in allerletzter Minute ein. Die Tragödie in Tunis war zu Ende, die deutschen und italienischen Truppen und die Reste meines Jagdgeschwaders drängten sich auf der schmalen Landzunge Cap Bon zum Marsch in die Gefangenschaft zusammen. In der Nacht, in der sich die Anarchie in dem verlorenen Haufen ausbreitete, erreichte uns der Funkspruch: „Jagdgeschwader 77 verlegt sofort nach Sizilien.“ Mich hatten jedoch die Erfahrungen von Stalingrad und vom Kubanbrückenkopf veranlasst, vorzeitig und ohne Wissen der vorgesetzten Kommandobehörde Personal und Gerät nach Sizilien transportieren zu lassen. Die Verlegung kam einer Flucht gleich. Am 8. Mai landeten die Messerschmitts des Geschwaders in Trapani, seit Tagen ohne Pflege und zerschossen. Im Rumpf der Messerschmitts, unter Mühen durch die Luke des Funkgeräts hineingezwängt, lag ein Mechaniker auf den Knien und sah dem Flugzeugführer über die Schulter, ohne Fallschirm, ohne eine Chance, aus seinem Gefängnis herauszukommen – ganz der Flugkunst seines Flugzeugführers und seinem Schicksal ausgeliefert.

Der Start der Reste des Geschwaders vollzog sich unter dramatischen Umständen. Die Jäger der Alliierten beherrschten den Luftraum über dem letzten Brückenkopf Cap Bon. Wir hatten die Nacht am Rande einer Wiese verbracht, die in den wenigen Tagen des nordafrikanischen Frühlings ein einziges Blütenmeer war. Unsere Flugzeuge konnten nur während der Intervalle starten, in denen sich die Spitfires und Kittyhawks über dem Platz ablösten. In Baumwipfelhöhe versuchten wir zu entkommen. Es gab Luftkämpfe und Verluste. Die schwarzen Rauchsäulen der abgeschossenen Flugzeuge markierten den Fluchtweg.

Als die blauen Konturen des Erice aus dem Dunst über dem Meere auftauchten, lebte der Funksprechverkehr wieder auf. Wie nach jedem Luftkampf äußerte sich die wiedererwachende Lebenslust der Flieger in schnoddrigen Bemerkungen und makabrem Humor. Die Möglichkeit, vor Erreichen der Küste doch noch ins Meer zu stürzen oder aus der krankgeschossenen Maschine aussteigen zu müssen, wurde angesichts des überstandenen Kampfes zur lächerlichen Herausforderung. Diese Euphorie packt jeden nach dem Luftkampf. Das Glücksgefühl macht sich Luft, und nun genießt man das wiedergeschenkte Leben für Tage oder Stunden – bis zum nächsten Einsatz.

Als ich nach der Landung auf der Piste von Trapani gerade feststellen wollte, wie es um den Rest des Geschwaders bestellt war, überraschte uns der Angriff eines britischen Bomberverbandes. Kaum hatten sich die Staubwolken der Bombeneinschläge verzogen, wurde die Ankunft des Feldmarschalls gemeldet. Die Verwirrung war vollkommen. Irgendwo in dem Durcheinander von hin- und hereilenden Sanitätsfahrzeugen und brennenden Flugzeugen am Rande des Rollfeldes traf ich auf Rottberg, den Kommodore des Zerstörergeschwaders, das im Begriff war, nach dem Festland zu verlegen. „Herzlich willkommen – und Glückwunsch zum Geburtstag!“ Sein kameradschaftliches Grinsen hatte etwas Tröstliches.

„Danke. Wenn ich nur wüsste, wie ich den kläglichen Rest meines Geschwaders sammeln könnte, Rottberg. Wir können kaum noch aus den Augen sehen – seit Tagen haben wir nicht mehr geschlafen.“

„Ich habe alles für Ihre Aufnahme vorbereitet. Bisher sind vierundzwanzig Messerschmitts Ihres Stabes und Ihrer Zweiten Gruppe gelandet. Nun hat sich zu allem Unglück der Feldmarschall angemeldet. Er wird in wenigen Minuten landen. Wir müssen ihn so schnell wie möglich vom Platz wegbringen, für den Fall, dass eine zweite Welle kommt ..." – „Der hat uns gerade noch gefehlt." Während ich dies sagte, stiegen vor der Flugleitung grüne Leuchtkugeln auf, um die Landeerlaubnis zu signalisieren, und die Dornier Do 217 rumpelte schwerfällig auf die Betonpiste, wo sie mitten auf dem Flugplatz mit geplatzten Reifen stehen blieb.

„So", brummte Rottberg, „jetzt können wir zum Empfang hinüberfahren und Helden spielen. Gebe Gott, dass keine zweite Welle kommt."

Wir sahen zu, wie der „Oberbefehlshaber Süd" aus der Luke unter dem Bauch des Flugzeuges ausstieg. Zuerst erschienen die Beine mit den breiten weißen Streifen an den Hosen. Dann kroch der wuchtige Körper unter dem Rumpf hervor. Der Adjutant folgte ihm und beeilte sich, einem Lederetui mit Reißverschluss den Marschallstab zu entnehmen und ihm zu reichen.

Das Gesicht des Marschalls strahlte Zuversicht und Optimismus aus. Er zeigte sein mächtiges Gebiss und trat auf Rottberg zu. Der meldete und gab mit eindringlichen Worten den Rat, den Flugplatz möglichst schnell zu verlassen. Aber der Feldmarschall wendete sich gleich zu mir und nahm meine Meldung entgegen.

„Wie geht es - wie ist der Zustand des Geschwaders?"

„Miserabel, Herr Feldmarschall, das Geschwader ist ein Fragment. Wir besitzen nur noch vierzig Flugzeuge, keines davon ist einsatzbereit."

„Wollen wir den Platz nicht verlassen?" machte sich Rottberg wieder bemerkbar. „Die nächste Bomberwelle kann jeden Augenblick angreifen."

Der Feldmarschall schien unerschütterlich. „Warum so nervös, meine Herren?" Während wir zum Wagen gingen, ließ er sich in aller Genauigkeit von den Folgen des Luftangriffs berichten.

In Rottbergs Gefechtsstand angekommen, versuchte ich eindringlich, die hoffnungslose Lage meines Geschwaders darzustellen, und bat um eine kurze Einsatzpause. Ohne Erfolg.

„Wir dürfen keine Zeit beim Aufbau der Verteidigung Siziliens verlieren. Sie müssen versuchen, Ihren Männern hier etwas Ruhe zu geben. Ich werde Flugzeuge, Gerät und Personal zuführen lassen – aber Ihr Auftrag lautet ab heute: Verteidigung Siziliens."

Ich versuchte es noch einmal. „Herr Feldmarschall, das Geschwader ist kein einsatzbereiter Verband mehr. Die Kampfkraft ist gleich Null. Ich bitte zu bedenken, dass die Flugzeugführer nach den mörderischen Abwehrschlachten in Nordafrika und Tunesien am Ende ihrer Kraft sind. Die großen Verluste haben die Moral erschüttert – ich bitte Sie um ein paar Wochen der Ruhe!

Meine beschwörenden Bitten scheiterten an starrer Ablehnung. „Die Gesamtlage erfordert den Einsatz Ihres Geschwaders." Mit diesen Worten stieg er in den Wagen, um nach Marsala zu fahren. Dort wurden die Reste der Tunis-Armee, die den Seetransport überstanden hatten, an Land gesetzt. Am darauffolgenden Morgen fanden wir uns zum Abflug des Feldmarschalls ein. Der schwere Mann schritt uns gebeugt entgegen. Seine Hände waren mit weißem Verbandsmull umwickelt und ruhten in Schlingen vor der Brust. Ein Bombenangriff hatte das Haus am Hafen getroffen, in dessen Obergeschoss er mit Marinekommandeuren konferierte. Der junge Adjutant wurde getötet. Da die Treppen des Hauses zerstört wurden, musste sich der Feldmarschall an einem Seil zur Straße hinabgleiten lassen. Die Innenflächen der Hände verbrannten – sie hatten das Gewicht des mächtigen Körpers nicht bremsen können.

Bevor er in sein Flugzeug stieg, wandte er sich zu mir. „Sie können für ein paar Wochen nach Bari in Apulien verlegen. Aber beeilen Sie sich. Das Geschwader muss bald wieder kampfbereit nach Sizilien zurück.

„Im Lichte der Gaslaterne leuchtet der Landwein in den Flaschen wie Bernstein. Der „Dicke“ hat italienisches Büchsenfleisch angebraten und frischen Landkäse auf den Tisch gestellt.

Ein belangloses Gespräch lebt auf, aber jeder hängt seinen Gedanken nach, und die Schwüle und die Dunkelheit machen schläfrig. Ich weiß nicht, ob jemand das Pfeifen der fallenden Bombe vor der Detonation gehört hat, die in unmittelbarer Nähe des Hauses die trügerische Abendstille zerreißt. Die Fensterläden springen auf, und der Luftdruck erzeugt einen stechenden Schmerz in den Ohren.

Die Stühle poltern, Gläser zerspringen auf dem Terrazzofußboden, und im Gedränge der regellosen Flucht die schmale Treppe hinab finden wir unter Fluchen und Lachen den Ausgang zum Garten. „Dicker“, rufe ich, „hol meinen Schlafsack, ich bleibe heute Nacht in der Grotte.“

Um in die Grotte zu gelangen, muss man sich durch eine Lücke in der Mauer hinter dem Haus zwängen. Dann kriecht man unter Weinstöcken hindurch, von denen die Trauben herabhängen, und steht vor dem düsteren Eingang, aus dem ein ganz schwacher Lichtschein dringt. Die Grotte ist in den Felsen geschlagen, auf dem die Villa steht. Sie ist Weinkeller und zugleich Refugium vor den Bomben. Eine Petroleumlampe erhellt den Raum notdürftig. Die Dunkelheit lässt das Gewölbe mächtiger erscheinen, als es in Wirklichkeit ist.

Die Stalllaterne steht auf dem Tisch mitten unter einer Batterie Weinflaschen. Um den Tisch herum sitzen die Flugzeugführer und das blonde Mädchen, das Teresa heißt. Gegenüber, fast völlig im Dunkel, kann man das blasse Gesicht der Großmutter, der „Nonna“, ausmachen, die kerzengerade aufgerichtet, mit dem Rücken an der Felswand, hier Posten bezogen hat.

Heute Nacht sind sie wieder versammelt, die allabendlich diesen kühlen Ort aufsuchen, ob Bomben fallen oder nicht: Straden, Bachmann und Freiberg, Bernhard und Zahn, und der Staffelkapitän der Ersten Staffel, Zöhler. Zöhler stammt aus einer Zirkusfamilie. Als kleiner Junge soll er mit den Rivels auf der Bühne gestanden haben.

Er kann höchst interessante und erheiternde Dinge vom Zirkus und aus der Welt der Artisten erzählen, und das noch dazu in reinstem Sächsisch. Seine Haut ist olivfarben. Seit langem quält er sich mit einer Malaria. Auch ist sein Magen nicht in Ordnung. Eigentlich haben sie alle nach einer bestimmten Zeit im Einsatz nervöse Mägen. Die einzige Ausnahme bildet Bachmann, der sich sogar während der Sitzbereitschaft, manchmal noch wenige Minuten vor dem Start, einen Schlag Suppe reichen lässt. Die löffelt er dann mit einem geradezu sadistisch anmutenden Genuss, der offenbar durch den Ekel verstärkt wird, den alle anderen Flugzeugführer angesichts derartiger Gemütsruhe empfinden.

Freiberg hat die Füße auf eine Kiste gelegt. Seine weißen Sandalen sind aus dem Chromleder angefertigt, mit dem man die Tanks der Flugzeuge schützt, und dazu trägt er blütenweiße Strümpfe. Sein Anzug ist immer untadelig und proper, das passt eigentlich gar nicht zu seiner sonst so legeren Art.

„Na, Armin, das war ja wohl nicht viel, was ihr da heute mit den Marauders angestellt habt", wendet er sich lässig an Zöhler. Der blickt den Gruppenkommandeur groß an. „Was willst du mit acht Maschinen gegen die Brüder machen. Das sind dieselben, die uns in Nordafrika tagtäglich gebombt haben. Sie werfen nicht sehr präzise, aber dafür exerzieren sie einen Verbandsflug, der nichts zu wünschen übrig lässt. Wenn du angreifst, kommt dir die Leuchtspur entgegen wie aus einer Gießkanne."

„Ich glaube, das ist nur ein Vorgeschmack von dem, was die Boeings und Liberators bieten werden", sagt Freiberg sachlich. Nun ist das Stichwort gefallen, das die Phantasie eines jeden anregt. Ich weiß, dass sie nun alle wieder daran denken, wie die Bomber beim Angriff in das beleuchtete Visier hineinwachsen, und dass sie zu früh schießen werden und abschwingen und ausweichen möchten, weil die Chance, nicht getroffen zu werden, so gering ist, und weil diese Art Sturmangriff nun zum täglichen Brot gehören wird – und weil die Wahrscheinlichkeitsrechnung jedem einzelnen sagen könnte, wie lange noch …

Bachmann gehört zu denen, die keine Nerven zu haben scheinen. Er liegt auf einem Feldbett und flüstert mit Straden, der daneben in einem alten Liegestuhl ruht.

„Bachmann, erzähl mal, was mit Reinhold los ist", ruft Freiberg. „Ach, Reinhold hat nicht alle Tassen im Schrank. Heute Nachmittag ist er im weißen Rock die Dorfstraße entlangspaziert. Und darunter baumelte der Fliegerdolch."

„Reinhold braucht ein Mädchen", sagt Freiberg. „Die Landser haben vor Lachen fast in die Hose gemacht, wie er da auf und ab flanierte."

„Hier guckt sich kein Mädchen nach uns um! Sie wollen nur, dass wir bald verschwinden." „Du darfst das Reinhold nicht übelnehmen", sagt Freiberg, „er ist doch seit Sommer vorigen Jahres nicht zu Hause gewesen. In Bari hat er ein Mädchen gehabt, du schmeißt dein Geld weg! Sie arbeitete in der Küche des ‚Oriente' und trug so ein schwarzes Kleid mit einem kleinen weißen Kragen, der mit Druckknöpfen festgemacht wird. Auf dem Hintern glänzte das Kleid wie eine Speckschwarte. Er ist immer zur Sauberkeitskontrolle in die Küche hinuntergegangen und hat Sprachunterricht genommen. Wisst ihr, so mit dem Zeigefinger auf die Nase des Mädchens und ‚Wie heißt das?' ‚und dann zum Kinn und dann schön langsam weiter nach unten und ‚Wie heißt das?' …"

„Aber warum schleppt er denn den weißen Rock mit sich herum?" fragt Zöhler.

Freiberg schenkt sich ein neues Glas ein. „Weil er nicht so vergammelt aussehen will wie du."

Es ist schon Mittemacht, aber niemand hat das Bedürfnis, ins Haus zurückzugehen. Freiberg hat dem blonden Mädchen den Arm um die Hüfte gelegt. Die Großmutter starrt unentwegt auf seine Hand, und das Mädchen sitzt mucksmäuschenstill.

Noch einmal lebt eine Unterhaltung auf, als Straden plötzlich fragt, wie unser Deckname für den morgigen Einsatz laute. „Odysseus", sage ich. „Odysseus, das ist ein beziehungsvoller Name." „All das kann uns widerfahren", meint einer aus dem Dunkel, „Scylla und Charybdis trennen uns vom Festland, und im Norden überfliegen wir das Gebirge der Circe – und am Ende werden wir gar an Land gespült nach langer Floßfahrt, aber ich glaube nicht, dass uns ballspielende Jungfrauen empfangen werden …"

„Feindlicher Luftangriff auf Messina (200 Flugzeuge). Schwere Schäden an Wohnhäusern, öffentlichen Gebäuden, Kasernen und anderen militärischen Objekten. Betriebsstofflager brennt, Munitionslager explodiert, Bahnverbindung mit Palermo und Catania unterbrochen. Bis jetzt 62 Tote und 75 Verletzte gemeldet."

KRIEGSTAGEBUCH DER OBERKOMMANDOS DER WEHRMACHT
25. JUNI 1934

„150 Kilometer vor Trapani stellen wir die Viermots. Im Tiefflug fegen sie über die Schaumkronen, Richtung Afrika. Nachdem wir uns verschossen haben, geht das Benzin zu Ende. Neulinge und alte Hasen bekommen es mit der Angst zu tun. Der Himmel über der See ist blaugrau. Ich höre verzweifelte Schreie:
‚Mein Sprit geht zu Ende – ich muss ersaufen!'"

„KRIEGSTAGEBUCH DES HAUPTMANNS KÖHLER
VON DER I. GRUPPE/JAGDGESCHWADER 77
25. JUNI 1943

„Die bei der Abwehr des Bombenangriffs auf die Straße von Messina beteiligten Jäger haben versagt. Von jeder der beteiligten Jagdgruppen ist ein Flugzeugführer wegen Feigheit vor dem Feinde vor ein Kriegsgericht zu stellen."
Gezeichnet Göring, Reichsmarschall

KRIEGSTAGEBUCH DES HAUPTMANNS KÖHLER
VON DER I. GRUPPE/JAGDGESCHWADER 77
25. JUNI 1943

## Trapani, den 25. Juni 1943

Gestern ist der General bei uns gelandet und sofort zum Gefechtsstand am Erice hinaufgefahren. Wortkarg, wie es seine Art ist, hat er sich über den Einsatz der letzten Tage berichten lassen und dann den Wunsch geäußert, zu den Kommandeuren und Staffelkapitänen beider Jagdgruppen zu sprechen.

Sie saßen vor der Baracke auf Schemeln und in Liegestühlen, und ihre Augen hingen an seinen Lippen, als er zu sprechen begann. Er sprach von der Luftverteidigung des Reichs und der Abwehr der viermotorigen Bomber und über die Taktik. Und als er geendet hatte, stellte niemand eine Frage. Auf ihren Gesichtern, die während seiner Ausführungen immer steinerner wurden, stand nachdenkliche Skepsis.

Mit den Worten: „Also morgen!" erhob sich der General und ging.

Im Morgengrauen weckt mich der „Dicke". Ich fühle mich wie zerschlagen, weil ich kaum geschlafen habe und weil mir die Worte des Generals durch den Kopf gingen: „Ganz dicht herangehen", „nicht zu früh schießen", „den Verband geschlossen von vorn heranführen …"

Sehr früh gehen wir in Startbereitschaft. „Kuddel" Abbens Jagdgruppe, die III. Gruppe meines Geschwaders, ist gestern Abend von Sardinien herübergesprungen. Meyers mit einer Gruppe vom Pik-As-Geschwader (Jagdgeschwader 53) fiel zur gleichen Zeit ein. So ist der Flugplatz Trapani mit Messerschmitt-Jägern besetzt wie zu einer Luftparade. Ein Angriff ohne Vorwarnung kann katastrophale Folgen haben, das wissen wir alle sehr genau.

Wir sitzen vor der Baracke unter den Olivenbäumen, nur wenige Schritte von den Flugzeugen – und den Splittergräben – entfernt und reden das belanglose Zeug, das beileibe nichts mit dem zu tun hat, was wir denken. Aber während wir reden, horchen wir gegen den Morgenwind, um ja nicht das drohende Motorengeräusch der Angreifer zu überhören.

Die Nacht hat keine Kühle gebracht, und der Tag wird drückend heiß werden. „Der General wird uns schon zeigen, wie man eine solche Luftschlacht schlägt, ihr Lieben", sagt Freiberg. „Und das wird eine Parteitagsparade werden." „Hast du dir denn so eine fliegende Festung schon mal aus der Nähe angesehen, Kuddel?"

„Nö", sagt Kuddel Abben, „ich werd' mich hüten, das haben die nämlich nicht so gern."

„Der General hat uns das doch gestern Abend so schön erklärt", sagt Freiberg im Tonfall eines Oberlehrers, ist es euch denn immer noch nicht klar? Wie man den Angriff von vorne und von hinten unten ansetzt und was für phantastische Sachen diese patenten Kerle in der Reichsverteidigung machen. Er hat vergessen zu fragen, wer von uns Nichtschwimmer ist." – „Ersaufen musst du auch als Schwimmer. Wenn du außer Landsicht aussteigen musst, holt dich hier kein Mensch heraus."

Abben versteht etwas vom Wasser, er kommt aus dem Mannschaftsstand, fuhr als Matrose auf einem Zerstörer, bevor er zur Seefliegerei stieß und dann steil aufstieg. Er gehört wie Godert zu den unerschütterlichen Arbeitspferden des Geschwaders. Freiberg verscheucht unsichtbare Fliegen mit der Hand. „Du musst eben einfach nicht daran denken."

„Kunststück", sagt Abben, „wenn ich hundert Meter von der Küste entfernt über See fliege, läuft mein Motor doppelt laut."

Wenn man sie so reden hört, diese jungen Hauptleute, möchte man nicht glauben, dass sie Kommandeure von großen militärischen Verbänden sind. Aber das ist der Stil des Metiers, wie es sich in diesem Kriege entwickelt hat. Der Kommandeur eines Jagdverbandes ist mit absoluter Regelmäßigkeit der erste am Feind, und nach der Gefechtseröffnung, wenn jede Führung unmöglich geworden ist, ist er nur noch ein Flugzeugführer, auf sich gestellt im Zweikampf mit einem anderen Flugzeugführer, dessen Flüche englisch sind.

Meyers ist jung und frisch, er ähnelt in seiner demonstrativen Unbekümmertheit ein wenig Freiberg. Beide gehören zu einem bestimmten Typus des Fliegers, wie ihn die Jahre des erfolgreichen Luftkrieges hervorgebracht haben.

Ein leichter Morgenwind fächelt durch den Olivenhain, aber er bringt keine Kühlung, weil die Luft voll klebriger Feuchtigkeit ist. Es ist das übliche Wetter dieses sizilianischen Sommers.

Ich weiß nicht, zum wievielten Male ich mich frage, wie ich führen und den Angriff ansetzen soll. Meine Erfahrung ist mager. Am Kanal, während der Luftschlacht um England, führte ich nur eine Staffel. Ich weiß, wie problematisch das Manövrieren mit großen Jagdverbänden ist, aber ich habe selbst noch keinen angeführt. Entweder man ist als Führer zu schnell, und der Verband zieht sich auseinander wie eine Ziehharmonika, und irgendjemand am Ende schreit dauernd ins Funkgerät, man solle langsamer fliegen – oder man fliegt zu langsam, und in den Kurven, die ohnehin sanft und als Schiebekurven geflogen werden müssen, fällt derjenige, der am weitesten innen fliegt, wegen Fahrtmangels beinahe herunter.

Wird es mir gelingen, den Verband intakt bis an die Viermotorigen Bomber heranzuführen? Werde ich vielleicht von vorn angreifen müssen? Und dann sind natürlich die üblichen Gedanken wieder da, die man nicht unterdrücken kann: das mörderische Abwehrfeuer der Festungen, der Fallschirmabsprung, das Schlauchboot ...

„Herr Major, der Inspizient Süd, Herr Oberst Larsen, ist soeben gelandet", meldet irgendjemand.

Ich habe Larsen zum letzten Male im Süden Russlands gesehen. Als im Sommer 1942 der Angriff gegen Stalingrad begann, war ich mit meiner Gruppe seinem

Geschwader zugeteilt. Seitdem sind wir Freunde. Als er aus dem Wagen steigt, ruft er mir zu: „Ich möchte dabei sein, wenn ihr hier die erste große Abwehrschlacht schlagt!"

Unter den Olivenbäumen neben der Baracke sind die Liegestühle im Halbkreis aufgestellt. Dort lassen wir uns nieder und erzählen erst einmal, wie es uns inzwischen ergangen ist. Jagdflieger in Bereitschaft sind ohne diese Möbel geradezu undenkbar. Wie viele hundert Stunden habe ich seit Kriegsbeginn im Liegestuhl zugebracht! Das begann im Westen, als wir während des „Sitzkrieges" gegen Frankreich Jagd auf einzelne Aufklärer machten. Was für ein harmloses Geschäft gegen das, was wir heute tun. Aber praktisch sind wir seitdem ununterbrochen in Bereitschaft, entweder als „Sitzbereitschaft" in den Flugzeugkabinen oder eben in den Liegestühlen unmittelbar neben den Maschinen. Und das Tag für Tag vom Hellwerden bis zur Dunkelheit.

Der Tag schleppt sich träge dahin, wenn man warten muss und die Phantasie sich ununterbrochen mit dem Luftkampf beschäftigt. Zum ersten Mal seit den Tagen der Luftschlacht um England empfinde ich heute wieder die bedrückende Atmosphäre, wie sie damals herrschte. Wir gingen im August und September 1940, gewöhnlich im Morgengrauen, in Bereitschaft. Nach einem Frühstück, das die meisten appetitlos hinunterwürgten, trafen sich die Piloten der Gruppe vor dem Gefechtsstand, einer Nissenhütte am Rande des Flugfeldes. Blass und unausgeschlafen waren die Gesichter der blutjungen Männer, die sich stumm an die Wand der Baracke lehnten oder die Ellbogen auf die Hauben der Kübelwagen stützten. Hier und da fiel eine kurze Bemerkung über das Wetter oder den nächsten Einsatz. Die Zigaretten glühten in der fahlen Dämmerung. Die dicken Tuchhosen, die mit zahlreichen Taschen besetzt waren, nannten wir „Kanalhosen". Die gelben Schwimmwesten waren über die Lederwesten gezogen und mit dem vielfältigen Zubehör behängt, mit dem wir die Chance des Überlebens zu verbessern trachteten: die Farbbeutel, um das Wasser im Umkreis quittegelb zu färben, falls man aussteigen musste, die grobschlächtige Leuchtpistole, die Patronen, die Signallampe und die Notverpflegung. Und den gelben Schal, der nicht ohne Koketterie getragen wird und der doch so notwendig ist, wenn man sich im Wasser bemerkbar machen muss – dem eigenen Seenotflugzeug oder dem britischen Schnellboot, das einen herausfischt in die Gefangenschaft.

Dann fiel die Entscheidung über den Einsatz, über den Zeitpunkt, die Reihenfolge, in der die Staffeln starten und wie sie sich formieren sollten. Erlaubte das Wetter über der Britischen Insel den Start noch nicht, so begann die Qual des Wartens in den Liegestühlen in der halbdunklen Nissenhütte am Staffelliegeplatz. Sehr bald erstarb das Gespräch oder wurde zum undeutlichen Murmeln. Die meisten dösten mit geschlossenen Augen vor sich hin oder gaben vor zu schlafen, während ihre Phantasie in endloser Reihe Schreckbilder erzeugte. Ein Läuten des Feldfernsprechers traf jeden einzelnen wie ein elektrischer Schlag: Jetzt, endlich der Einsatz! – Wenn aber nur die Routinefrage nach der Zahl der einsatzbereiten Flugzeuge oder eine Wettermeldung der Grund des Läutens war und damit die Qual des untätigen Wartens sich um Minuten oder Stunden verlängerte, verfluchten viele das Telefon als Instrument der Folter. Und sanken in die bequemen Liegestühle zurück, die wenigstens den Körper entspannt ruhen ließen. So sind diese Liegestühle im Schatten der Olivenbäume, zu denen ich Larsen führe, Veteranen mit einer bunten Vergangenheit, sie gehören zu unserem wichtigsten Gepäck. Längst haben die Mechaniker die Leinwand mit den lustigen „friedensmäßigen" Gartenmöbelfarben entfernt, weil sie zerschlissen war. Nun sind die fettglänzenden Holzrahmen mit festem, grauem Zeltstoff bezogen. „Ihr habt heute eine große Chance", sagt Larsen. „Geschlossen müsst ihr angreifen, macht euch frei von dem Wunsch, euch mit den Spitfires herumzuschlagen. Die Festungen sind wie eine Formation von Schlachtschiffen, in die könnt ihr nur dann einbrechen, wenn ihr in geschlossener Phalanx den Gürtel des Abwehrfeuers durchbrecht."

„O Gott", unterbreche ich ihn, „verschone uns mit pathetischer Berieselung, Franzi! Seit Tagen regnet es Belehrungen und Instruktionen auf uns herab. Der General hält uns das leuchtende Beispiel der tapferen Jäger in der Reichsverteidigung immer wieder vor Augen. Durch ihn wissen wir jetzt auch, dass der Reichsmarschall voller Missvergnügen auf die Jäger im Süden schaut. Schon sind die Minderwertigkeitsgefühle in uns so weit entwickelt, dass unsere Flugzeugführer mit beißendem Spott reagieren und nichts mehr von all dem hören wollen. Du musst wissen, dass dies nicht mehr eine Mannschaft von jungen Helden ist, die blindlings das Leben in die Schanze werfen. Aber ebenso wenig sind sie Feiglinge. Eine Handvoll von ihnen hat die Schlacht um England überlebt und fliegt seitdem in ununterbrochenem Einsatz, brav und tapfer. Dann fällt wieder einer, und ein jüngerer rückt auf. Aber die Überlebensaussichten der Jungen sind gering. Sie sind nicht solide ausgebildet, und nur wenige kommen über die kritische erste Phase hinaus.

Ihr kennt noch nicht diesen schrecklichen Kriegsschauplatz, der hauptsächlich aus Wasser besteht und jeden von uns auf die Dauer fertigmacht. Wir sind dem Gegner schutzlos ausgesetzt, und er wird uns durch Abnutzung an den Boden fesseln und auf unseren Liegeplätzen und Feldwerften erledigen. Glaubst du vielleicht an den germanischen Überhelden, der nach dem Bombardement aus dem Splittergraben steigt, den Staub von den Füßen schüttelt, auf stählernen Schwingen in die eisige Höhe aufsteigt, um dort unter den fliegenden Festungen zu wüten ...?"

Jetzt verfalle ich schon selbst in die hohntriefende Ausdrucksweise Freibergs. Larsen scheint das auch aufgefallen zu sein, er blickt mich eindringlich prüfend an und schweigt eine Weile. Dann sagt er plötzlich, als habe er mit einem Schlage alles durchschaut:

„Ja, aber wie soll dann dies hier zu Ende gehen?"

„Das wollte ich dich fragen!"

Wieder Schweigen. Er scheint Widerstände überwinden zu müssen, ehe er berichtet:

„Bevor ich heute in Rom startete, nahm ich beim Oberbefehlshaber Süd an der Lagebesprechung teil. In der vergangenen Nacht haben die Engländer die Stadt Wuppertal angegriffen. Über zehntausend Brandbomben haben einen Flächenbrand von drei mal vier Kilometern verursacht. Gleichzeitig wurden Düsseldorf, Neuss, Mönchen-Gladbach und Solingen angegriffen …"

„Und du glaubst, dass wir diese systematische Zerstörung der Heimat aufhalten können?"

„Der General hat zu lange schon vergeblich die Vermehrung der Jagdgeschwader gefordert. Aber jetzt kann man sie nicht aus dem Boden stampfen. Seit wir wissen, dass diese Viermotorer wirklich wahre Festungen sind, die man einzeln stürmen muss, gibt es die skurrilsten Vorschläge zu ihrer Bekämpfung. Bald werdet ihr Raketen des Heeres geliefert bekommen, die man Nebelwerfer nennt. Das sind großkalibrige Geschosse, von denen eines unter jeder Fläche montiert wird. Die werden so verschossen, dass sie mitten in der Formation der Bomber detonieren und sie auseinandersprengen. Sind die Festungen erst einmal aus dem Abwehrigel ihrer Formation herausgebrochen, dann ist ihre Vernichtung kein Problem mehr. Andere versuchen großkalibrige Bomben so auf die Formation der Festungen abzuwerfen, dass sie in der Flughöhe des Feindes detonieren. Auch damit soll die Formation entweder gleich vernichtet oder wenigstens gesprengt werden. Aber es ist ungemein schwierig, die Abwurfposition über den Festungen zu erfliegen. Die Flughöhe muss peinlich genau gemessen werden, denn die Bombe hat einen Zeitzünder, und die Wirkung verpufft, wenn sie sich in der falschen Höhe zerlegt."

„Und wahrscheinlich kennen die Begleitjäger den Trick schon längst und halten die Luft über dem Bomberstrom frei."

„Genau. Oder Drahtseile, an denen Flügelbomben hängen, von Jagdflugzeugen durch die Luft gezogen. Sie sollen die Festungen in Stücke schneiden oder wenigstens Verwirrung stiften. Man weiß vorher nie genau, ob solche Erfindungen Erfolg haben werden oder einfach nur Mätzchen sind. Aber der Angriff von vorn – in geschlossener Attacke auf Kollisionskurs herangeführt –, verbreitet Schrecken unter den Bomberbesatzungen und löst die Luftschlacht in Einzelgefechte auf. Er ist heute die klassische Eröffnung des Kampfes."

„Falls dich die Jäger heranlassen …"

„Ja, falls sie dich heranlassen. Und falls es dir gelingt, deinen Verband eng formiert dahin zu führen, wo du genug Höhe und Raum hast, von vorn auf die Bomber herabzustoßen. Oft sind es nur Sekunden, die vom Abschwung aus der Höhe bis zur Kollision bleiben. Bei diesem verrückten Manöver addieren sich die beiden Geschwindigkeiten. Wie im Zeitraffer wachsen die Konturen der Viermots in der Frontscheibe auf dich zu. Es bleiben nur wenige Sekunden Zeit für das Feuern mit den Kanonen. Du musst auf die Glaskanzel der Festung zielen, und alle deine Leute müssen zur gleichen Zeit wie verrückt feuern. Dann ziehst du abrupt hoch oder tauchst nach unten weg – und dann bist du allein, denn dein Verband ist auseinandergespritzt. Nun musst du allein angreifen und die Krankgeschossenen erledigen, die mit einem stehenden Motor oder mit einer weißen Benzinfahne hinter sich das Weite suchen."

„Aber alles das wird hier anders sein, Franzl. Diese Insel gleicht einem manövrierunfähigen Flugzeugträger, den sie von allen Seiten anfliegen können. Und sie können in jeder beliebigen Höhe nach Hause fliegen. Nur um die Häfen und Flugplätze herum und auf beiden Seiten der Straße von Messina steht unsere Flak."

„Ja, der Anflug ist kurz, und die Jäger von Pantelleria und Malta können jeden Punkt der Insel erreichen."

„Seit sie Pantelleria haben, sind die Jäger schon zum Frühstück hier. Die Kapitulation war ein Heldenstück und lässt auch für Sizilien Schlimmes befürchten. Als ich im April auf dem einzigen Flugplatz der Insel, Marghana, landete, brachte der Kommandant sich fast um, mir den Eindruck trutziger Entschlossenheit zu vermitteln. Wir schritten durch die Felsenbunker und Verteidigungsbastionen und tranken in seinem holzgetäfelten Zimmer Espresso, während er mit schöner Überzeugung die Uneinnehmbarkeit der Insel darlegte. Er war ein schmächtiger Mann mit olivfarbener Gesichtshaut und dunklen Schatten unter den Augen. Ich erinnere mich genau, wie ich seine nervösen Hände beobachtete und mein Blick immer wieder zu den gelben Fingerspitzen zurückkehrte, mit denen er die Zigarette hielt. Er machte mir die herrlichsten Elogen und tönte von Mut, Tapferkeit und Waffenbrüderschaft. Als ich in mein Flugzeug stieg, grüßte er stramm und ernst wie ein Bronzestandbild, flankiert von zwei Carabinieri mit roten Helmbüschen. Und nun hat er die Insel kampflos übergeben."

Larsen hat sich meinen bösen Bericht ruhig angehört und bringt mich mit einem Wort zurück zu dem, was uns bevorsteht.

„Ihr werdet einen schweren Stand haben. Der General ist realistisch. Er ist bestimmt der letzte, der zweifelt, dass ihr euer Bestes hergebt ..."

Drei Schüsse der Flak lassen uns verstummen. Über dem Erice, von Osten her kommend, schwillt Motorengeräusch an. Während wir zu den Splittergräben stürzen, pfeifen schon die Bomben. Das ist ein niederträchtiges Geräusch. Ich lasse mich vornüber in den Graben fallen und lande auf dem Rücken eines Soldaten, der schneller war als ich. Ein paar Sekunden lang ist es plötzlich ganz still. Dann kommt mit schauerlichem Bersten und Schmettern der Bombenteppich herangedonnert. Die Bomberpulks klinken ihre Bomben nacheinander aus. So rollt der Teppich grollend im Takt der Einschläge näher, und jeder im Splittergraben hält den Atem an und hofft, dass der nächste Einschlag den Graben überspringt.

Dicht vor mir sehe ich das Gesicht Larsens. Der feine Staub hat seine Stirn wie mit weißem Puder bedeckt, und der Schweiß hat dunkle Rinnsale durch diese Schicht gezogen. Als die Druckwelle der Detonation in unmittelbarer Nähe die Trommelfelle zu sprengen droht und eine Wolke von Staub den Graben entlangfegt, bergen wir die Gesichter am Boden. Dann verklingt das Motorengeräusch, und es wird für einige Augenblicke ganz still. Gleich danach hört man wieder das Schreien der Verwundeten, Befehle und die Rufe nach Sanitätern.

Larsen schimpft vor sich hin: „So eine Scheiße – da sitzt nun der General auf dem Berg zwischen seinen Telefonen und Funkgeräten und sieht zu, wie wir durch den Wolf gedreht werden …"

Bei uns ist alles anders, Franzl. Die zweite Welle kann jeden Augenblick kommen. Deshalb bleiben wir ruhig an diesem angenehmen Ort und diskutieren noch ein bisschen über die Angriffstaktik gegen die Festungen."

„Halt's Maul!" quittiert er freundschaftlich meinen Sarkasmus. Der Staub hat sich gelegt. Wenn ich den Kopf hebe, sehe ich den tiefblauen Himmel und die Zweige der Olivenbäume mit den grünspanfarbenen Blättern. Von irgendwoher hört man das „Pop, pop" der Munition, die sich in brennenden Flugzeugen entzündet.

„Komm, wir wollen den General anrufen und ihn fragen, ob er noch mehr derartige Überraschungen für uns hat."

„Ja", sagt Larsen, „das wollen wir ihn fragen."

Wir richten uns auf, ziehen uns am Grabenrand hoch und sitzen für ein paar Augenblicke – die Beine noch im Graben – bereit, uns sofort wieder hinabfallen zu lassen. Als sei nichts geschehen, bewegen sich wieder Soldaten zwischen den Bäumen um die Baracke. Die Glassplitter der Fensterscheiben, die der Luftdruck zerbersten ließ, glitzern in der Sonne. In unserer Nähe stehen zwei Mechaniker, die Hände in die Hüften gestemmt, und betrachten stumm eine Messerschmitt 109, die in trauriger Schräglage auf einem zerfetzten Reifen steht. Die Bombe ist in unmittelbarer Nähe detoniert, und zahllose Splitter haben Rumpf und Kabine durchsiebt. Aus den undichten Tanks tropft das Benzin und versickert im Boden.

Seit Tagen erleben wir nun schon die vernichtende Arbeit der Bomber. Die Gleichgültigkeit, mit der die Zerstörung unserer Kampfkraft hingenommen wird, hat erschreckende Formen angenommen.

Die Mechaniker heben den Fallschirm aus dem Sitz und beginnen mit dem Ausschlachten. Der Flugzeugführer bekommt ein neues Flugzeug – falls der Nachschub mit dem Verbrauch Schritt gehalten hat. Er fliegt sich auf der neuen Maschine ein und sagt zu den anderen: „Sie ist sehr schnell" oder „der Motor läuft ruhig", aber die persönliche Beziehung zur eigenen Maschine ist längst verloren gegangen.

Als der Krieg begann, gaben wir unseren Flugzeugen Namen, meist Mädchennamen, und malten sie kunstvoll auf den Rumpf. Während der Luftschlacht um England entbrannte plötzlich ein Wettbewerb um die Glätte der Außenhaut. Wir wollten windschnittiger, schneller werden, weil wir bemerkt hatten, dass wir nicht alleinige Besitzer guter Jagdflugzeuge waren. Bis ein kluger Mann berechnete, dass das nichts einbringe, weil das zusätzliche Gewicht der Spachtelmasse den Gewinn an Geschwindigkeit wieder absorbiere. Bis vor Kurzem noch malten die Erfolgreichen, die Veteranen, Symbole für ihre Abschüsse auf die Seitenflosse am Rumpfende.

Seit wir wieder in Sizilien sind, kann die Feldwerft, die in einem großen Zelt am Rande des Flugfeldes arbeitet, gerade noch die taktischen Nummern metergroß auf den Rumpf spritzen, und vielleicht zusätzlich das Geschwadersymbol, das rote Herz, für Spielereien ist keine Zeit mehr. In den letzten Tagen nehmen wir die wenigen Flugzeuge, so wie sie uns aus der „Flugzeugschleuse" in Bari zugeführt werden, und setzen sie ein. Viele überstehen wie Eintagsfliegen diesen Flug nicht, andere sterben schon vor dem ersten Start am Boden.

„Es ist meine Maschine", sage ich. „Sie ist knapp zwei Monate alt geworden. Der Motor lief so ruhig, und auch sonst war sie ein gutes Flugzeug. Sie lag mir einfach ..."

„Was sollen wir tun?" fragt mein erster Flugzeugwart.

„Der Technische Offizier soll einer Staffel eine Maschine abnehmen. Packt meinen Fallschirm um und beeilt euch!"

Der Geschwaderschreiber meldet, dass die Leitung zum Gefechtsstand gestört sei. Bald darauf hält ein Kübelwagen vor der Baracke, und der Fahrer übermittelt den Befehl des Generals, ihn vom Gefechtsstand der Ersten Staffel sofort anzurufen, da die Leitung dorthin intakt sei.

Bei der Staffel sieht es trostlos aus. Mechaniker, die im Deckungsgraben von Bombensplittern getroffen wurden, liegen aufgereiht im Schatten der Baracke. Sanitäter bemühen sich um sie. Der Geschwaderarzt richtet sich über einem Verwundeten auf und blickt mich wortlos an. Der Hang, der unmittelbar hinter dem Liegeplatz ansteigt, ist von den Bomben umgepflügt.

„Tut mir leid, dass ich Sie nicht warnen konnte", sagt der General. „Die Marauder kamen ohne jede Vorwarnung. Sie flogen so tief über See, dass die Funkmessgeräte sie nicht erfassen konnten. Können Sie schon übersehen, was sie angerichtet haben?"

„Nein, Herr General."

„Sie müssen so schnell wie möglich wieder einsatzbereit werden. Der Funkhorchdienst meldet lebhaften Abstimmverkehr bei den Bombern in Tunesien. Ich rechne mit einem Großangriff."

„Kann man uns nicht warnen, wenn sie starten, Herr General?"

„Unsere Funker versuchen das natürlich mitzubekommen, Steinhoff, aber es ist wenig Aussicht auf Erfolg. Die halten Funkstille, sobald sie abgestimmt haben. Unser Störtrupp ist unterwegs, um die Telefonleitung zu Ihrem Gefechtsstand zu flicken."

Ich kehre zur Geschwaderbaracke zurück und falle wieder in den Liegestuhl. Das Warten geht weiter. Bald ist die Leitung zum General repariert. Die Gespräche sind verstummt, weil die Hitze schläfrig macht. Jedes Mal, wenn das Telefon in der Baracke auch nur anschlägt, liegen wir wie erstarrt und halten den Atem an. Dann endlich unterrichtet mich der General, die Funkmessgeräte hätten einen Bomberverband erfasst, der weit nördlich der Insel in Richtung auf Neapel marschiere. Es sei zu spät, ihn abzufangen, aber er werde mein Geschwader starten lassen, um den Verband auf dem Rückflug zu stellen. Es sei noch etwa eine Stunde Zeit, sagt er.

Noch eine Stunde! Ich orientiere meine Kommandeure Abben, Freiberg und Meyers über die neue Lage.

„Das wird eine gute Chance sein", sagt Larsen. „Während des Rückfluges werden die Bomber nicht mit einem Angriff rechnen. Sie fliegen dann nicht mehr in enger Formation und sind leichter zu erledigen."

Ich höre kaum zu, denn meine Gedanken arbeiten schon an dem Einsatz. Ich will ihnen zeigen, dass wir nicht verbraucht und müde sind. Daher muss das Unternehmen sorgfältig angesetzt werden. Ich werde erst einmal in aller Ruhe den Verband über dem Flugplatz sammeln, bevor ich den befohlenen Kurs einschlage.

Letzte Vorbereitungen. Überall wird an beschädigten Flugzeugen gearbeitet, getankt und munitioniert. Mitten hinein platzt der Startbefehl des Generals: „Starten Sie sofort, Steinhoff. Die Bomber haben nach Süden abgedreht und den Hafen von Messina angegriffen. Sie müssen sich beeilen, wenn Sie sie noch erwischen wollen ..."

„Alarmstart!" rufe ich dem Gefechtsstandschreiber zu. „Schießen Sie grün!"

Dann wieder die wie automatisch ablaufenden Verrichtungen des Gefechtsdrills. Schon springen die ersten Motoren an. Meine Warte haben mir ein Flugzeug in die Boxe gestellt und helfen mir mit den gewohnten Handgriffen. Rasch rolle ich hinaus und warte auf meinen Stabsschwarm.

Rollen, Abbremsen, Magneten prüfen. Blick zurück. Die Schwimmweste mit dem dicken Kapokkragen behindert jede Kopfbewegung, die Atemmaske schlenkert am Kinn hin und her. Staubwolken überall, wohin ich blicke. Straden und Bachmann in Position. Handzeichen – wird erwidert: Fertig zum Start.

Als ich die Bremsen loslasse und den Gashebel ganz nach vorn schiebe, überfällt mich ein Gefühl der Befreiung. Es ist die Lust an dem unzählige Male geübten Vorgang, der nach einer bestimmten Zeit zur Feindberührung führt und die Spannung löst. Das Fahrwerk hebt ab, der Motor vibriert mit höchster Tourenzahl. Ich muss nun sorgfältig den Plan durchführen, diese Schleppe von mehr als hundert Jagdflugzeugen über dem Platz zu versammeln. Das muss in Ruhe, aber auch schnell geschehen, damit nicht zu viel Treibstoff verflogen wird. Mit einer breiten Phalanx in mehreren Etagen will ich auf die Viermots treffen. Ich drossele die Fahrt, Fahrwerk und Landeklappen werden eingefahren, und in langsamem Steigflug, den Erice umfliegend, lasse ich die Jäger auf die vorgeschriebene Position aufschließen.

Ich nehme Funksprechverbindung mit dem Jägerleitstand auf. „Adler von Odysseus eins, höre Sie laut und klar. Ende." Dann ist der General am Mikrophon.

„Möbelwagen sind im Abflug. Planquadrat Zwo Anton zweiundzwanzig Konrad, fliegen Sie Kurs nullfünfundzwanzig Grad." In ausholender Linkskurve lasse ich die Zweite Gruppe die Position hinter mir einnehmen. Im Steigen habe ich den Erice einmal umrundet und überfliege jetzt die Nordküste der Insel in 3.000 Metern Höhe. Hinter und über mir hat sich der Verband in Gefechtsformation gesammelt. Einem gewaltigen Drachen gleich bewegt sich das Dreiecksgebilde aus über 100 Flugzeugen gen Norden. Ich habe Funkstille bis zur Feindberührung befohlen. Nur die Befehle und die Informationen über den Standort des Feindes unterbrechen das Rauschen im Kopfhörer. Der General selbst hat das Mikrophon der Bodenstelle genommen. Seine Stimme ist unverkennbar, er spricht langsam und beinahe teilnahmslos. Die Ruhe des Führers am Boden teilt sich den hundert Männern mit, die im Zustand höchster nervlicher Anspannung zum Luftgefecht marschieren. Der Erfolg kann davon abhängen, dass sich der Funksprechverkehr bis zur Eröffnung des Gefechts geordnet und diszipliniert abspielt. Aber es ist schon schwer, dies mit einem kleinen Verband zu erreichen, der fast täglich als Gemeinschaft fliegt und kämpft – wieviel schwieriger wird es bei diesem eher zufällig zusammengesetzten Großverband sein. Ein unbeherrschter Warnruf, eine Meldung, die übereilt hinausgeschrien wird, kann die ganze Angriffsformation in Unordnung bringen. Daraus entsteht dann jene panikhafte Nervosität, und auf der Sprechwelle bricht das Geschrei aus, das nicht mehr unter Kontrolle gebracht werden kann.

Da ist die Stimme des Generals: „Odysseus, fliegen Sie dreihundert Grad, Möbelwagen in sechstausend Meter, Kurs West."

„Viktor, Viktor."

Wenn ich senkrecht nach unten blicke, kann ich das Meer sehen, aber nur dann. Ich hasse diese Wetterlage, die von den Meteorologen „Hochdrucklage" genannt wird und sich durch eine starke Dunstbildung auszeichnet, bei der aus großer Höhe die Konturen der Landschaft gerade noch zu erkennen sind. Sonst aber gibt es keinerlei Anhalt für die Fluglage, keinen festen Bezugspunkt, da Erde, Meer und Himmel übergangslos vom dunkelblauen Dunst verhangen sind. Die Augen suchen angestrengt dieses Nichts zu durchdringen und kehren in kurzen Abständen zu den Instrumenten zurück, die die einzig verlässlichen Auskünfte geben können. In dieser „Suppe" einen Großverband von Jägern zu führen, ist fast unmöglich.

„Odysseus, fliegen Sie zweihundertneunzig, Hanni fünftausend."

Sehr sanft verbessere ich den Kurs. Wenn ich den Kopf in den Nacken lege, sehe ich hinter mir die Silhouetten der Flugzeuge sich überschneiden und scheinbar ungeordnet die Position wechseln, weil sie die Formation halten wollen, ohne zusätzlich Benzin zu verbrauchen.

In der Glasröhre neben meinem linken Knie steigen Luftblasen auf, die anzeigen, dass der Zusatztank unter dem Rumpf leergeflogen ist. Noch eine gute Stunde Flugzeit!

Wieder die ruhige Befehlsstimme im Kopfhörer: „Odysseus, fliegen Sie Kurs zwohundertachtzig Grad. Möbelwagen werden von Freya nicht mehr erfasst, gehen vermutlich in Tiefflug über."

Sofort richten sich die Blicke nach unten und suchen den Dunst zu durchdringen, aber nur ein winziges Stück graublauer See mit dem Muster der Schaumkronen ist zwischen Fläche und Rumpf sichtbar.

Wir mögen jetzt die Hälfte des Weges zwischen Sizilien und Sardiniens Südspitze zurückgelegt haben. Die Flugzeuge hinter mir schwingen in zunehmendem Maße auf und ab – das ist ein sicheres Zeichen für die wachsende Unruhe unter den Piloten, als ob sich das Gefühl des Verlassenseins in einem einmotorigen Jagdflugzeug allen mehr und mehr mitteilt.

Wie wenn ich wüsste, dass beinahe alle Voraussetzungen für eine erfolgreiche Luftschlacht auf unserer Seite fehlen, beginne ich zu hoffen, wir möchten die Bomber verfehlen. Ich werde nicht länger als zehn Minuten auf diesem Kurs bleiben – dann zwingt der Treibstoffmangel zur Rückkehr. Besonders gefährdet sind die Flugzeuge an den äußeren Flügeln der Formation. Sie legen größere Wege zurück, sobald ich den Kurs ändere, und um die Position zu halten, fliegen sie häufig mit Vollgas und höchster Tourenzahl und verbrauchen somit die kostbare Gefechtsreserve.

Der Verband hat sich weit auseinandergezogen. In dreitausend Meter Höhe ist der Dunst ungemein stark, und wenn ich zurückblicke, sehe ich nur Freibergs Gruppe gegen den dunklen Himmel, die anderen hat der Dunst verschluckt.

„Aufschließen, von Odysseus – aufschließen!"

„Drosseln Sie bitte, wir verbrauchen zu viel – müssen kehrt machen …"

Schon lebt der Funksprechverkehr auf, als ob sie das Gefühl der Verlassenheit nicht so bedrückt, wenn sie sich mitteilen und ihre eigene Stimme hören können. Manche tun das im Tonfall größter Gelassenheit, die natürlich geheuchelt ist. Denn jeder wartet mit höchster Spannung auf die Sichtmeldung, auf das „Achtung!" oder „Da sind sie!". Wenn ein Sender anspringt und für Sekundenbruchteile das Rauschen ausstrahlt, bevor die Stimme Worte moduliert, schrecken alle zusammen.

„Unter uns Möbelwagen – unter uns, viele, Kurs West!"

Das ist Zöhlers Stimme im Funkgerät, unverkennbar in seinem Dialekt, und er schreit seine Entdeckung hinaus, als ob er durch Lautstärke auch den letzten Mann der Formation alarmieren müsste. Wie erstarrt blicke ich auf die graue See hinab – und jetzt sehe ich es auch: Die Wasseroberfläche ist auf einmal von einem seltsamen Muster hellbrauner Farbtupfen gesprenkelt. Auf der Oberseite wüstengelb gespritzt, heben sich die Fliegenden Festungen fein umrissen von dem Silbergrau der See ab. Im Tiefstflug jagen sie über die Wellen, beinahe Fläche an Fläche. Ich sehe sie nur in dem Winkel zwischen Motorhaube und Fläche – in der Ferne verschwimmen sie im Dunst. Senkrecht zum Kurs des Geschwaders marschieren sie unter uns in Richtung

Afrika. Zwischen den einzelnen Staffeln von neun, vielleicht zwölf Flugzeugen sind Zwischenräume. Die Wogenkämme des Mittelmeeres ziehen träge, gleich einem gemusterten Teppich, unter der Formation dahin.

Ich weiß, dass ich keine Zeit zu einem wohlangelegten taktischen Manöver habe. Ohne das geringste Zögern muss ich aus dieser ungünstigen Position den Angriff ansetzen, ob mir mein Verband folgt oder nicht. Hoffnungslos, über Funk noch Befehle zu geben! Aus dem Gekreisch und Getöse im Kopfhörer sind kaum mehr Worte oder gar Satzfetzen auszumachen, während ich schon über die rechte Fläche auf die Bomber hinabstoße.

„Möbelwagen – Achtung, sehr tief, viele!"

„Muss umkehren …"

„Dranbleiben, dranbleiben!"

Zweitausend Meter, die Fahrt der Hundertneun ist enorm gewachsen. Die Bomber scheinen sich schneller zu bewegen, je tiefer ich fliege. Straden, Bachmann und Bernhard sind mir gefolgt und halten die vorgeschriebene Position. Tausend Meter! Da ist der Zwischenraum zwischen den feindlichen Staffeln. Ich muss so tief fliegen, dass ich in gleicher Höhe auf sie treffe. Wenige Meter unter mir ziehen jetzt die Wogen dahin, und unglaublich schnell kommt die breite Linie aus Flugzeugleibern und Motoren auf mich zu. Ich starre durch die Frontscheibe und halte das beleuchtete Reflexvisier auf das Flugzeug in der Mitte der Formation. „Du musst auf die Glaskanzel der Festung zielen …"

Wann ich zu schießen beginne, weiß ich nicht, die Schussposition muss sich automatisch dem Daumen auf dem Steuerknüppel mitgeteilt haben. In dieser letzten kurzen Phase des Angriffs ist schlagartig alles wie beim Ablauf einer gewohnten Übung. Als hätte ich das schon hundertmal getan, pendele ich die „Me" auf die Höhe der Bomber ein. Ich muss die leuchtende Flugzeugkanzel mit einem Hagel von Geschossen zudecken. Die Leuchtspur der Maschinengewehre springt im Bogen auf den riesigen Bomber zu und kreuzt die blauen Schlieren der Rauchspurgeschosse. Das „Pop-pop-pop" der Kanonen lässt das helle Fadenkreuz zittern. Deutlich erkenne ich die glitzernden Scheiben, dann muss ich die Maschine nach oben reißen, sodass mich die Beschleunigung tief in den Sitz presst. Mit dem Schwung der überschüssigen Fahrt werde ich hoch über die Bomber weggetragen, Mein Mund ist wie ausgetrocknet und der Speichel schmeckt bitter. Der Pulvergeruch füllt die Kabine. In der Kurve bemerke ich, dass ich allein bin – mein Stabsschwarm ist „geplatzt". Im Zurückblicken sehe ich eine haushohe Fontäne weißen Wassers die Absturzstelle des Bombers markieren.

Der Äther ist erfüllt vom Geschrei der Schlacht. In die Befehle und anfeuernden Rufe mischt sich das hysterische Kreischen der ausbrechenden Panik.

„… bitte Kurs nach Trapani – ich bin allein …"

„Mein Benzin geht zu Ende!" – „Trapani, bitte peilen Sie mich …" Freiberg muss im Hinabstoßen mit seiner Gruppe den Bombern gefolgt sein. Ich höre Fetzen von Kampfgeschrei: „Näher ran, näher ran …"

„Wirf deinen Zusatztank weg!"

„Abfangen!" Gleichzeitig aber mehren sich die Meldungen über Betriebsstoffmangel und die Notwendigkeit zur Umkehr. Meine eigene Benzinuhr zeigt eine Flugreserve von zwanzig Minuten. Im Dunst steige ich auf dreitausend Meter und fliege – nun völlig allein – den errechneten Kompasskurs, der mich zur Insel zurückführen muss.

Und schon beginnt der Verstand das Erlebte zu verarbeiten. Es ist ein Verhängnis, dass wir in letzter Minute auf die Bomber stießen. Und vom Angriff auf Boeings, die im Tiefflug marschieren, steht nichts in den taktischen Vorschriften. Nichts, aber auch gar nichts begünstigte unseren Angriff. Ob die anderen Staffeln des Verbandes überhaupt angreifen konnten?

Die Bomber sind vom Dunst verschluckt Plötzlich fühle ich wieder die Angst des Alleinfliegens über See. Besorgt horche ich auf das Laufen des Motors und berechne nochmals den Kurs und die Flugdauer und blicke angestrengt auf die graublaue Wand, aus der nun bald der Erice auftauchen muss.

Da das Geschrei auf der Funksprechwelle hysterische Formen annimmt, packt mich die Wut: „Odysseus eins an alle: Maul halten! Fliegen Sie hundertdreißig Grad!"

Als der blassblaue Kegel des Erice gleich einem Leuchtturm aus dem Dunst emporsteigt, kann ich einzelne Messerschmitts ausmachen, die gleich mir der Insel zustreben. Die Panik ist abgeklungen, selten noch bittet einer um den Kurs, der ihn nach Hause bringen soll.

Die zurückkehrenden Flugzeuge umkreisen den Flugplatz Trapani in dichter Folge. Ich sehe sie landen und rollen und in den Abstellboxen den Staub aufwirbeln, wenn sie das Flugzeug auf der Stelle herumdrehen.

Im Augenblick, in dem ich den Motor abstelle, wird mir bewusst, dass wir eine Niederlage erlitten haben. Bisher habe ich diese Erkenntnis unterdrückt, und auch jetzt habe ich noch wider besseres Wissen die Hoffnung, es mögen ein paar von den Festungen abgeschossen sein – obgleich das recht unwahrscheinlich ist. Nichts in dem vergangenen Funksprechverkehr deutete auf Abschüsse hin, und keines der nach mir landenden Flugzeuge wackelt mit den Flächen, um auf traditionelle Art den Luftsieg zu verkünden.

Bachmann und Straden stehen neben meiner Maschine, als ich die Kabine öffne. Ich streife die Kopfhaube ab und wische den Schweiß von der Stirn. Hier am Boden überfällt einen wieder die unerträgliche Hitze. Unter der Schwimmweste klebt das Hemd am Körper.

Straden reicht mir gratulierend die Hand, als ich von der Fläche herabgesprungen bin. „Sie haben die Kanzel der Boeing in tausend Stücke geschossen, Herr Major", sagte er. „Um ein Haar wäre ich durch die Wassersäule geflogen. Der Bomber schlug mit ungeheurer Wucht aufs Wasser auf, die Teile wurden hundert Meter hoch gewirbelt."

„Habt ihr andere Abschüsse gesehen?"

„Nein – die Umkehr hatte ja schon begonnen, da war kein geordneter Angriff mehr möglich."

„Ist Freiberg mit seiner Gruppe zum Schuss gekommen?"

„Sie hatten Feindberührung, das konnte man hören, aber ob sie abgeschossen haben …?"

„Bachmann, ich bitte die Kommandeure zu mir, sobald der letzte gelandet ist."

„Jawohl, Herr Major."

Von den Treppenstufen vor der Baracke erhebt sich Freiberg.

„Das war eine schöne Scheiße, Herr Major."

„Hat Ihre Gruppe keine Abschüsse?"

„Keinen einzigen. Ich verlor Sie im Dunst aus den Augen, dann erst sah ich die Bomber. Wir mussten deshalb von hinten angreifen. Der Angriff war verkorkst, völlig daneben. Die anderen zwei Gruppen haben die Bomber offenbar nicht gefunden."

„Sind alle Flugzeugführer Ihrer Gruppe gelandet?"

„Bis auf zwei Unteroffiziere. Ich habe einen Notruf gehört, kurz nachdem wir angegriffen hatten. Das Abwehrfeuer war haarig. In gleicher Höhe mussten wir in einem Regen von Leuchtspur von hinten bis auf Schussentfernung herangehen."

Abben meldet telefonisch die Rückkehr seiner Gruppe. Er habe die Fortresses noch im Abflug gesichtet, berichtet er, jedoch hätte eine Verfolgung die Rückkehr nach Trapani unmöglich gemacht.

Wenig später meldet auch Meyers erfolglosen Luftkampf, Angriff aus unvorteilhafter Position und Rückkehr mit letzter Benzinreserve. Zwei seiner Flugzeugführer werden vermisst. Kurz darauf: „Herr Major, der General möchte Sie sprechen."

„Herr General, ich melde das Geschwader vom Einsatz zurück. Wir trafen in letzter Minute auf die Viermotorigen, es muss mindestens hundertfünfzig Kilometer nordwestlich Trapani gewesen sein. Für einen geordneten Angriff war es zu spät, ein Teil der Flugzeugführer hatte sich wegen Spritmangels bereits abgemeldet. Bisher kann ich nur den Abschuss einer Festung melden …"

Längeres Schweigen am anderen Ende der Leitung. Dann: „Aber ich habe euch doch rechtzeitig gesagt, dass sie in den Tiefflug übergehen! Das ist doch nicht möglich – hundert Jäger, und nur ein Abschuss …"

Der Mündungsknall einer 8,8-cm-Flak lässt die dünnen Holzwände der Baracke erzittern. Er löst die Flucht in den Schutz der Splittergräben aus. Das Telefon poltert auf den Holzfußboden, ich springe zur Tür hinaus und renne zum Graben, während sich schon das Motorengeräusch in das Flakfeuer mischt. Als ob er die ganze Zeit im

Splittergraben auf uns gewartet habe, blickt mich Larsen an, der in gebückter Haltung mit eingezogenem Kopf zur Seite springt, als ich mich in den Graben hinabfallen lasse.

Eng aneinandergedrängt kauern wir stumm am Boden, solange das Pfeifen und Fauchen der fallenden Bomben sich mit den Detonationen der Flakgranaten mischt.

Als es stiller wird, richte ich mich auf und werfe einen Blick über den Rand des Grabens. Obgleich ich deprimiert und erschöpft bin – frage ich im sarkastischen Tone: „Hast du die ganze Zeit hier im Graben gesessen, während wir die große Luftschlacht schlugen, Franzl?“

„Quatsch, ich habe den Verlauf auf dem Gefechtsstand am Funkgerät verfolgt – das ist schlimm, sehr schlimm. Er kocht vor Wut. War denn gar nichts zu machen?“

„Nein“, sage ich, „gar nichts!“

„Aber ihr habt doch die Bomber gefunden, und es waren noch nicht einmal Jäger dabei …“

Ich höre den leichten Ton des Vorwurfs, und obgleich ich gar keine Kraft mehr habe, drehe ich mich abrupt zu ihm um und sage voll Erregung: „Ich werde dem General Rede und Antwort stehen – aber ich verlange auch, dass ihr endlich einseht, dass wir hier das Unmögliche versuchen.“

Ich sage „ihr“, weil ich ihn und den General meine, und dann entfährt mir eine Bemerkung, die ich gern zurückgenommen hätte, sobald sie ausgesprochen ist: „Wenn du wissen willst, wie der Luftkrieg hier bei uns schmeckt, dann fliege doch mit uns – das nächste Mal, wenn die Viermots kommen.“

„Bitte verzeih mir“, sagt Larsen, „bitte verzeih und glaube mir, dass ich euch keinen Vorwurf mache. Aber wie soll das zu Ende gehen? Mein Gott, wie soll das zu Ende gehen?“

Auf der Straße zum Erice herrscht um diese Stunde lebhafter Verkehr. Esel- und Maultierkarren und Frauen mit Bündeln auf dem Kopf streben der Stadt zu. Die Menschen hier haben sich daran gewöhnt, den Tag außerhalb der gefährdeten Stadt- und Flugplatzgegend zu verbringen. In der Nacht haben sie nur mit den Einzelwürfen der Wellingtons zu rechnen, und so strömen sie zurück in ihre Stadtwohnungen, um das Notwendigste zu erledigen.

Die Sonne steht schon tief, als ich vor dem Gefechtsstand des Geschwaders halte, den zurzeit der General der Jagdflieger für sich benutzt.

Der General sitzt auf einem Feldstuhl mit dem Rücken zur Barackenwand, so hat er das großartige Panorama dieser sizilianischen Landschaft zu seinen Füßen. In friedlicher Unschuld breiten sich die weinbewachsenen Hänge des Erice bis an die Grenze der Stadt, die von der späten Sonne in sattes Ocker getaucht ist, während Zypressen und Pinien hier oben tiefblau getönt in den Himmel ragen. Aber der

General sieht nicht so aus, als hätte er jetzt Sinn für die trauernde Schönheit, die über dem Ganzen liegt. Als ich ihm melde, erhebt er sich und sagt: „Ich fliege jetzt nach Comiso zurück."

„Herr General", sage ich, „es tut mir leid, dass dies alles so daneben ging." – „So können wir nicht weitermachen. Die Viermots muss man massiert angreifen. Wenn wir uns hier verkleckern und jeden Angriff abwehren wollen, wird der Erfolg ausbleiben. Ihr müsst endlich lernen, wie man die Bomber angreift, wie man in enger Formation anmarschiert und frontal attackiert. Ihr zögert und geht nicht nahe genug heran ..."

Während er das sagt, schiebt er die schwarze Zigarre von einem Mundwinkel in den anderen und sieht mich unfreundlich an.

Das kann ich nun bald singen, denke ich. Alle sagen uns das, und die Erfahrungsberichte der Jäger aus dem Reich können wir auswendig. Ich verstehe seine Enttäuschung und möchte ihm sagen, dass hier eben alles anders ist, anderes Wetter, andere Sichtverhältnisse, andere taktische Bedingungen, und dass hier Einflüsse dazu kommen, von denen man im Reich nichts ahnt ... Aber einerseits schäme ich mich, dass wir ihn so enttäuschten, andererseits empfinde ich, dass ein Soldat sich nicht entschuldigt, wenn er meint, das Beste gegeben zu haben, und blicke ihn stumm an.

Der General fühlt wohl selbst, dass wir uns heute Abend nicht verständigen werden, und mit einer halb versöhnlichen, halb hilflosen Geste beendet er das Gespräch. „Ich werde Sie heute noch anrufen. Wir müssen uns eine andere Taktik überlegen." Damit besteigt er seinen Wagen.

Der kurze Schlaf, aus dem ich unsanft durch das schrille Läuten des Telefons gerissen werde, war so wunderbar tief und so weit weg von jeder Wirklichkeit, dass ich einige Sekunden brauche, ehe ich mich melde und begreife, dass es der General ist, der nun schon in Comiso ist. So bekommt das Gespräch in meiner Erinnerung etwas Unwirkliches, und für ein paar Minuten danach hoffe ich tatsächlich, es sei nur ein böser Traum gewesen.

„Steinhoff", sagt er, „ich habe soeben ein Fernschreiben des Reichsmarschalls erhalten. Bitte regen Sie sich nicht auf, wenn ich Ihnen jetzt den Inhalt vorlese. Veranlassen Sie noch nichts. Aber ich muss Sie informieren. Hören Sie zu:

‚An den Jagdfliegerführer Sizilien. Die bei der Abwehr des Bomberangriffs auf die Straße von Messina beteiligten Jäger haben versagt. Von jeder der beteiligten Jagdgruppen ist ein Flugzeugführer wegen Feigheit vor dem Feinde vor ein Kriegsgericht zu stellen.

gezeichnet Göring, Reichsmarschall'

Ich wiederhole noch einmal: Veranlassen Sie nichts. Ich habe dem Fliegerkorps bereits mit allem Nachdruck erklärt, dass dies unmöglich ist."

Ich schweige, als wenn mir jemand etwas absurd Beleidigendes gesagt hätte, gegen das ich mich nicht wehren kann. Angestrengt versuche ich, klar zu denken, um diese Ungeheuerlichkeit zu begreifen.

„Feigheit vor dem Feind", höre ich eine mir fremd klingende Stimme am anderen Ende der Leitung. „Von jeder Gruppe ein Flugzeugführer …" Das kann, das darf nicht wahr sein!

„Hören Sie noch?"

„Jawohl, Herr General."

„Ich werde Sie morgen wieder anrufen. Er ist immer so zornig, wenn seine Jäger versagt haben."

„Haben wir denn versagt, Herr General?"

„Das sage ich doch nicht! Ich werde Sie morgen früh anrufen. Seien Sie unbesorgt!"

Worüber sollte ich unbesorgt sein? Kann man als Offizier unbesorgt sein, wenn einem Derartiges geschieht? Der Reichsmarschall verachtet uns, obgleich er genau wissen muss, dass der Kampf gegen eine solche Übermacht eine einfache Rechenaufgabe ist: Wir werden unterliegen. Glaubt er, er könne unseren Einsatzwillen steigern, indem er uns beleidigt und Feiglinge nennt? Er hat doch noch vor Kurzem verächtlich die Möglichkeit von sich gewiesen, dass die viermotorigen Bomber etwa die Abwehr der Luftwaffe durchbrechen könnten. Inzwischen erreichen sie fast jeden Punkt des Reichsgebietes. Nun sind wir also an seinem Dilemma schuld. Er meint uns alle, alle Jagdflieger im Süden. Das ist ein Kollektivbeleidigung: „Von jeder Gruppe ein Flugzeugführer" – wahllos ein Flugzeugführer!

Freiberg und Godert werden bald hier sein, ich will ihnen das sofort mitteilen. Abben und Meyers sind zu ihren Plätzen zurückgeflogen, der eine nach Sardinien, der andere nach dem Osten Siziliens. An sie werde ich den Befehl des Reichsmarschalls nicht weiterleiten, ehe ich nicht mit dem General gesprochen habe. Er kann nicht zulassen, er wird nicht zulassen, dass diese absurde Anordnung durchgeführt wird.

Noch immer halte ich den schon lange stummen Hörer in der Hand und starre vor mich hin. Aus dem benachbarten Essraum klingt das Klirren des Porzellans und der Gläser, und ich unterscheide die Stimmen von Bachmann und Straden, die halblaut miteinander sprechen, um mich nicht zu stören. Die Nacht ist unvermittelt hereingebrochen, und vom Bett aus sehe ich ein Stück des sternbesäten, samtblauen Himmels, so schön und so erhaben, wie er sich nur im Süden darbietet.

Warum auch musste ich ohne Überlegung das Geschwader in Afrika wählen, als mir der General die Wahl zwischen einem Verband im Reich und einem im Süden ließ?

Ich hatte meine Jagdgruppe auf der Krim für einen kurzen Heimaturlaub zurückgelassen und war mit einem Storch bis nach Berlin geflogen. Beim General der Jagdflieger wurde ich schon erwartet. Er empfing mich in ernster Stimmung. Zuerst wollte er wissen, wie es um die Jagdabwehr im Osten stand, aber bald spürte ich, dass seine Sorgen im Augenblick anderer Art waren. Sehr schnell kam er auf die Fliegenden Festungen zu sprechen und berichtete von ihren ersten Angriffen auf die Kanalküste und davon, wie ihre scheinbare Unverletzlichkeit die deutschen Jäger überrascht habe. Er habe den Reichsmarschall gewarnt und eine Verstärkung der Jagdwaffe gefordert. Bei dieser Gelegenheit habe er die Bewaffnung der Messerschmitt 109 und der Focke-Wulf 190 als unzureichend bezeichnet und bestimmte Verbesserungen vorgeschlagen. Als er vorausgesagt habe, dass die Festungen eines Tages bis nach Berlin fliegen könnten, habe der Reichsmarschall unwirsch abgewinkt und sich derartiges defätistisches Gerede verbeten.

Völlig unvermittelt, als sei er während des ganzen Gesprächs dazu entschlossen gewesen, begann er über den Tod von Major Müncheberg zu sprechen, um mich plötzlich mit den Worten zu überfallen: „Ich bedaure, dass Sie Ihren Urlaub abbrechen müssen. Zwei Kommodore-Stellen müssen neu besetzt werden. Wählen Sie: Entweder ein Geschwader in Afrika oder eins im Reich!"

Ohne zu zögern entschied ich mich für Afrika. Mich lockte der Süden, den ich noch nicht kannte, und der Luftkrieg gegen die ritterlichen Angelsachsen. Damals ahnte ich nicht, wie erbarmungslos dieser Kampf gegen die erdrückende Übermacht werden würde.

„Sie übernehmen das Jagdgeschwader 77 in Afrika, der Kommodore ist gefallen." Das war nicht ermutigend, aber so gestaltete sich unser aller militärische Laufbahn im Kriege: Wir rückten auf, indem wir die Stelle der Gefallenen einnahmen. Das war das Gesetz, nach dem wir angetreten waren, wir und die auf der anderen Seite, die wir abzuschießen suchten, wo wir konnten.

Ich flog nach München und „fasste" Tropenkleidung. Unmögliche Pumphosen aus khakibraunem Leinen und Hemden und einen braunen Rock – alles von der Stange und nach dem Motto:

„Passt schon!"

So landete ich im März in Ciampino bei Rom. Zum ersten Mal in meinem Leben betrat ich die Ewige Stadt. Es war ein wunderbarer Frühlingstag. Auf dem Wege nach Frascati, dem Hauptquartier des Feldmarschalls, öffnete ich die Fenster des Dienstwagens und atmete den verschwenderischen Duft der blühenden Natur. Frascati war und ist einer der luxuriösesten Villenvororte Roms. Vor der weißen Villa des Marschalls empfing mich der Ordonnanzoffizier und führte mich zum Chef des Stabes. Zunächst stellte er mich einer leibhaftigen Vorzimmerdame vor, wahrhaftig, einer jungen Dame, die in einem durchsichtigen Fähnchen gleich einem Frühlingsgedicht die

Nelken in der Vase arrangierte. Und dann stand ich vor dem „Chef", einem General, der im weißen Rock hinter einem gewaltigen Schreibtisch thronte. Nie in meinem Leben werde ich die Lagebesprechung der Luftflotte vergessen, an der ich teilnehmen durfte. Es war gewissermaßen die synthetische Schilderung und Vorhersage des weiteren Verlaufes der Schlacht in Afrika, dargeboten einem Soldaten, der tags darauf das Geschilderte selbst an Ort und Stelle in Augenschein nehmen durfte. In einem großen, sonnendurchfluteten Raum war der Stab versammelt, die Offiziere in Weiß umstanden den Lagetisch, auf dem die Karten ausgebreitet waren. Es war eine Art von Karten, die nur ziemlich ungewohnt war. Zeigten sie Land, so herrschten darin die leeren ockerfarbenen Flächen vor, aber das meiste war Wasser, nur durchzogen von den Trapezen der Planquadrate.

In meinem schlechtsitzenden Afrikaanzug schämte ich mich unter all diesen unglaublich vornehmen Gestalten. Seit Jahren hatte ich nicht so viel Glanz gesehen. Vielleicht hatten zwei Jahre Krieg in Russland mich verroht und dergleichen verachten gelehrt – aber dieser leicht pompöse Stil, in dem vorgetragen wurde, überhaupt der Stil, in dem man hier auftrat und sich gab, erschien mir geradezu wie eine Beleidigung des Frontsoldaten und ließ meine Aversion von Minute zu Minute wachsen.

War ich gegen die Führung und die Generalstabsoffiziere allergisch? Das war sicher ungerecht, und schließlich musste die Stabsarbeit gemacht werden, derweil wir „den Hintern in die Luft hängten". Aber schon diese – natürlich ordinäre – Ausdrucksweise war hier nicht mehr üblich, obwohl sie beinahe alle einmal von der Front gekommen waren – Soldaten im Kampf wägen ihre Worte nicht nach ästhetischen Maßstäben. Ich konnte es nicht ertragen, wenn sie sich geziert wie Gecken und blasiert wie Snobs gaben. Zwischen ihnen kam man sich wie ein plumper Ackergaul vor, wenn man die Ehre hatte, den Feldmarschall zu sehen, und in den Vorzimmern der Luftflotte auf mit herablassender Geste angebotenen Stühlen hockte und wartete. Ich kam von der Ostfront und hatte in zwei russischen Wintern gelernt, dass wir „Menschenmaterial" waren – „zum alsbaldigen Verbrauch bestimmt". Ich hatte eine Armee bei Stalingrad sterben gesehen, ich hatte den Zusammenbruch einer Front erlebt, ich war geflogen und geflogen, ich hatte meine Pflicht getan wie jeder Soldat, dort, wohin er gestellt wird, und ehe ich michs versah, war ich auf dem Wege nach Afrika, um Akteur und gleichzeitig Augenzeuge bei der nächsten Katastrophe zu sein. Aber zunächst sah ich nur ein Vorspiel auf dem Kartentisch.

Längst war ich gegen den Aussagewert von Zahlen und Fähnchen auf der Lagekarte argwöhnisch geworden. Was war ein Bataillon oder eine Jagdstaffel? Kein Mensch fragte nach dem wirklichen Kampfwert dieser Größen. Eine Staffel war ein Ding, das in einem Einsatz von einer Stunde zehn Gegner abschießen konnte, also wurde erwartet, dass sie das verdammt nochmal auch tat. Kein Mensch fragte nach dem Zustand des Infanteriebataillons, dessen Gefechtsstand auf der Karte mit einem dreieckigen Fähnchen markiert war. Wer wusste, ob es nicht ein verlorener Haufen von einem Hauptmann und hundert Soldaten war, von denen die Hälfte mehr oder weniger verwundet, erschöpft, verzweifelt oder halb verrückt war? Wirklich niemand? Denn alle diese Generäle und Generalstäbler – oder doch wenigstens der größere Teil von ihnen – waren einmal Frontsoldaten gewesen, sie mussten das alles doch wissen und als unauslöschliches Erlebnis in sich eingegraben haben …

Da wurde Kritik am italienischen Bundesgenossen im Tone des Bedauerns vorgetragen, da wurde von Verstärkung gesprochen und von Tonnen des Nachschubs an Betriebsstoff und Munition. Ich hörte und sah das Ende einer ruhmreichen Kampagne mit beinahe unberührter Sachlichkeit dargeboten. Das Auftreten dieser eleganten Obristen erschien mir empörend unbeteiligt, war ich doch der einzige Beteiligte – tatsächlich Beteiligte –, der morgen in Tunis landen sollte, um ein Jagdgeschwader in diesem Finale gegen einen übermächtigen Feind zu führen.

Das also war aus uns geworden, nachdem wir selbst am Anfang dieses Krieges einmal der übermächtige Feind gewesen waren. Nun hatten wir gelernt, wie die Niederlage schmeckt, aber auch die Niederlage hatte zwei Aspekte, einen, wie ich ihn bei Stalingard kennengelernt hatte, und einen anderen, wie ich ihn jetzt hier im gepflegten Hauptquartier einer Luftflotte gewissermaßen am Sandkasten demonstriert bekam.

Dann saßen wir an der großen Tafel, an der der Feldmarschall selbst präsidierte, und ließen uns ein gutes Diner servieren.

„Sobald Sie sich mit dem Kriegsschauplatz vertraut gemacht haben", begann der Feldmarschall, „ist es notwendig, dass Sie die Truppe, Ihr Geschwader, davon überzeugen, dass Nordafrika gehalten wird – um jeden Preis gehalten wird. Wir werden den Brückenkopf verstärken und die Front so verkürzen, dass wir die Position unschwer halten können. Aber dazu brauchen wir höchste Leistungen der fliegenden Verbände. Deshalb ist eines wichtig, und das ist Ihre erste Aufgabe: Reißen Sie die Flugzeugführer Ihres Geschwaders mit, vermitteln Sie ihnen wieder jenen aggressiven Schwung, der die Truppe auf ihrem Vormarsch nach El Alamein beseelte."

„Jawohl, Herr Feldmarschall."

Wie stellte er sich das vor, dass ich Schwung vermittelte und ihnen den aggressiven Geist wiedergäbe? Ich sagte „jawohl", aber ich wusste nicht, wie man das macht, wenn man einen neuen Verband übernimmt und von einem ganz anderen Kriegsschauplatz kommt, dessen Erfahrungen wahrscheinlich kaum Gültigkeit haben würden …

Ein paar Tage später sah ich die Wirklichkeit und mich selbst in dieser Wirklichkeit agieren. Als ich auf dem kleinen Feldflugplatz nördlich von Sfax zum ersten Mal vor den angetretenen Flugzeugführern stand, sagten mir ihre Gesichter, was sie dachten. Mit freundlicher Skepsis betrachteten sie den Neuen, der sie nun führen sollte. Und führen eines Jagdgeschwaders – das wusste ich, und das galt auf allen

Kriegsschauplätzen – das hieß: voranfliegen, ein Beispiel geben, abschießen. So wurde ein Staffelkapitän, ein Gruppenkommandeur und erst recht ein Kommodore gewogen. Sie wollten wissen, was dieser Neuling von der Ostfront für einer war, ob er mit dem Luftkrieg auf diesem Kriegsschauplatz fertig werden und wie er sich schlagen würde. Denn die Ostfront galt als „leichte" Front für Jagdflieger. Ich begann mich der starken Worte zu schämen, die ich mir zurechtgelegt hatte und die zweifellos auch den Ansprüchen des Generalfeldmarschalls genügt hätten, und sagte nur, dass ich stolz sei, dieses Geschwader führen zu dürfen, und dass es unsere Aufgabe sei, zu fliegen und abzuschießen. Danke, meine Herren.

Und wie man hier flog und den Jagdkampf führte, das lernte ich schon am nächsten Tage. Dass man nicht vergessen durfte, dass auch der Gegner den Auftrag hatte, zu fliegen und abzuschießen, und dass er diesen Auftrag seit einiger Zeit recht gut ausführte. Das jedenfalls tat der Spitfirepilot, der mir mit höchster Präzision die Kühler der Me 109 zerschoss und dafür sorgte, dass ich auf dem Bauch in der Wüste südlich Kairouan landete.

Sie sind um die Tafel versammelt, als ich eintrete, und sie geben sich locker und unbeschwert, wie sie es aus den Offizierskasinos des Friedens gewohnt sind, und wie wir es in allen Unterkünften und auf den primitivsten Feldflugplätzen gehalten haben. Trotz dieser äußeren Schale sieht man ihnen die tödliche Erschöpfung an, die nicht so sehr körperliche Müdigkeit ist, sondern vielmehr die seelische Auszehrung des Geschlagenseins. Godert, soeben von Sciacca eingetroffen, meldet sich und sieht mich mit seinen traurigen Augen an, als wollte er sagen: „Es tut mir leid, dass ich keinen Erfolg melden kann."

Der Dicke serviert die Spiegeleier und füllt die Gläser mit Wein. Das Gespräch schleppt sich dahin. Wir sprechen über den Flug und den misslungenen Angriff auf die Bomber. In den Gesprächspausen sehen wir uns an, und in den Augen aller steht das Einverständnis über die Gesetzmäßigkeit des Geschehens, der sich keiner entziehen kann. Es gibt keine Hoffnung, weil keine Wunder geschehen. Weil es auch keine Wunderwaffen gibt, sondern nur Menschen, die kämpfen, solange sie noch kämpfen können. Das Drehbuch der Sturmangriffe auf die Insel wird mit tödlicher Präzision ablaufen – mit eben der Präzision, die einmal unsere eigene Kunst war und die nun auf den Gegner übergegangen zu sein scheint. Und wir werden uns dem Feind entgegenwerfen müssen, bis zum Ende, das wir alle kennen – ohne Hoffnung.

Das wissen alle, die hier fliegen, auch die Jüngsten. Aber sie wissen noch nicht, dass sich heute Abend etwas ereignet hat, dass allem eine noch bitterere Wendung geben wird. Sie müssen es erfahren, ich kann es ihnen nicht ersparen. Und während ich noch überlege, wie ich es am harmlosesten formulieren soll, habe ich schon begonnen zu sprechen. „Ich muss Ihnen einen Befehl des Reichsmarschalls übermitteln. Der

General hat mich eben angerufen und gesagt, dass der Reichsmarschall ungehalten ist, weil wir – wie er meint – heute versagt haben. Von jeder der am Einsatz beteiligten Gruppen soll ein Flugzeugführer vors Kriegsgericht gestellt werden, wegen" – und plötzlich habe ich Schwierigkeiten, es auszusprechen, es würgt mich geradezu im Hals – „wegen Feigheit vor dem Feind."

Es ist totenstill um den Tisch. Sie starren mich ungläubig an, als hätte ich einen geschmacklosen Witz gemacht.

Es ist Freiberg, der als erster die Sprache wiederfindet. Er hebt sein Glas und sagt nur: „Na, denn Prost – ich werde mich freiwillig melden."

Ich hätte ihn umarmen mögen. In seinem schneidenden Sarkasmus hat er die einzige Möglichkeit des Handelns aufgezeigt, die uns Kommandeuren bleibt.

Der schüchterne Bernhard, der hundeelend aussieht und bisher keinen Bissen angerührt hat, fragt entsetzt: „Wie sollen wir das feststellen, Herr Major, wie stellt der Reichsmarschall sich das vor, und das kann der Führer doch nicht ..." Er stockt und sieht sich hilflos um.

Ach, du guter Hitlerjunge, denke ich, aber ehe ich etwas sagen kann, spricht Freiberg schon. „Der stellt sich gar nichts vor", sagt er. „Der will, dass uns der Schreck in die Hose fährt. Vielleicht gehen wir schneidiger 'ran, wenn das Kriegsgericht ein paar von uns verurteilt hat – wenn sie umgelegt sind ..."

Ich muss aufpassen, dass die Tonart nicht so bleibt. Zynismus kann uns in dieser Lage nicht helfen. Betont leicht und undramatisch sage ich daher: „Der General hat mich gebeten, Ihnen zu sagen, dass er sich für uns einsetzen wird. Wir sollen uns keine Sorgen machen. Aber er war ja selbst sehr enttäuscht. Hundert Jäger in der Luft, und nur ein Abschuss, das will noch nicht in seinen Kopf."

Die Detonation einer Bombe in der Nähe des Hauses lässt die Gläser auf dem Tisch klirren. Mehrmals flackert das elektrische Licht, dann erlischt es endgültig. „Die Nervensäge", ruft der Dicke in die Finsternis. „Herr Major, ich bringe Feldbett und Schlafsack in die Grotte."

Dann poltern wir die Treppe hinab und hören – im Freien angelangt – das sonore Motorengeräusch der Wellington-Bomber. Die Nacht ist immer noch heiß, und in der Bucht steht der Feuerschein eines brennenden Hauses.

Ich richte mich auf, nachdem ich mich durch den Mauerdurchbruch gezwängt habe. Die Grotte ist angefüllt mit Zigarettenqualm und Schweißgeruch. Freiberg führt das große Wort und hält einen Vortrag über die Tapferkeit. Er verzichtet heute Nacht auf ein Glas, seine Rechte umspannt die Flasche Marsalawein, den er bevorzugt. Zöhlers Gesicht, vom pechschwarzen Haar umrahmt, wirkt im Lichte der Gaslampe transparent und sehr bleich. Vor Kurzem hat er einen Malariaanfall überstanden und trotzdem den Heimaturlaub abgelehnt, um bei seiner Staffel bleiben zu können. Godert liegt mit geschlossenen Augen im Liegestuhl. Straden und Bachmann haben die Ellbogen auf den Tisch gestützt und flüstern miteinander. Das blonde Mädchen Teresa sitzt im Halbdunkel in der Nähe der schmalen Steintreppe, die zur Villa hinaufführt. Neben ihr die „Nonna", wie immer kerzengerade aufgerichtet, in ihrem schwarzen Kleid und dem schwarzen Schleier hebt sie sich kaum von der dunklen Umgebung ab.

Freiberg gegenüber sitzen Bernhard und Zahn auf Feldstühlen. Der Dicke rückt meinen Liegestuhl neben den Freibergs und gießt Wein für mich in ein Glas. Eine Bombenexplosion lässt gerade wieder einmal die Gespräche verstummen, und man hört nichts als das Fauchen der Gaslaterne.

„Also, wir haben uns das überlegt", wendet sich Freiberg an mich. „Die Kommandeure der beteiligten Jagdgruppen werden sich melden. Soll man uns vor ein Kriegsgericht stellen!"

„Ja, das wollen wir tun", pflichtet Godert ihm bei.

„Aber dann gebt ihr zu, dass ihr feige gewesen seid", lässt sich Zöhler vernehmen.

Freiberg macht eine fast italienisch anmutende Geste mit beiden Händen. „Das müssen die Kriegsrichter doch erst herausfinden, was bei einem Jagdflieger feige ist. Sie müssen uns erzählen, wie man einen Angriff fliegt und ob jeder feige ist, der ohne Abschuss nach Hause kommt. Wenn du beim Angriff von hinten das Abwehrfeuer der hundert Maschinengewehre durchflogen hast und deine Kanonen leergeschossen sind – und die Vögel fliegen weiter, als wären sie von der Lufthansa und du könntest sie gar nicht meinen, dann musst du sie rammen – oder du bist eben feige!"

„Ja", sagte Zöhler, „das ist es, was er uns mit seinem Fernschreiben sagen will: Wir sollen die Festungen rammen."

Plötzlich sind alle still und blicken auf mich, als ob sie von mir die Antwort erwarten. Das „Pimperle" sieht mich mit seinen großen Augen, in denen das permanente Erschrecken steht, besonders eindringlich an, als wollte er fragen: Ist das wahr?!

Aber schon reißt Freiberg wieder das Wort an sich, er muss sich abreagieren, er ist zu wütend, um jetzt schweigen zu können. „Klar! Du wirst im Wehrmachtsbericht namentlich erwähnt, und dein Alter kriegt einen schönen Brief, den wir gleich vervielfältigen lassen, damit der Kommodore bloß seinen Namen darunterzusetzen braucht. Dann können sie auch all den unnötigen Krempel wie Fallschirm und Schwimmweste einsparen. Du rammst und gehst mit deinem Kahn auf Tauchstation."

„Eigentlich brauchst du dann auch keine Kanonen mehr", höhnt Zöhler.

Bachmann ist ernsthaft geblieben, so viel Zynismus liegt ihm nicht. „Wer mag ihm solchen Unsinn raten?" will er wissen. „Sie kennen ihn doch, Herr Major, er war doch selbst einmal Jagdflieger. Wie konnte er uns das antun?"

„Der Reichsmarschall hat nicht erfasst, dass wir nicht mehr Doppeldecker mit drahtverspannten Flächen fliegen, dass wir nicht mehr pelzvermummt im Freien sitzen und überdimensionale Windschutzbrillen tragen. Sicher hat er in seinem Leben weder eine Sauerstoffmaske getragen noch weiß er, wie man funkt und navigiert. Wie soll er da den modernen Luftkrieg beurteilen können?"

„Das ist ihm wahrscheinlich alles völlig gleichgültig. Vielleicht braucht er als Oberbefehlshaber der Luftwaffe auch gar nichts davon zu verstehen. Wenigstens solange ihn andere beraten ..." Zöhler fällt nachdenklich in Schweigen. „Falls er Überhaupt auf sie hört", sagt Freiberg. „Ich will euch sagen, worauf es ihm ankommt: Er will Abschüsse sehen. Wie, ist ihm wurscht. Andere Erfolge sind für die Luftwaffe selten geworden. Früher war es mal Kreta, oder Norwegen, oder ganz am Anfang Polen, da gab es noch Erfolge. Nachdem die anderen begriffen haben, um was es geht, und uns vormachen, wie man den Luftkrieg, den die Deutschen am Anfang betrieben haben, zur Perfektion bringt – hat er jetzt nur noch eine Möglichkeit: Abschusszahlen!"

„Was mögen ihm die ‚Himbeerhosen' einreden, von denen er jede Menge in seiner Umgebung hat?"

„Sie stecken die Fähnchen auf den Lagekarten und sagen ‚Jawohl, Herr Reichsmarschall' und haben nicht einen Schimmer von unserem Krieg. Sie bringen auch den Mut nicht auf, ihn zu belehren und ihm zu sagen, dass heute alles ganz anders ist, als er es sich mit seinen Erinnerungen von 1917 vorstellt. Wie sollen sie auch, nur wenige von ihnen haben den Arsch hingehalten, und schließlich wollen sie ja auch Mal General werden."

„Aber er ist doch Jagdflieger gewesen. Und wenn er selbst schon von unserem Einsatz und vom Luftkampf in zehntausend Metern Höhe nichts mehr versteht – irgendjemand muss es ihm doch sagen!"

„Wer soll es ihm sagen? Der Generalluftzeugmeister war ein alter Staffelkamerad des Reichsmarschalls und einer der großen Jagdflieger des Ersten Weltkrieges. Ihm hätte Göring doch glauben müssen. Aber er hat sich erschossen. Er wird bestimmt sein Bestes versucht haben."

„Das hat er bestimmt", sage ich. Ich muss jetzt sprechen, um sie nicht bei ihrer selbstzerstörerischen Wechselrede zu lassen. „Aber er war allein. Ich will euch erzählen, warum der Reichsmarschall anders denkt und wie es kommt, dass er unsere Welt nicht mehr versteht.

Als der Krieg begann, führte ich eine Nachtjagdstaffel. Ja, das gabs damals schon! Wir lagen auf einem kleinen Rasenplatz bei Bonn und bemühten uns, die Engländer abzufangen, die nachts mit einzelnen Blenheim-Bombern in das Reichsgebiet einflogen und Flugblätter abwarfen. Die Jagd auf diese Burschen war ein sehr mühseliges Geschäft. Die Blenheims waren voll blindflugtauglich wie unsere alte Ju, deshalb mussten wir mit unserer einsitzigen Me bei jedem Wetter fliegen. Die Verdunkelung wurde von der Bevölkerung strikt befolgt, und so war ein solcher Start in die schwarze Nacht hinein eine recht unheimliche Geschichte. Heute frage ich mich oft, woher wir den Mut nahmen, das immer wieder zu wagen, denn unsere Blindflugausbildung war mangelhaft, und die Navigationshilfen waren sehr primitiv. Kein Wunder, dass wir bei diesem Verfahren nichts abschossen. Die Engländer flogen sehr hoch und bevorzugten die Wolken.

In Berlin begann man sich Sorgen zu machen, dass die Drohung der Engländer ernst gemeint sei, vorerst nur Flugblätter – später aber Bomben – auf die Städte des Reiches abzuwerfen. Man forderte uns immer häufiger auf, Erfahrungsberichte vorzulegen. Vor allem wollte man wissen, warum wir die Briten nicht abschössen, was uns doch ganz eindeutig befohlen sei.

Gegen Ende September traf ein Fernschreiben ein, das mich nach Berlin beorderte. Ich hatte an einer Besprechung teilzunehmen, in der es um die Verbesserung der Nachtjagd gehen sollte. Der Reichsmarschall selbst sollte zugegen sein. Am nächsten Morgen meldete ich mich im Reichsluftfahrtministerium und wurde in ein Konferenzzimmer gewiesen, in dem sich die kleine Gruppe der Teilnehmer versammelte: Der Chef des Generalstabes der Luftwaffe, der Generalluftzeugmeister, der Befehlshaber der Flakartillerie und der General der Jagdflieger, Generalstabsoffiziere und Stenographen.

Während wir auf den Reichsmarschall warteten, hatte ich Muße, das Konferenzzimmer zu betrachten. Es war im Stil unserer Zeit eingerichtet und legte Zeugnis ab von der Vorliebe des Marschalls für Eichenholz, deftiges Leder und imposante Dimensionen des Mobiliars. Die helle Holztäfelung reichte bis zur Decke, von der ein gewaltiger Lüster in Form eines Wagenrades herabhing. Die eichene Tafel war von Stühlen umstanden, deren Sitz und Lehne mit hellem Rindleder gepolstert waren, und am Kopfende des Tisches ragte eine besondere Spezies von einem Stuhl heraus, der wahrhaft germanische Ausmaße hatte. Das war der Platz des Reichsmarschalls.

Ein Paneel der Holztäfelung öffnete sich, und er trat ein. Er trug eine weiße Uniform, und während er sich in dem riesigen Armstuhl zurechtsetzte, zündete er sich eine von den langen Virginiazigarren an, wie sie in Österreich geraucht werden. Dann begann er zu reden. Er sprach über die Einflüge der Engländer und das Versagen der Nachtjäger und der Flak. Damals gab es ja noch keine Funkmessgeräte, weder für uns noch für die Flak, die auf Horchgeräte angewiesen war. Es sei blamabel, dass die Blenheims ungehindert über dem Reich spazieren flögen, meinte er.

Er redete sich richtig in Zorn hinein, und plötzlich war er bei den Luftkämpfen in Flandern und der großen Zeit der Jagdfliegerei unter dem Freiherrn von Richthofen. Er hob die Hände und zeigte die Taktik des Angriffes von unten, indem er mit der ausgestreckten rechten Hand die Linke in einer ausholenden Kreisbewegung vor seinem Gesicht verfolgte und schließlich abschoss. Er schwärmte von den Flügen in mondhellen Nächten, von der Pirsch, die an den Chausseen Flanderns entlang geflogen wurde mit dem Ziel, die Silhouette des Gegners gegen den helleren Nachthimmel von unten her ausmachen zu können. Wie sie dann Fahrt aufgenommen und die Attacke von unten angesetzt hätten …

Seine Sprache war plastisch, und er beeindruckte durch die starken Formulierungen über den Kampf und den Angriffsgeist der berühmten Jäger. Aber allmählich kam in mir ein Gefühl bitterer Enttäuschung auf, denn zwischen dem, was der Reichsmarschall über die Taktik des Luftkampfes bei Nacht entwickelte, und unserem modernen Luftkrieg lag eine Welt! Dieser Mann hat keine Vorstellung vom heutigen Luftkrieg, ging es mir durch den Kopf. Er lebt in der Vergangenheit und kennt seine Luftwaffe nicht. Man muss es ihm sagen, wie die Dinge wirklich liegen. Das also war der Grund, weshalb ich hierher befohlen worden war. Ganz klar, ich müsste das richtigstellen, das wurde geradezu von mir erwartet!

Jetzt wurde aus den starken Worten Pathos und der phantasievolle Rückblick zur Litanei. Ich begann unruhig auf meinem Stuhl hin- und herzurücken. Der Drang, ihn zu unterbrechen und ihm etwas aus der Praxis zu erzählen, wurde übermächtig.

Als er kurz pausierte, um die Virginia wieder anzuzünden, hob ich den Finger. Im gleichen Augenblick aber erschrak ich, denn die Gesichter der Generäle, die sich mir wie auf Kommando zuwandten, drückten deutlich Kritik ob meiner Keckheit aus. Doch es war schon zu spät, wieder ins Mauseloch zu kriechen. Der Reichsmarschall hob die Virginia gegen mich, was eine Worterteilung bedeutete. Ich stand auf und begann zu sprechen. Wie sich die Dimensionen des Kampfgeschehens gewandelt hätten, führte ich aus, dann wies ich nach, wie schwierig es sei, den Feind aufzuspüren, der mit guten Navigationsmitteln bei schlechtem Wetter und in großen Höhen einflog. Dass es nur mit Hilfe der Scheinwerfer, die vom Boden aus das Ziel anstrahlten, möglich sei, den Gegner zu finden und zu stellen. Wir aber hätten keine Möglichkeit zur Navigation im Wetter und könnten damit unsere Aufgabe nicht erfüllen. Was wir brauchten, seien bessere Navigationsmittel in unseren Flugzeugen und neue Methoden, den Gegner bei Dunkelheit zunächst einmal zu orten. Ich sprach knapp und, wie ich meinte, überzeugend. Es war ja auch ganz klar, und wenn jemand wusste, wie die Nachtjagd damals gemacht werden musste, war schließlich ich es.

Als der Reichsmarschall die Virginia aus dem Mund nahm, um den wohlgesetzten Fluss meiner Rede zu unterbrechen, standen in seinem Gesicht keine Zeichen des Zornes, eher der Belustigung. ‚Setzen Sie sich‘, sagte er wie zu einem Primaner, ‚setzen Sie sich auf Ihren kleinen Popo, junger Mann. Sie müssen noch viel Erfahrung sammeln, ehe Sie hier mitreden können.‘ Damit wandte er sich an einen General seines Führungsstabes und beachtete mich nicht mehr. Da saß ich nun wieder auf ‚meinem kleinen Popo‘ und schluckte die Demütigung hinunter und schämte mich vor den alten Generälen. Nur einer von ihnen, der Generalluftzeugmeister, zwinkerte mir heimlich zu. Er hatte seinen Schreibblock ganz mit Karikaturen bedeckt. Seitdem weiß ich, dass unser Oberbefehlshaber unseren Krieg nicht versteht.“

Während ich den letzten Teil meines Erlebnisses erzähle, steht der Offizier vom Dienst hinter meinem Liegestuhl. Er unterbricht mich nicht, obwohl er eine Meldung machen will. Nun beugt er sich zu mir herab und sagt:

„Herr Major, der Auftrag für morgen ist soeben übermittelt worden. Wir sollen von unseren Plätzen aus die Einflüge abwehren, die von Afrika und Pantelleria kommen. Einsätze bewaffneter Aufklärung nach Malta, Pantelleria und Tunis sind beim Morgengrauen zu fliegen."

„Beim Morgengrauen", wiederhole ich. „Das ist in drei Stunden."

Wenig später ist es still in der Grotte. Sie sind in den Liegestühlen eingeschlafen. Dann und wann bewegt sich einer unruhig. Es ist heiß und feucht in diesem Keller, der doch eigentlich kühl sein müsste. Ich habe Sehnsucht nach einem erfrischenden Bad und sauberer Wäsche, und ich hasse diesen Kriegsschauplatz aus ganzer Seele.

Sobald es hell ist, will ich nach Comiso starten.

„Trotz der Unzufriedenheit des Heeres über die Pläne der Luftwaffe führten die alliierten Kräfte ihre Aufgaben bei der Invasionsvorbereitung erfolgreich durch. Die NATAF (Alliierte taktische Luftstreitkräfte Nordafrika) stellte die gesamte Jäger- und Jagdbomberunterstützung und den Großteil der leichten und mittleren Bomberkräfte. Im Juni verlegte sie drei Spitfiregeschwader von Nordafrika nach Malta und brachte damit die Luftstreitkräfte auf dieser Insel auf die Stärke von zwanzig Jagdstaffeln. Ebenfalls im Juni verlegte eine amerikanische Curtiss P-40 Jagdgruppe nach Pantelleria, um die Landungsangriffe von Gela und Licata abzuschirmen. Amerikanische Luftwaffenpioniere bauten in der bemerkenswert kurzen Zeit von zwanzig Tagen einen neuen Flugplatz auf der Insel Gozo bei Malta, auf dem eine weitere amerikanische Jägergruppe stationiert wurde. Ende Juni befanden sich insgesamt 670 Einsatzflugzeuge der Alliierten auf den drei Inseln."

U. S. ARMY IN WORLD WAR II
„SICILY AND THE SURRENDER OF ITALY."

„Die italienischen Küstenbataillone … waren aus Männern der älteren Jahrgangsgruppen zusammengesetzt, oft schlecht geführt, und in einigen Fällen waren ihnen Verteidigungsabschnitte bis zu 25 Meilen Länge zugewiesen."

U. S. ARMY IN WORLD WAR II
„SICILY AND THE SURRENDER OF ITALY"

„Mit der Forcierung der alliierten Luftangriffe auf Sizilien in den beiden letzten Juniwochen oblag es den in Nordsizilien und Nordsardinien stationierten Jagdverbänden, die in starken Pulks angreifenden alliierten Kampf- und Jagdverbände zu bekämpfen. Verluste in der Luft und am Boden, ferner die sich steigernde Zerstörung der Flugplätze ließen die Kampfkraft dahinschmelzen."

FRANZ KUROWSKI,
„DAS TOR ZUR FESTUNG EUROPA"

## Trapani, den 26. Juni 1943

Comiso liegt im Südteil der Insel, zehn Kilometer von der Küste entfernt. Man kann den endlosen weißen Sandstrand von sehr weit her sehen, es ist ein herrlicher Anblick. In der Zeit unserer Angriffe auf Hafen und Flugplätze der Insel Malta lud diese Bucht die krankgeschossenen Rückkehrer, die keine Aussicht mehr hatten, die Landung auf dem Platz Comiso noch zu schaffen, geradezu zur Notlandung ein. Die Kunst dabei war, das Flugzeug so auf dem Wasser gleiten zu lassen, dass es nicht „unterschnitt“, und mit der letzten Fahrt auf den Strand zu rutschen, besser noch, parallel zur Küste auf dem weichen Sand – falls man den Strand noch erreichte – aufzusetzen. Einige Me-109-Piloten hatten dieses Experiment großartig gelöst, andere waren dabei ertrunken. Jetzt sehe ich die schöne Bucht, die sich wie eine Sichel weit über die Stadt Gela hinaus erstreckt, mit anderen Augen: Sie ist für eine Anlandung von Truppen nach der Technik, die die Amerikaner im Pazifik entwickelt haben, ideal geeignet.

Eine Kette niedriger Bunker zieht sich landeinwärts parallel zum Strand die Küste entlang. Es sind die gleichen lächerlichen Gebilde mit Schießscharten, wie sie sich überall an der Küste präsentieren – aus Tuffstein oder weichem Muschelkalk ohne Mörtel zusammengesetzt, weil das wertvolle Material von irgendjemandem verschoben wurde. Sie sollen trutzige Verteidigung vortäuschen, eine Selbsttäuschung, die für das Italien des Duce typisch ist. Es beginnt einen zu quälen, dergleichen zu sehen, weil man ahnt, dass auch wir die Dinge nicht mehr so sehen, wie sie sind, sondern so, wie wir sie sehen wollen – oder sehen sollen. Zum Beispiel die Begegnung mit den beiden italienischen Streifenposten vor einiger Zeit bei meinem letzten Besuch in Gela.

Bachmann und ich gingen in der Mittagspause durch die Dünen zum Strand hinunter, um zu baden. Plötzlich stellten sich uns zwei Männer in der Uniform des italienischen Heeres in den Weg. Sie fragten nach der Parole und nach unserer Nationalität und zeigten sich hochbefriedigt, als wir ihnen unsere deutschen Uniformen wiesen, die wir zwischen den Stranddisteln abgelegt hatten. Die beiden rührenden alten Männer stammten aus der Gegend von Enna im Zentrum der Insel, sie trugen trotz der Hitze olivfarbene Uniformen aus flauschigem Tuch (in der deutschen Soldatensprache „Asbest“ genannt) und waren mit dem kurzläufigen Gewehr bewaffnet, mit dem die italienische Armee ausgerüstet ist. Um die Waden hatten sie ausgeblichene Wickelgamaschen und an den Füßen Schnürschuhe. Sie sagten, sie seien auf Patrouille und hätten den Auftrag, unbekannte Personen anzuhalten und ihre Identität festzustellen. Falls ihnen Verdächtiges begegne, sollten sie ihre Kompanie in Gela telefonisch benachrichtigen.

Es war deprimierend: Das also war die italienische Küstenverteidigung, nachdem die Italiener und die Deutschen in Afrika geschlagen und auf die Insel Sizilien zurückgeworfen worden waren. Das also war die angekündigte eiserne Entschlossenheit, den Feind ins Meer zurückzujagen, sollte er es wagen, geheiligten römischen Boden zu betreten.

Der Flugplatz bei Comiso gehörte zu den Einsatzplätzen der italienischen Luftwaffe, der „Arma Azurra" (Blaue Waffe), wie die Italiener sie in schönem Stolz nennen. Während des Kampfes um die Luftherrschaft über Malta war er wegen seiner günstigen Lage einer der bevorzugten Absprungplätze der Bomber und Jäger. Heute ist er wie damals mit einer Gruppe des Jagdgeschwaders 53 „Pik As" belegt. Unweit des Flugplatzes, in einem Hain von Pinien und Opuntien, die immer mit dem gelben Staub der trockenen Ebene bedeckt sind, hat der Jagdfliegerführer seinen Gefechtsstand aufgeschlagen.

In weiter Linkskurve umfliege ich das Rollfeld und mache mir ein Bild von seinem Zustand. Die alliierten Bomber haben offensichtlich zahlreiche Angriffe geflogen, denn die braunverbrannte Grasfläche ist mit zahlreichen Bombentrichtern übersät, die Hallen liegen in Trümmern, und die Flugzeuge der Jagdgruppe sind weit auseinandergezogen in Splitterboxen am Platzrand abgestellt. Ein weißes Landekreuz zeigt in Richtung einer schmalen Landeschneise, die, wie der General versprochen hat, mit rot-weißen Fähnchen markiert ist.

Nach der Landung rollt meine Maschine über den holprigen Boden und die behelfsmäßig zugeschütteten Bombentrichter, bevor sie zum Stillstand kommt. Der Platz scheint wie ausgestorben. Erst als ich die Kabine öffne, bemerke ich den mich einwinkenden Soldaten am Rande des Flugfeldes, dort, wo Erdwälle zum Schutze der Flugzeuge aufgeworfen sind. Auch Unteroffizier Helbig ist gelandet und rollt hinter mir zu den Flugzeugboxen.

Ich steige aus und löse die Gurte der Schwimmweste, während die Mechaniker das Flugzeug in Richtung der Landebahn umdrehen, indem sie es am Rumpfende anheben. Dann kommen Bremsklötze vor die Räder, und die eigentliche Arbeit am Flugzeug beginnt. Die Männer arbeiten in der glühenden Sonne mit nacktem Oberkörper, sie sind dunkelbraun und schweißglänzend. Einer von ihnen öffnet die Verschlüsse der Motorhaube, um Öl und Kühlstoff zu überprüfen. Meine Frage nach dem nächsten Telefon oder einem Wagen wird von dem verräterischen „Pop-pop" detonierender Flakgranaten hoch über unseren Köpfen unterbrochen.

„Sie kommen!" ruft der Mechaniker, springt von der Fläche und rast davon. Ein anderer ruft mir noch zu: „Dort drüben ist ein Bunker!" Er zeigt auf den Erdhügel inmitten der Kakteenhecke und spurtet ebenfalls darauf zu. Was bleibt mir übrig, als mich auch in Sicherheit zu bringen.

„Helbig, beeilen Sie sich!" rufe ich meinem Unteroffizier zu und haste hinter den Soldaten her durch das kniehohe, vertrocknete Gestrüpp. Als ich den Eingang des Bunkers erreiche, ist schon das Gebrumm der Motoren zu hören. Eine steile Treppe führt hinab. Sie ist wie die Wände und die Bunkerdecke aus gelbem Tuffstein gebaut, einem Stein, der sich weich anfühlt und die Hände gelb färbt, wenn man ihn berührt. Der Bunker ist eine zwei Meter tiefe Röhre mit zwei Ausgängen. Als sich meine Augen an das Halbdunkel gewöhnt haben, sehe ich, dass er vollgepfercht ist wie eine überfüllte Straßenbahn. Die Landser stehen an die Wand gelehnt oder hocken auf dem staubigen Boden. Einige von ihnen rücken zusammen, als ich mich noch hineindränge, um vom Eingang weg in den Schutz der Wände zu kommen. Keiner macht Anstalten zu einem Gruß, und es wäre auch unsäglich dumm, in dieser Situation eine Ehrenbezeigung zu erwarten. Ihre Gesichter sind stoisch und wirken stumpf, sie sind längst an dieses Lotteriespiel mit dem Tode gewöhnt. Wieder einmal wird mir klar, wie sehr wir auf diese bescheidenen Arbeiter angewiesen sind, ohne deren sorgfältige Pflege keines von unseren Flugzeugen starten könnte. Sie blicken mich gleichmütig und ein wenig mitleidig an, als wollten sie sagen: So, jetzt musst auch du mit uns ausharren, und deine Kunst, Flugzeuge abzuschießen, wird dir wenig helfen.

Plötzlich setzt heftiges Flakfeuer ein. An den Geschützen stehen ebensolche Männer wie diese hier im Bunker, nur mit dem Unterschied, dass sie sich jetzt nicht in die Deckung drücken können, sondern angesichts des auf sie zurollenden Bombenteppichs an ihren Rohren arbeiten müssen und es auch tun. So hat jede Rolle in diesem auf Vernichtung gerichteten Drama ihr eigenes Heldentum und ihre besondere Art von Selbstüberwindung. Als privilegierter Einzelkämpfer in einer kraftvollen Maschine und in der dreidimensionalen Freiheit des Luftraumes vergisst man das leicht und wird erst wieder daran erinnert, wenn man in solche – im Wortsinne erdhaften – Situationen gerät, wie es mir eben jetzt geschieht. Dann ist das Fauchen und Rauschen der ersten fallenden Bomben ganz deutlich aus dem Lärm der Flugzeuge und der Flak herauszuhören. Unwillkürlich zieht man den Kopf zwischen die Schultern. Helbig hat meinen Arm mit den Händen umfasst, und als die Bomben in unmittelbarer Nähe des Bunkers mit dem widerwärtigen fetten „Wapp“ detonieren und der Luftdruck auf die Trommelfelle schlägt, krampft er sich fest, dass es schmerzt.

Dazwischen tritt plötzlich eine Pause ein, in der nur das Flakfeuer zu hören ist. Die Männer an dem uns am nächsten stehenden Geschütz scheinen es überlebt zu haben. Das Brummen der Motoren schwillt an und ab, vom Krepieren der Spätzünder unterbrochen. Die Gesichter der Soldaten um mich herum sind weißgepudert vom Staub, den die Detonationen zu den Bunkereingängen hereingejagt haben. Einer sagt: „Die nächste Welle …“

„Mamma mia, mamma mia!“ jammert eine hysterische Stimme in meiner Nähe, und ehe ich etwas dagegen tun kann, hat eine der verstaubten Gestalten zu meinen Füßen die Arme um meine Hüfte geschlungen und presst sich schutzsuchend an mich. „Mamma mia, mamma mia“, kreischt er ohne Unterbrechung. Da ist auch wieder das ekelhafte Pfeifen der Bomben zu hören. Ich fühle mich durch den Italiener unerträglich behindert, und im Augenblick der Detonation, deren Wucht uns alle in die Knie gehen lässt, gerade, als ich die Beherrschung zu verlieren drohe, reißt ein baumlanger deutscher Soldat die Arme des Italieners von meiner Hüfte und verabreicht ihm eine schallende Ohrfeige.

Dann ist es still. Von beiden Eingängen sickert der Staub in unser halbdunkles Verlies, und nur noch vereinzelt sind Explosionen zu hören. Vorsichtig steigen wir die Stufen hinauf ins Freie, wo uns der Anblick der Zerstörung verhalten lässt. Unweit vom Bunkereingang, dort, wo sich bis zu den Erdwällen der Flugzeugboxen eine Fläche verdorrten Grases breitete, haben die Bomben eine hässliche Kraterlandschaft aufgewühlt, und dort, wo wir unsere beiden Messerschmitts abgestellt haben, steigen zwei schwarze Qualmsäulen hoch in die Luft. Die Splitterbomben haben die Tanks durchschlagen und das Benzin entzündet. Über den brennenden Flugzeugen flimmert die Luft vor Hitze. Einer weißen Decke gleich hängt über dem ganzen übrigen Flugfeld eine riesige Staubwolke und verschleiert die Sicht. Nur die beiden brennenden Flugzeugleichen, an denen kein Mensch mehr etwas tun kann, stehen überdeutlich vor unseren Augen.

Schließlich gelingt es, ein Fahrzeug zu bekommen, das mich zum Gefechtsstand des Jagdfliegerführers bringt. Der General ist wenig beeindruckt, als ich von meinem Missgeschick berichte. Ohne Umschweife beginnt er über die Verteidigung der Insel zu sprechen. „Es besteht kein Zweifel mehr, dass die Insel sturmreif gebombt werden soll. Nachdem Pantelleria kampflos übergeben worden ist, brauchen die Angelsachsen keine Flugzeugträger mehr. Malta und Pantelleria sind ideale Absprungplätze für Jäger, sie sind gewissermaßen unsinkbare Flugzeugträger. Die Bomber holen sie von weiter her, von Tunis, Bizerta und Tripolis."

„Wir werden also an jeder Stelle der Insel mit Jägern zu rechnen haben?"

„Ohne Zweifel. Die Lightnings können die Bomber selbst bei den Angriffen auf die Straße von Messina schützen."

Ich bin den Langstreckenjägern P-38 „Lightning" in den letzten Tagen des Afrikafeldzuges begegnet. Das Urteil über das zweimotorige Flugzeug mit dem Doppelrumpf ist bei uns geteilt. Unsere alte Messerschmitt ist vielleicht noch immer ein wenig schneller. Aber Flugzeugführer, die sich auf den Kurvenkampf mit Lightnings eingelassen haben, meinen, dass die Doppelrümpfigen wesentlich enger kurvten und dass man sie „am Hintern hat", ehe man sich's versieht. Was man sich über die Bewaffnung erzählt, ist sicher übertrieben. Angeblich entwickeln die sechs Maschinengewehre im Bug des Mittelrumpfes einen Feuerzauber, dem keiner entkommen soll. Tatsächlich wird man an das Sprengen einer Gießkanne erinnert, wenn man die Leuchtspur dieser gefährlichen Vögel zu sehen bekommt. Man muss vermeiden, dass sie sich in Schussposition manövrieren können. Seit einiger Zeit verwenden die Amerikaner sie auch als Tiefangriffsflugzeug über den Straßen der südlichen Insel, damit sie nicht mit vollen Magazinen nach Hause fliegen müssen, wenn es nicht zum Luftkampf mit uns gekommen ist. Bei unseren Bodentruppen soll sie schon gefürchtet sein.

„Wie sollen wir gegen diese Übermacht bestehen, wenn man uns auf den Plätzen zerschlägt?“, frage ich.

Der General entwickelt seine Idee, die ich seit einigen Tagen schon telefonisch von ihm kenne. „Wir müssen die drei Jagdgruppen, die wir haben, in zusammengefassten Aktionen zum Angriff bringen. Nur durch ‚Klotzen‘ können wir dem Feind etwas anhaben. Das Risiko ist groß, denn die Zahl der Plätze auf dieser Insel ist unzureichend. Um die drei Gruppen zu gleicher Zeit an den Gegner zu bringen, müssen wir sie – wenn möglich – auf einem Platz zusammenziehen.“

„Das ist aber verdammt gefährlich“, wende ich ein. „Als wir gestern in Trapani ohne Vorwarnung angegriffen wurden, überlebten wir den Angriff nur, weil die Zweimotorigen so miserabel warfen. Wenn aber einer der Bombenteppiche, wie sie die Festungen werfen, bei uns abgeladen wird, dann kann das leicht das Ende der Jagdfliegerei auf Sizilien bedeuten …“

Der General ist von seiner Idee überzeugt. „Wenn wir dieses Risiko nicht auf uns nehmen“, sagt er unbeirrt, „werden wir auch noch das Wenige an Kampfkraft verkleckern, das uns zur Verfügung steht. Wer alles zu schützen versucht, schützt letztlich nichts. Starten wir auf Grund jeder einzelnen Funkmess-Meldung, so kommt das allenfalls Mückenstichen gleich – das bemerken die gar nicht. Jedenfalls habt ihr das bisher so gemacht, und der Erfolg war entsprechend. Nein, wir müssen uns etwas Neues einfallen lassen. Wir bilden zwei Schwerpunkte. Im Westen werden Sie von Trapani aus die Führung übernehmen, und es werden Ihnen je nach Lage Jagdgruppen nach Trapani und Sciacca zugeführt.“

„Aber was tun wir, wenn Trapani und Sciacca nicht mehr benutzt werden können?“

„Sie müssen Ausweichplätze erkunden. Nehmen Sie einen Storch und untersuchen Sie den Westteil der Insel. Es muss Felder und Weiden geben, die zu behelfsmäßigen Flugplätzen hergerichtet werden können. Und falls wir uns im Westen nicht halten können, finden Sie um Gerbini herum immer Raum zum Starten und Landen. Dieser Flugplatzkomplex ist so leicht nicht auszuschalten.“

Das hat mir am General der Jagdflieger immer gefallen: seine Entschlossenheit und Bestimmtheit bei der Durchführung eines einmal entwickelten Planes. Ich frage: „Können wir damit rechnen, dass Verstärkung zugeführt wird? Ich meine, steht zu hoffen, dass eine oder zwei Jagdgruppen anderswo abgezogen werden, um uns hier zu helfen?“

„Anderswo“, sagt der General, hebt die Schultern und lässt sie wieder fallen, „anderswo! Das Hemd ist überall zu kurz. Sie waren doch bis vor Kurzem im Osten – wo wollen Sie dort etwas abziehen. Und in der Reichsverteidigung? Da fehlen uns schon mehrere Geschwader! Außerdem – wo sollen wir sie unterbringen? Hier ist kein Platz mehr für Jäger."

Ich schweige eine Weile und sehe dem General gerade ins Gesicht. Er erwidert meinen Blick ernst, ohne mir auszuweichen.

„Also werden wir", sage ich, „soweit sie uns nicht am Boden zerschlagen haben, im günstigsten Falle hundert Messerschmitts in die Luft bringen. Wie sieht es mit der Stärke der Alliierten aus?" Ein kurzes trockenes Lachen ist die Antwort. „Ach Gott, wer kümmert sich heute noch in der Jägerei um Kräftevergleiche! Wenn ich Ihnen sage, dass rund fünftausend alliierten Flugzeugen dreihundertfünfzig eigene gegenüberstehen, können Sie sich ja die zahlreichen Abschusschancen ausrechnen." Wir treten auf den Balkon, um einen Schwarm Jäger des Pik-As-Geschwaders starten zu sehen, der über Pantelleria aufklären soll. Die Flugzeuge, eine Staubwolke hinter sich lassend, heben fast zu gleicher Zeit ab. Man sieht keinen Unterschied zu unseren besten Zeiten, als dieses Geschwader noch mehrere Einsätze täglich nach Malta flog.

Später erläutert mir der General die Lage: „Die Verteidigungsführung der Insel liegt in den Händen der Italiener. Der Stab der 6. Italienischen Armee ist in Enna stationiert. Sie halten beachtliche Kräfte zur Verteidigung bereit – jedenfalls sieht man die taktischen Zeichen von zwei Armeekorps und sechs Küstendivisionen in der Karte stecken. Aber die Masse der Verteidiger sind ältere einheimische Jahrgänge. Die Küstenbefestigungen sind Stukkatur und mehr Verzierung als Hindernis. Die deutschen Kräfte auf Sizilien sind erst nach der Räumung Afrikas, und seit die Landung droht, zu Kampfverbänden – zu einer Panzergrenadierdivision – zusammengefasst worden. Die Division „Hermann Göring" ist in den letzten Tagen zugeführt worden. Das sind die Heereskräfte. An eine Verstärkung glaube ich nicht. Eine starke Flak-Gruppe schützt die Straße von Messina. Diese Leute haben bis jetzt Maßarbeit geleistet. Sie haben natürlich auch einen gewissen Kampfwert gegen Panzer. Aber sie können dort nicht weg, diese Meerenge ist ein gefährlicher Flaschenhals, sie muss mit allen Mitteln gegen Luftangriffe geschützt werden. Alles wird davon abhängen, wo die Alliierten landen werden. Die Diskussion darüber ist heftig im Gange. Nachdem die abenteuerlichsten Vermutungen über eine mögliche Landung in Sardinien, südlich von Neapel oder gar an der Südküste Frankreichs laut geworden sind, zweifelt inzwischen niemand mehr daran, dass sie hier bei uns den Fuß auf den Kontinent setzen wollen."

Ich frage, wie der Feldmarschall die Chancen der Abwehr beurteile.

„Der Feldmarschall? – Sie kennen seine Neigung, die Dinge positiv zu sehen. Er meint, es müsse gelingen, den Feind ins Meer zurückzuwerfen, wenn der Gegenangriff entschlossen geführt wird. Die Italiener teilen jedoch seinen Optimismus nicht."

Wie viele Divisionen stellen die Alliierten zur Landung bereit?"

„Sechzig. Jawohl, Sie haben richtig gehört: Sechzig, sechs null! Jedenfalls will das der Ic wissen. Die Amerikaner halten die Siebente Armee in Oran, Algier und Bizerta bereit. Die Engländer versammeln ihre Achte, die berühmte Indische Armee, in Tripolis und Ägypten. Zur Vorbereitung der Anlandung haben die Angelsachsen eine starke Flotte im Mittelmeer versammelt. Da sind auf englischer Seite allein sechs Schlachtschiffe, mit denen sie die Küste sturmreif schießen können. Außerdem die Flugzeugträger ‚Formidable' und ‚Indomitable', deren Jäger die Flotte schützen sollen, was völlig unnötig ist, denn sie haben ja Malta und Pantelleria. Dazu kommen eine nicht genau bekannte Zahl von Kreuzern, Zerstörern und U-Booten. Die Masse der Landungsboote, die beobachtet worden sind, wird von den Amerikanern gestellt."

Während der General eine Pause macht und sich um seine schwarze Zigarre kümmert, rechne ich zurück. Noch vor einem Jahr – es war im Juni 1942 – hatte die britische Flotte eine größere Unternehmung im Mittelmeer zur Entlastung von Malta mit schweren Schiffsverlusten bezahlen müssen. Pausenlos hämmerten die Bomber des X. Fliegerkorps von Kreta aus auf die Schiffe aus Alexandria ein, während das II. Fliegerkorps von Sizilien aus den von Gibraltar kommenden Geleitzug angriff. Wo ist nur unsere Kampfkraft geblieben?

Ich sage etwas darüber zum General, aber er geht nicht darauf ein. „Was wir jetzt erleben", sagt er, „ist die Phase vor der Anlandung. Damit schalten sie die ihnen gefährliche Luftflotte der Achsenmächte aus, ihr Hauptziel sind natürlich die Bomber- und Stukaverbände. Das ist eine Luftoffensive, wie es sie in diesem Umfange bisher im Kriege nicht gegeben hat."

Wieder bricht er ab und blickt nachdenkend vor sich hin, als ob er eine Lösung suche. Ich benutze die Gelegenheit, um auf das Thema zu kommen, das seit Beginn unseres Gespräches unausgesprochen zwischen uns steht.

„Herr General, ich melde Ihnen, dass meine Gruppenkommandeure bereit sind, sich einem Kriegsgericht zu stellen. Sie meinen, dass man den ‚Feigling pro Gruppe' schließlich nicht durch Würfeln bestimmen kann, und bestehen darauf, dass gegen sie ein Verfahren eingeleitet wird."

Ich hätte noch einiges Bittere hinzugefügt, aber er unterbricht mich mit einer heftigen Handbewegung. „Ich habe Ihnen doch gesagt, Sie sollten nichts unternehmen! Der Gefechtsbericht über den Einsatz hat beim Zweiten Fliegerkorps einen guten Eindruck gemacht. Der Kommandierende General setzt sich mit Nachdruck dafür ein, dass der Befehl des Reichsmarschalls zurückgezogen wird."

„Dennoch kann er nicht ungeschehen gemacht werden, Herr General. Die Flugzeugführer sind tief getroffen und verletzt. Sie glauben, dass man sie nicht mehr versteht. Sie haben mir doch eben eine Vorstellung von der Übermacht vermittelt, auf die wir täglich treffen. Ich bin der Überzeugung, dass diese Quantität nur durch überlegene Qualität, verbunden mit dem entsprechenden Kampfwillen, aufgewogen werden kann. Aber unsere Jäger sind nicht mehr besser als die der Alliierten. Sie wissen selbst, dass schon während der Schlacht über England das Pendel hin und her schwankte, weil der fliegerische Vorsprung einmal auf der einen und das nächste Mal auf der anderen Seite war. Das ist längst vorbei, wir haben seit langem keinen Vorsprung mehr. Als ich im April von der Ostfront kam, um mich nach zwei Jahren Luftkrieg gegen einen schlecht geschulten und technisch unterlegenen Gegner wieder mit den Briten herumzuschlagen, da musste ich die bittere Erfahrung machen, dass im Katz- und Mausspiel über der Wüste Afrikas inzwischen die Rollen vertauscht worden waren. Und wir sind jetzt definitiv die Maus, mit der die Katze spielt."

„Ich weiß, was Sie sagen wollen", antwortet der General in einem Ton, der Verständnis anzeigt. „Aber in einem mit Klugheit und Disziplin geführten Jagdkrieg wird immer noch das Glück und der Erfolg auf unserer Seite sein."

„Aber Menschen sind keine Maschinen, Herr General! Die Grenze der Leistung ist bei den meisten Flugzeugführern längst erreicht Ich meine, es gibt moralische Maßstäbe, die nicht durch Befehle ersetzt werden können."

„Wie meinen Sie das?"

„Ich will damit sagen, dass Tapferkeit – oder besser Selbstüberwindung nicht einfach befohlen werden kann, jedenfalls nicht durch Befehle, die eigentlich verletzende und entehrende Vorwürfe sind."

„Aber nun hören Sie doch endlich mit der Geschichte auf! Ich habe Ihnen doch gesagt, dass er es gar nicht so meint."

Nicht überzeugt schüttele ich den Kopf. „Ich fürchte, Herr General, er meint es so ..."

Stumm sitzen wir uns gegenüber und wissen, dass wir das Gleiche denken. Ich verstehe den General und weiß, dass er sich keine Blöße geben darf. Mich aber drängt es, endlich einmal das auszusprechen, was schon lange so schwer auf mir, auf jedem anderen Kommodore lastet.

Was hat sich eigentlich geändert, seit ich in den Weihnachtstagen des Jahres 1941 den General im ostpreußischen Hauptquartier aufsuchte, um mit Hilfe seines Einflusses zu erreichen, dass meine Jagdgruppe nicht im Infanteriekampf an der Ostfront geopfert wurde?

Wir waren damals auf einem Flugplatz am Rande der Stadt Klin eingefallen, als ein plötzlicher Kälteeinbruch das Thermometer auf minus 50 Grad sinken ließ. Und gerade bei dieser Witterung brachen die frischen, wohlausgerüsteten und winterharten Truppen aus Sibirien mit Hunderten von neuen Panzern in die deutsche Front ein. Nicht nur das Heer musste vor dem „General Winter" kapitulieren. Die Motoren der Jagdflugzeuge verweigerten den Gehorsam – das Öl gefror in den Leitungen. Wir zerstörten die Flugzeuge und traten im Fußmarsch den Rückzug an. Als die Front bei Rschew zum Stehen kam, hatte die Gruppe ihr Rückhaltequartier in Erdbunkern unweit Smolensk bezogen. Da traf der Befehl ein, das gesamte Personal der Gruppe,

Offizier und Mann, Flugzeugführer und Bodenpersonal, unverzüglich den Russen entgegenzuwerfen, die zwischen Rschew und Wiasma durchzubrechen drohten.

Ohne zu zögern bat ich um Erlaubnis, den General der Jagdflieger in Ostpreußen aufsuchen zu dürfen. Ich bekam sie und flog nach Insterburg. Dort beschwor ich den General, schnell einzugreifen, bevor die Jagdgruppe verloren war. Ich zweifelte die Rechtfertigung dieses Befehls an, da keiner der Soldaten eine infanteristische Ausbildung hatte, sie waren im Erdkampf genauso viel wert wie U-Boot-Besatzungen. Die Dezimierung der Gruppe, so erklärte ich ihm, sei ein nicht wieder gutzumachender Verlust an Kampfkraft.

Der General – er hatte soeben sein Amt als Waffengeneral der Jagdflieger übernommen – hörte sich meine Worte schweigend an, die ich, noch unter dem Eindruck der jüngsten Ereignisse an der Front stehend, mit Ernst und Überzeugung vorbrachte. Dann begann er in der ihm eigenen ruhigen Art über das Dilemma unserer Luftrüstung zu sprechen. Seit eh und je habe er dem Reichsmarschall mit dem Wunsch nach mehr Jagdflugzeugen, mehr Jagdgeschwadern in den Ohren gelegen. Die offensive Luftkriegführung sei eine Utopie, so habe er ausgeführt, wenn man das Gesetz des Handelns bereits verloren habe. Nun endlich sei man, wenn auch widerstrebend, bereit, die Produktion der Jagdflugzeuge zu beschleunigen und mehr Geschwader aufzustellen. Und gerade in dieser Situation lasse man die Flugzeugführer in Erdlöchern sterben! Er versicherte mir, er werde alles daransetzen, den Einsatz einer Jagdgruppe im Erdkampf zu verhindern.

Voller Optimismus verließ ich das Hauptquartier und kehrte zu meiner Gruppe zurück. Aber in den Tagen meiner Abwesenheit war Furchtbares geschehen. Man hatte das Personal der Gruppe in eine Luftwaffen-Felddivision eingegliedert und mit dieser das Loch gestopft, das die Sowjets in die Front zwischen Rschew und Wjasma gerissen hatten. Die Soldaten und Offiziere hatten den Abschnitt, der ihnen befohlen war, tapfer und erfolgreich verteidigt, obwohl sie für den Infanteriekampf in der sibirischen Kälte weder ausgebildet noch ausgerüstet waren. Bei einem der Nachtangriffe war es den Russen gelungen, bis auf Nahkampfentfernung an den Abschnitt der Gruppe heranzukommen. Sie waren eingebrochen und hatten mit Handgranate und Seitengewehr unter den ungeübten Verteidigern gewütet. Als es bei Tagesanbruch gelang, das verlorene Gelände zurückzugewinnen, konnte man die Gefallenen bergen. Man fand sie, in der mörderischen Kälte steifgefroren, durch Kolbenhiebe bis zur Unkenntlichkeit zugerichtet. Vier junge Flugzeugführeroffiziere, unter ihnen der Adjutant, waren bei den Gefallenen, die sämtlich zu den tüchtigsten Leuten meiner Gruppe gehört hatten. Der General der Jagdflieger hielt sein Versprechen, uns aus dem Erdkampf zu nehmen. Wir verlegten nach Ostpreußen, und bald war eine neue Garnitur fabrikneuer Me-109-Flugzeuge angeliefert. Aber der personelle Aderlass war schwerer zu überwinden. Es dauerte Monate, bis die Gruppe ihre alte Kampfkraft und technische Höhe wieder erreichte. An dieses Zusammentreffen mit dem von allen Jägern verehrten Vorgesetzten denke ich jetzt, während ich mit ihm in einer Sprache spreche, die nur unter Männern möglich ist, die einander vertrauen.

„Was der Reichsmarschall von den Jagdfliegern verlangt, ist unmenschlich!" fahre ich fort. „Er will nicht wissen, dass man die physischen und nervlichen Reserven eines jeden Menschen im Dauereinsatz verbrauchen kann. Oder er weiß es, und es kümmert ihn nicht."

Aber er, der General, weiß es. Und weil er es nicht zugeben darf, verhärtet er sich. „Sie wissen", sagt er knapp, „wie es um das Reich steht. Sentimentale Betrachtungen sind jetzt weniger denn je am Platze."

„Nennen Sie es sentimental, Herr General, aber Sie werden bald keine Jagd mehr haben, wenn diese Haltung, die nicht zur Kenntnis nimmt, dass wir menschliche Wesen sind, von der gesamten Führung der Luftwaffe geteilt wird."

„Wem sagen Sie das?" gibt er bitter zurück. „Glauben Sie wirklich, dass ich nicht weiß, was man von euch verlangen kann und was nicht? Die Luftschlacht um England, die wir in demütigender Form verloren haben, hat uns Opfer gekostet, die als Preis zu hoch waren. Sie kennen wie ich die Männer, deren große Erfahrung wir heute schmerzlich vermissen – seien sie nun in Gefangenschaft oder gefallen. Ihr aber habt die Dinge lange Zeit zu leicht genommen. Der Krieg im Osten hat euch verdorben, ebenso die leichten Erfolge während des siegestrunkenen Vormarsches mit Rommel nach Alexandria. Nun stellt ihr mit Erschrecken fest, dass kein Ruhm mehr zu gewinnen ist und dass nur noch der tägliche Luftkrieg geblieben ist, der unerbittlich jeden Tag den letzten Einsatz fordert."

„Verzeihen Sie, Herr General, wenn ich Ihnen vorwerfe, dass Sie vereinfachen. ‚Letzter Einsatz' ist keine Methode für alle Tage. Ich bin überzeugt, Sie wünschen keine deutschen Kamikaze. Schließlich besteht der Hauptwert eines Jagdfliegers darin, dass er eine Weile lebt und auch morgen noch einen Gegner abschießen kann. Sie sagen, wir hätten es uns leicht gemacht. Ich meine, die Führung hat es uns immer gleich schwer gemacht. Die Zeit der großen Erfolge hat in gleichem Maße am Bestand der Verbände gezehrt wie die Luftschlacht um England. Wenn es uns mal gut ging, haben wir aus dem Vollen geschöpft und, nachdem man schon Nationalhelden und Übermenschen aus uns gemacht hatte, die Lorbeeren gescheffelt, die überall herumlagen. Es war unserer Führung ganz recht, dass wir nach Erfolgen lechzten wie alle jungen Menschen. Nun, da wir in Erfolgen und Niederlagen verschlissen sind, werden wir beschimpft, wir hätten es uns zu leicht gemacht. Als Marseille und Müncheberg fielen, gab es noch keine Lightnings und keine Fliegenden Festungen auf dem afrikanischen Kriegsschauplatz – da gab es noch die leicht errungenen Erfolge, von denen Sie sprechen. Und trotzdem sind diese Besten dabei gefallen. Nicht weil wir versagen und feige geworden sind, ist jetzt das Dilemma groß, sondern weil man Menschen pausenlos wie Roboter kämpfen lässt und sie wegwirft, wenn die Feder sich nicht mehr aufziehen lässt. Deshalb geben wir nichts mehr her. Glauben Sie, Herr General, dass wir den ausgeruhten, frischen Boys aus Texas mit unseren guten alten Messerschmitts überlegen sind, nur weil wir als Söhne eines kämpferischen Volkes mit militanter Vergangenheit gar nicht anders können, als tapferer, draufgängerischer und todesmutiger zu sein? Gewiss, wir sind ihnen an Erfahrung weit voraus, aber unsere erfahrenen Veteranen sind wie abgenutzte, ausgeleierte Maschinen, für deren gründliche Pflege und Erholung man keine Zeit gehabt hat. Die Mehrzahl fliegt seit dreieinhalb Jahren ‚im Einsatz', wie wir so zutreffend sagen, indem sie sich beinahe täglich, oft sogar mehrmals am Tage ‚einsetzen'. Sie machen das mit, weil sie keine Alternative haben. Kein Mann, der auf sich hält, wird sich schonen, während seine Kameraden die Schmutzarbeit machen. Meinen Sie, Herr General, dass der Kommodore, der weiterhin an der Spitze seines Verbandes fliegt, nachdem er im Luftkampf ein Auge verloren hat – dass dieser Mensch das tut, um seiner Eitelkeit zu schmeicheln, oder weil er zur Arbeit in den Stäben untauglich ist? Oder was halten Sie von dem Kommodore, der den zerschossenen Arm am Gashebel festschnallt? Er könnte jederzeit sagen: ‚Ich kann es nicht mehr machen', und keiner würde es ihm übel nehmen."

Plötzlich wird mir klar, während ich dieses alles zu meinem General sage, dass ich das nur deswegen tun kann, weil ich zu einem Gleichaltrigen spreche, zu einem, der alles wie ich erlebt hat, der wie ich empfinden muss. Er hat während der Luftschlacht um England die ersten Erfolge errungen und die Taktik des Luftkampfes gegen Jäger gemeinsam mit seinem Vorgänger entwickelt. Lange Zeit sagt er nichts, zieht nur an seiner Zigarre und scheint über meine leidenschaftliche Rede nachzudenken.

Dann antwortet er, ruhig wie bei einem Gespräch über das Wetter: „Das alles ist richtig und doch auch wieder nicht. Sie üben Kritik an der Führung und am Reichsmarschall, und Sie wissen so gut wie ich, dass es Versäumnisse gibt, die man nicht mehr gutmachen kann. Sie nennen die höhere und mittlere Führung kaltschnäuzig und unmenschlich und behaupten, sie verstünde ‚Ihren' oder besser ‚unseren' Krieg nicht. Aber wo soll denn die Erfahrung des modernen Luftkrieges, die Sie in den Stäben vermissen, herkommen, wenn die Kommandeure der Jagdfliegerei sich weigern, in den Stäben und im Generalstab zu arbeiten? Man kann sehr darüber streiten, was die bessere Art ist, seinem Lande zu dienen, wenn man nur noch zu fünfzig Prozent kampffähig ist. Ein Verband, der mit verzweifeltem Fanatismus, aber mit nachlassenden Kräften und schlechten Nerven geführt wird, ist ein schlecht geführter Verband, Steinhoff. Stellen Sie sich einmal meine Lage vor: Ich fordere die sofortige Verstärkung der Jagd, und ich glaube, dass meine Forderung erfüllt wird – und dabei weiß ich genau, dass die wirklich qualifizierten Verbandsführer, die wir noch haben, an einer Hand abzuzählen sind. Viele Geschwader und Gruppen werden heute schon von Leuten geführt, die eigentlich nur ganz gute Staffelkapitäne sind. Es gibt Jäger, und es gibt Schießer, das wissen Sie selbst …" – „Aber dann geht doch die Rechnung nicht mehr auf, Herr General", unterbreche ich ihn erregt. „Wie wollen wir mehr Jagdverbände aufstellen und die erfahrenen Verbandsführer in die Führung schicken, wenn die Zahl nicht ausreicht!"

„Ich sagte ja, dass Versäumtes nicht wieder gutzumachen ist, jedenfalls nicht in einer Waffe, die wie eine Feuerwehr in Bereitschaft lebt und permanent löschen muss, denn irgendwo brennt es immer. Verlangen Sie keine Antwort von mir, wie das Unmögliche vollbracht werden soll. Noch sind unsere Reserven nicht erschöpft, man kann die Flugzeugführer der Kampfflieger umschulen und aus ihrer großen Erfahrung Nutzen ziehen, und man kann vieles andere versuchen. Aber reden wir nicht länger am Thema vorbei. Bei der Bekämpfung der Fliegenden Festungen, der bei weitem wirksamsten Waffe des Gegners, haben wir bisher versagt. Darüber ist der Reichsmarschall mit Recht empört. Ihr müsst von dem Willen besessen sein, Bomber, nur Bomber abzuschießen. Kümmert euch nicht um die Jäger! Die Vernichtung der Bomber und der zehn Mann Fliegendes Personal, die jeder an Bord hat – das allein zählt."

Das eben ist der Kern unseres Gesprächs, denke ich, ob nämlich der Reichsmarschall ein Recht hat, über unser angebliches Versagen empört zu sein. Wenn der Feind ein neues, überwältigendes Kriegsmittel in der Hand hat, dessen Einsatz man hätte voraussehen müssen und das man besser selbst in der Hand haben sollte, dann hat es wenig Sinn, die eigenen Soldaten zu tadeln, die gegen dieses Kriegsmittel zunächst hilflos sind. Aber es ist müßig, diese Argumente gegen den General vorzubringen, denn die weiß er selbst ganz genau. Dem Reichsmarschall müsste so etwas gesagt werden, aber diesen Mut hat wohl niemand.

„Eine Jagdwaffe ist eine Jagdwaffe, Herr General", sage ich stattdessen. „Die Jäger sind für den Jagdkampf gedrillt und sie sollen den Kampf annehmen, wo er sich bietet. Man kann ihre Mentalität nicht nach Bedarf steuern. Während der Schlacht um England habe ich, sehr zu meinem Leidwesen, einer Gruppe angehört, deren Auftrag lautete: ‚Begleitschutz von Bombern nach Südengland und London'. Ich kann mir nichts Stupideres und Unnatürlicheres für einen Jäger vorstellen als diesen Pendelverkehr nach London und zurück. ‚Bleiben Sie um jeden Preis bei den Bombern', lautete die strikte Anweisung. ‚Nehmen Sie keinen Luftkampf mit Spitfires auf. Lassen Sie sich nicht zum Angriff verlocken, auch wenn Sie in idealer Position sind, bleiben Sie bei den Bombern.' – Das ist uns bis zum Erbrechen gepredigt worden. Und wenn man das, wie ich, sechzigmal getan hat, wenn man in acht- bis neuntausend Metern Höhe neben den im Fußgängertempo dahinschleichenden Heinkels oder Dorniers mehr geschwommen als geflogen ist, wenn man immer wieder erlebt hat, wie die Spitfires als Empfangskomitee mit leuchtenden Kondensstreifen hoch über uns stehend bei Dover den Konvoi begrüßten, weil sie am Boden weitreichende

Funkmessgeräte besaßen, wie sie dann höhnisch grinsend mit uns flogen, bis es ihnen passte, erst uns und dann die Bomber zu attackieren – dann, Herr General, dann kommen einem doch Zweifel an der Weisheit der Führung."

Ich mache eine kleine Pause, denn vielleicht will der General etwas sagen, der doch dieses entnervende Spiel über England selbst miterlebt hat, aber er blickt mich stumm an und scheint mich aufzufordern, weiterzusprechen.

„Dann, an der Ostfront, wo eigentlich eine Krisenlage die andere jagte, kam die strikte Weisung, Tiefangriffe mit Kanonen und Maschinengewehren, nur Tiefangriffe zu fliegen und das ‚dumme' Abschießen von Flugzeugen zu unterlassen. Wie habe ich mich gegen dieses ‚Moralfliegen' gewehrt. Wie fruchtlos waren meine Versuche, dem Fliegerkorps klarzumachen, dass der Abschuss eines sowjetischen Bombers oder einer IL-2 ‚Sturmovik' dem Heer mehr Hilfe bringt als das spektakuläre Herumballern mit den Kanonen über den Köpfen der Infanteristen, die dann vor Freude die Mützen in die Luft werfen. Wenn dann wieder einer meiner Erfahrenen, Zuverlässigen, von der Gewehrkugel eines Idioten getroffen, sich am Boden in Flammen aufrollte, habe ich in meiner Kritik – das gebe ich zu – oft die Grenzen des Zulässigen überschritten. Und heute, Herr General, heute lautet die Weisung: ‚Schießt die Bomber ab, kümmert euch nicht um die Jäger.' Nächstens wird man uns fragen: ‚Warum schießt ihr sie denn nicht ab, es ist euch doch eindeutig befohlen?!' Sie haben uns die Jäger der Luftflotte Reich als leuchtendes Beispiel vorgehalten. Aber Sie haben dabei vergessen, dass wir uns hier mit den Jägern von Pantelleria und Malta, die immer genug Sprit haben, herumschlagen müssen, ehe wir zu den Bombern durchbrechen können. Was wird sein, wenn die Amerikaner eines Tages in der Lage sind, ihre Angriffe auf das Reich mit Jagdschutz zu fliegen? Wird das nicht Heulen und Zähneklappern geben?"

„Aha", hakt er plötzlich ein, „Sie sind also doch der Meinung, dass Jagdschutz einen Sinn hat! Er hat auch Sinn, nämlich den, dass den Bombern das ungestörte Zielanfliegen und Werfen ermöglicht wird. Aber wenn zwei dasselbe tun, dann ist es nicht dasselbe, denn der Erfolg entscheidet. Und den haben zurzeit leider die anderen. Glauben Sie, ich sei blind und sehe nicht, dass es hoffnungslos ist, über Sizilien wirksame Luftverteidigung zu fliegen? Der Angreifer hat alle Vorteile, wenn man einmal von der rein numerischen Überlegenheit absieht. Aber das alles entbindet euch nicht von der Pflicht, neue Taktiken anzuwenden. Wenn man keine materiellen Mittel hat, eine neue Waffe zu bekämpfen, dann muss man versuchen, sie durch neue Kampfweisen unter Kontrolle zu bekommen. Ihr müsst das Wenige, was ihr noch einsetzen könnt, konzentrieren und – Bomber abschießen. Die Amerikaner und Engländer mögen Bomber produzieren wie Brötchen, aber eines Tages werden sie sie nicht mehr bemannen können, wenn ihr die Besatzungen abschießt. Der Verkehr zum Festland ist lebenswichtig, ob wir nun im Falle der Landung die Insel halten können oder sie räumen müssen. Der Fluss der Versorgung darf nicht unterbrochen werden. Und sollten wir Sizilien räumen, so muss der Fährverkehr bis zur letzten Minute intakt bleiben. Die Straße von Messina ist für unser Schicksal in dieser Phase des Krieges entscheidend."

Die Straße von Messina, wiederhole ich mir in Gedanken. Wieder einmal die Straße von Messina, wie so oft in der Geschichte des Abendlandes. Auf der Festlandsseite, an der „Zehenspitze" Italiens, liegt ein Dorf mit Namen Scilla, und ihm gegenüber auf der Insel liegt Cariddi. Scylla und Charybdis.

Auf dem holprigen Weg zum Storchlandeplatz streikt der Motor des Kübelwagens. Helbig und ich legen die letzten hundert Meter zu Fuß zurück und setzen uns zu dem Soldaten, der am Rande des Feldes unter einer Zeltbahn hockt und in seiner Person die Funktionen des Flugplatzkommandanten, Mechanikers und Startleiters vereinigt.

Bachmann wird mit dem Storch von Trapani herüberkommen, um mich abzuholen. Helbig muss hier warten, bis der Storch zurückkommt, um noch einmal zu fliegen. Er kann am Abend in Trapani sein. Ohne die Störche wären wir hilflos und unbeweglich. Was diese Gebilde aus Leinwand, Sperrholz und Leichtmetall mit dem schwachen Motor leisten, ist nahezu unglaublich. Sie begleiteten uns auf dem Vormarsch in die grenzenlose Weite Russlands und taten ihren Dienst in der glühenden Hitze des ukrainischen Sommers und in der sibirischen Kälte des Nordabschnitts. Sie sind nicht schnell – verglichen mit unseren Hochleistungsjägern sind sie eigentlich gar keine „richtigen" Flugzeuge –, und dennoch fliegt man mit ihnen an einem Tage über gewaltige Distanzen. Im Langsamflug scheinen sie in der Luft stillzustehen, wenn man gegen einen kräftigen Wind anfliegt. Aber wer glaubt, ein gutmütiges Flugzeug vor sich zu haben, das geduldig alles mitmacht, was Piloten mit schwachem fliegerischen Gefühl und wenig Erfahrung ihm zuweilen zumuten, der irrt. Abstürze von Störchen mit Gelegenheitsfliegern am Steuerknüppel sind häufig vorgekommen. Zu Beginn des Krieges galt es als besonderer Vorzug, einen Storch fliegen zu dürfen oder gar einen in seiner Einheit zu besitzen.

Stets verknüpfe ich mit dem Anblick eines dieser Vögel ein unvergleichliches fliegerisches Erlebnis. Nach der Besprechung mit dem Reichsmarschall hatte ich meine Nachtjagdstaffel einem Nachfolger übergeben und eine neue Staffel in der Nähe der Reichshauptstadt übernommen.

Da wurde ich unvermittelt nach Schönefeld beordert, um mit dem Generalluftzeugmeister technische Probleme der Nachtjagd zu erörtern. Wir standen auf der Betonfläche vor einer der Flugzeughallen und warteten auf das Eintreffen des Generals. Außer uns Staffelkapitänen war der Kommandeur der neu gebildeten Nachtjagdgruppe gekommen, dazu Herren der Flakartillerie und Ingenieure. Es schien sich herumgesprochen zu haben, dass Nachtjagd einerseits eine Frage des Zusammenwirkens von Jägern und Flak, andererseits ein technisches Ortungs- und Navigationsproblem war. Wir gingen in kleinen Gruppen diskutierend auf und ab und froren in dem kalten Wind des Novembertages. Plötzlich tauchte der Storch des Generals am Platzrand auf, umrundete das Hallenvorfeld in enger Kurve und rollte dicht vor unseren Füßen aus, kaum dass die Räder den Boden berührt hatten. Der General trug einen schwarzen Ledermantel, unter dem die weißen Generalsstreifen an den Hosen leuchteten. Er begrüßte uns freundlich mit Handschlag und begann sofort zwanglos mit uns zu diskutieren. Ohne Vorwurf stellte er fest, dass unser unkoordinierter und wenig systematischer Einsatz gegen die britischen Nachtflieger bisher erfolglos gewesen sei, und forschte nach den Ursachen dieses Versagens. Wir bemühten uns, ihm klarzumachen, was ich schon dem Reichsmarschall in meiner verunglückten Belehrungsrede hatte sagen wollen, nämlich dass es fast unmöglich sei, die einzeln fliegenden Bomber mit unseren ungenügenden Mitteln aufzufinden und abzufangen. Wir sprachen von Zufallstreffern, von unsystematischem Umherfliegen in der Nacht ohne zuverlässige Navigationshilfsmittel in der einsitzigen Messerschmitt. Die Flakleute brachten die unzulängliche Ausstattung mit Scheinwerfern vor, die in Schwerpunktgebieten spärlich über das Reich verteilt waren und ein Netz mit viel zu großen Maschen bildeten. Ein mir unbekannter Ingenieuroffizier sprach von einer „neuen Sache“, Funkmess genannt, womit man Feindflugzeuge bei Nacht und Nebel feststellen könnte, ohne sie zu sehen.

Aber ich entsinne mich deutlich, die Ratlosigkeit gespürt zu haben, die aus den Diskussionen über die Verhinderung der Nachteinflüge sprach. Jedenfalls nahm man die Gefahr des Bombardements unserer Städte in der Nacht noch nicht ernst und wies die Möglichkeit, dass die Engländer etwa Berlin angreifen könnten, weit von sich.

Ich hatte am Ende die Gewissheit, dass sich für mich – oder meine Staffel – nichts ändern würde und dass wir weiterhin mit einsitzigen Messerschmitts durch die rabenschwarze Nacht fliegen, aber nicht jagen würden. Vor dem Abflug umstanden wir den Storch des Generals, und plötzlich – er schien sich an die Sitzung mit dem Reichsmarschall zu erinnern – fragte er mich, ob ich mit ihm nach Staaken zurückfliegen wolle. Ohne zu überlegen, kletterte ich auf den hinteren Sitz und legte die Gurte an. Wortlos reichte mir der General seine Mütze nach hinten, die ich brav mit beiden Händen festhielt wie etwas sehr Kostbares.

„Jetzt werde ich Ihnen einmal zeigen, was man mit dem Storch machen kann!“ Mit diesen Worten gab er Vollgas und hob das Flugzeug nach sehr kurzem Anlauf vom Boden ab. Einem Ballon gleich stiegen wir gegen den Wind, und dann flog der einstige Kunstflugmeister ein perfektes Programm gewagter Kurven und hochgezogener Wenden ohne Fahrt, das sich auf den engen Raum über dem Hallenvorfeld beschränkte, von dem wir gestartet waren. Dort standen die Teilnehmer der Besprechung und schauten mit zurückgebogenen Köpfen zu uns herauf. Schließlich legte er die Maschine auf Kurs nach Staaken, und nachdem wir ein Stück des Weges über den Vorstädten der großen Stadt zurückgelegt hatten, drehte er sich zu mir um und fragte: „Rauchen Sie Zigarren?“ Als ich bejahte, zog er zwei in Silberpapier gewickelte Zigarren aus der Brusttasche und reichte mir eine davon nach hinten. Es war ein wundervolles schwarzes Kraut von beachtlicher Dicke und Länge, feucht und würzig, und in der kleinen Kabine wurde es beinahe gemütlich, wie wir so genüsslich rauchend über Berlin dahinflogen.

Die Ankunft Bachmanns schreckt mich aus meinen Erinnerungen auf. Wir wollen tanken und sofort wieder starten. Der Weg führt uns über das Zentrum der Insel. Es ist ratsam, nach Jägern Ausschau zu halten, die sich jetzt fast nach Belieben über Sizilien tummeln. Deshalb wollen wir versuchen, die Nordküste möglichst bald zu erreichen, wo man noch einigermaßen sicher fliegt, weil sie am Rande ihrer Reichweite ist.

Es gehört zu den Unarten des Storches, dass sein Motor sich meist weigert anzuspringen, wenn er noch heiß ist. Und in der prallen Sonne, die senkrecht auf Motorhaube und Kabine scheint, kann von Abkühlung keine Rede sein. Wir nehmen Platz, wohl wissend, dass das „Biest“ vorerst gar nicht daran denken wird anzuspringen. Der Mechaniker steht auf dem linken Rad, hat die Kurbel in das Loch in der Motorhaube gesteckt, und ich nicke: Los!

Er beginnt zu kurbeln, und währenddessen spreche ich mit Bachmann über den Flugweg, in aller Ruhe, da wir ja bis zum Anspringen des Motors noch genügend Zeit haben. Auf dem nackten Rücken des armen Mechanikers beginnt der Schweiß herabzurinnen, und er begleitet jede Umdrehung mit einem hörbaren Ächzen, damit wir uns seiner Anstrengung auch bewusst werden. Nach zwei weiteren Minuten rufe ich: „Aus! – Rückwärts!“

Der Mechaniker springt vom Rad herab und beginnt den Propeller in der Gegenrichtung zu drehen. Er ist aber schon sichtlich erschöpft.

„Bachmann“, sage ich nur mit einer entsprechenden Kopfbewegung. Der hat sein Schicksal schon geahnt und arbeitet sich ächzend und stöhnend aus dem hinteren Sitz heraus. Unten tritt er mit dem Fuß einmal verächtlich gegen das Rad und bedenkt unser wertvolles Flugzeug mit dem Kosenamen: „Miststück!“

„Vorwärts – Ein!“ Ich schalte den Zündschlüssel auf beide Magneten, und Bachmann beginnt seine harte Arbeit. Der Soldat steht nun, noch schwer atmend, mit den Händen auf den Hüften und grinst. „Rrrr – klick“, macht der Motor nach ein paar Kurbelumdrehungen und gibt sonst nichts von sich. Bachmanns Tropenhemd färbt sich auf dem Rücken dunkel von Schweiß.

Wohl eine halbe Stunde lang mühen sich beide. Da dreht sich Bachmann um, richtet die großen traurigen Augen vorwurfsvoll auf mich und sagt nur: „Herr Major?“ „Du auch mal!“ soll das heißen. Ich klettere achselzuckend heraus, man kann es ja mal versuchen, obwohl es für einen Kommodore eigentlich eine Zumutung ist. Bachmann macht es sich genüsslich auf dem Führersitz bequem. „Aus, rückwärts!“ ruft er übermäßig laut und fröhlich. Ich brauche keine körperliche Betätigung, um zu schwitzen, die Sonne hat mir durch die Plexiglasscheibe genau auf den Bauch geschienen. „Ein“ – kaum habe ich ohne große Anstrengung mit der Kurbel den Propeller um eine volle Umdrehung bewegt, springt der Motor an und surrt, ohne Fehlzündung und ohne Qualm zu erzeugen, unschuldig los.

„Weg!“ rufe ich Bachmann zu und bedeute ihm, sich schnell auf den hinteren Sitz zu verfügen und anzuschnallen. Sein einziger Kommentar, den er kopfschüttelnd abgibt, ist: „So was Ungerechtes!“

Von Sonnenböen geschüttelt, steigt der Storch über den Grat und zwängt sich durch eine Felsenschlucht, auf deren Grund schwarzes Vieh zwischen den Eichen regungslos in dem spärlichen Schatten steht. Dann tut sich das Tal zu einer Hochebene auf, die allmählich ansteigt. Zur Linken steht ein gewaltiges, karstiges Bergmassiv. Der Motor brummt monoton. Ich schalte den Zündschlüssel herunter, und die Tourenzahl fällt kaum merklich ab. Es riecht nach Öl und Farbe. Wenn ich den nächsten Grat überspringen will, muss ich jetzt anfangen zu steigen. Aber die Öltemperatur ist sehr hoch, der Zeiger steht konstant nur einen Millimeter unter der roten Marke. Ich ziehe vorsichtig und beobachte dabei den Höhenmesser, der Storch darf nur wenig Fahrt verlieren.

Hinter dem Bergrücken erstreckt sich die Hochebene nach dem Massiv hin, dass die Landschaft drohend überragt. So weit das Auge reicht, ist keine Ortschaft zu sehen, die sanften Hügel sind mit niedrigem Gestrüpp bedeckt. Die Felsen am Ende der Ebene werfen in der Nachmittagssonne violette Schatten. Als ich sie umfliege, steht unvermittelt in dieser unberührten, friedlichen Bergeinsamkeit der Tempel von Segesta vor mir. Wie in einer unwirklichen Welt ragen Säulen und Giebel leuchtend in der späten Sonne. Unter der Fläche des Flugzeuges sieht man den zierlich geschwungenen Treppenweg sich in der Einöde bergan ziehen. Keine Menschenseele ist zu sehen. Im Tal führt die Bahnlinie nach Trapani, und ein winziger Bahnhof ist das einzige Zeichen menschlicher Nähe.

„Segesta!“ rufe ich. „Bachmann, Segesta, uralter Tempel!“ Er beugt sich zum Fenster und ist gleich mir gefangen von der Schönheit und Großartigkeit des Anblicks. „Vierhundert vor Christus“, repetiert er aus den Resten seiner Schulbildung, „Selinunt – Karthagerkrieg.“

Krieg, natürlich, wie fast immer auf Sizilien. Griechen, Karthager, Römer. Fremde Eroberer. Und nun wir. Bald vielleicht die Engländer und Amerikaner. Das ist Siziliens geographische Bestimmung – entweder kommen die Eroberer vom europäischen Festland oder von Afrika herüber. Aber schon versinkt der mächtige Tempel hinter dem Kamm des nächsten Berges, und ich rücke die Karte auf den Knien zurecht und greife mit der Handspanne die Entfernung nach Trapani ab. Noch etwa zwanzig Minuten, errechne ich. Ich werde auf dem schmalen Feld am Hang des Erice landen, das man nur von Westen her den Hang hinauf anfliegen kann und wo ein Durchstarten unmöglich ist. Man startet immer hangabwärts, gleichgültig, woher der Wind weht.

Ich erschrecke nicht einmal, noch unternehme ich irgendetwas, als ich die breiten, klar umrissenen Schatten von Flugzeugen unter mir über den Erdboden huschen sehe. Wie drohende Phantome unterlaufen sie uns und jagen mit enormer Geschwindigkeit den Hang hinauf. Dann erst wende ich den Blick nach oben, wo die Urbilder dieser Schattengespenster zu suchen sein müssen, und ich sehe keine hundert Meter über uns die zweite Welle zierlicher Jagdflugzeuge auf gleichem Kurs nach Westen ziehen. Erst Sekunden später fällt mein Schreckensruf „Kittyhawks!“ mit der automatischen Reaktion zusammen, den Gashebel zurückzureißen und den Storch in eine Steilkurve zu legen. Ich muss das Flugzeug so schnell wie möglich auf den Boden bringen, und dann nichts wie weg!

Während Bachmann sich den Nacken verrenkt, um nach hinten zu sichern und etwas wie „Noch eine Staffel!“ schreit, schwebt der Storch schon mit geringster Fahrt aus, überspringt gerade noch einen Sandweg, dessen seitliche Wälle mit riesigen Agaven bewachsen sind, und mahlt mit den Rädern durch den weichen Boden eines winzigen Maisfeldes. Ich halte den Knüppel fest am Bauch, jeden Augenblick darauf gefasst, dass sich das Flugzeug überschlägt. Eine Steinmauer am Ende des Feldes kommt rasend schnell auf mich zu. Rücksichtslos trete ich in die Bremsen, und während der Propeller mit den letzten Umdrehungen Sand und Kakteenblätter hochwirbelt, knallt der Sporn am Schwanzende auf den Boden. Kopfüber springen wir heraus und rennen, so schnell die Füße uns tragen, ziellos davon, nur weg vom Flugzeug. Einen Sandhügel erkennen wir gleichzeitig als Deckung und lassen uns atemlos fallen.

In der Ferne verklingt das schwingende Motorengeräusch der Kittyhawks. „Haben wir ein Glück gehabt!“ sage ich, noch keuchend von dem Hundertmeterlauf. „So ein Storch muss für einen Jäger doch eine Delikatesse sein. Aber nun ist er kaputt.“

„Ich glaube, es ist nur die Luftschraube“, meinte Bachmann. „Wie kriegen wir hier eine neue Luftschraube? – Wo sind wir überhaupt? Bitte holen Sie doch mal die Karte.“

Während er zum Flugzeug zurückstapft, denke ich darüber nach, wie Glück und Zufall unberechenbar zu bestimmen scheinen, wann unsere Uhr abgelaufen ist. Was wiegt die Erfahrung der alten Jäger mit den großen Namen, der genialen Verbandsführer und kaltblütigen Taktiker, die in Hunderten von Luftduellen hart geworden sind, gegenüber den tausendfachen Spielarten, die der Zufall bereithält! Warum sah keiner der amerikanischen Piloten den hilflosen Storch, der vor ihrer Nase herumflog?

Nach der Karte sind es nur wenige Kilometer bis zur Straße, die Palermo mit Trapani verbindet. Bachmann schluckt ein paarmal, als ich mich nach Calatafimi in Marsch setze und ihn mit der Weisung allein zurücklasse, beim Storch zu bleiben, bis die Carabinieri ihn ablösen, die ich in der Ortschaft mobilisieren werde.

Ein bequemer Pfad führt zur Straße hinab, und schon nach wenigen Minuten Marsches auf dieser hält ein großer italienischer Militärlastwagen, um mich mitzunehmen. Überall in Afrika und auf Sizilien zeichnen sich die italienischen Kraftfahrer dadurch aus, dass sie kameradschaftlich unaufgefordert anhalten, wenn sie Deutsche auf dem Fußmarsch sehen. Die Carabinieri sind sofort bereit, die Wache am Storch zu übernehmen, und eine Stunde später sind wir bei Bachmann, um ihn abzulösen. Dann besteigen wir beide den Fiat, der uns nach Trapani bringen soll.

Der Verkehr auf der Straße ist mäßig. Einige Lastwagen mit Soldaten und Material begegnen uns. An jedem Ortsausgang die unvermeidliche Straßensperre aus losen Steinen und harmlosem Stacheldraht, hochtrabend „Posto di blocco" genannt, mit angejahrten Carabinieri, die jedes Fahrzeug gewissenhaft kontrollieren. Hinter Calatafimi geht es durch dichtbesiedeltes Land mit reichen Weingärten ins Tal hinab. In den Dörfern stehen die Männer wie immer müßig vor den Cafés und diskutieren. Die friedliche Abendstimmung, die über diesen Dörfern und ihren naiven und frommen Menschen liegt, ist trügerisch. Ich glaube, sie spüren etwas von dem, was kommt. Was mag sie bewegen, und welche Gerüchte mögen die Insel durchlaufen, die dafür immer besonders anfällig war? Als ob sie ahnten, dass die Luftoffensive der Alliierten zugleich die Schlussphase der Anwesenheit der ihnen unheimlichen Deutschen ist, sind sie von serviler Freundlichkeit, ohne jedoch im geringsten Anstalten zu machen, uns tatkräftig zu helfen. Daran ändern auch die markigen Parolen nichts, die in meterhohen Lettern an Hausgiebel und Mauern gemalt sind: Noi tireremo diritto und Il Duce ha sempre ragione. Nach vielen Anzeichen, die man im Laufe der Zeit erkennen und richtig zu deuten gelernt hat, dürfte gerade hier auf Sizilien der Duce keineswegs immer recht behalten …

Auch wir hatten ja mit den historischen Voraussagen unseres Obersten Kriegsherrn unsere eigenen Erfahrungen. Allerdings hat man uns sorgfältig dazu erzogen, solche Erfahrungen zu missachten und sich nichts dabei zu denken.

Bevor die Straße sich zum Meere hin neigt, steigt sie noch einmal in Serpentinen durch einen der wenigen Eichenwälder, die es auf Sizilien noch gibt. Nach einer langsam durchfahrenen Kurve dringen plötzlich die lustigen Klänge einer spritzigen Militärmusik an unsere Ohren. Überrascht blicken wir uns an. Direkt am Straßenrand, rund um einen großen Baum geschart, dem der Dirigent den Rücken zukehrt, haben italienische Militärmusiker in olivfarbenen Tuchuniformen die Notenständer im Halbkreis aufgestellt und schmettern mit ihren hellklingenden Blasinstrumenten fröhliche Weisen in den Sommerabend. Ohne uns zu fragen, hält der Fahrer an. Wir steigen aus und hocken uns auf die Böschung. Und nun genießen wir ein Repertoire der anerkannt guten und zündenden italienischen Marschmusik, das uns zu Ehren mit besonderer Hingabe geblasen wird. Die Käppis in den Nacken geschoben, Schweißperlen auf der Stirn, so traktieren sie begeistert die Instrumente, deren Messing etwas erblindet ist. Um sie herum stehen, hocken und liegen Hunderte von Sizilianern mit Kindern aller Größen und benutzen die unverhoffte Abendunterhaltung zu einem improvisierten Volksfest. So ist dieses Volk von Sizilien, das in der Geschichte unter den Kriegen der großen Mächte immer nur gelitten hat – es hat stets die Feste gefeiert, wie sie fielen, und sich geduckt und verkrochen, wenn die fremden Heere aufeinander einschlugen. Noch lange grüßen uns die lustigen Klänge, während wir die letzten Serpentinen den Berg hinauffahren. Bachmann kommentiert diese Einlage nur mit Kopfschütteln und der Bemerkung: „Wenn das der Führer wüsste ..."

Wir fahren den gewohnten Weg zur Villa hinauf. Die weiße Straße leuchtet im Widerschein der hellen Dämmerung. Die zahlreichen Fußgänger und Eselkarren, die der Stadt zueilen, wirken schwarz wie Silhouetten, nur die Gesichter reflektieren das letzte Licht. Im Dorf auf dem Sattel des Berges stehen die Männer wie immer um diese Stunde vor der Trattoria. Ich verlangsame die Fahrt, um in die enge Gasse einzubiegen. Mein „Buona Sera" findet ein lustloses Echo, nur dumpfes Gemurmel antwortet mir. An der Hauswand hinter der Kurve steht, in der beginnenden Dunkelheit gerade noch lesbar, mit meterhohen Buchstaben unbeholfen hin gepinselt:

VINCEREMO!

Der Dicke meldet, das Wasser laufe und ich möge mich beeilen zu duschen, solange es eben noch laufe. Als ich beim Auskleiden bin, klingelt das Telefon, und der Offizier vom Dienst meldet, es sei höchste Alarmbereitschaft angeordnet, weil ein größerer Schiffsverband in der Nähe von Malta beobachtet worden sei. Der Auftrag für das Geschwader laute: Aufklärung im Morgengrauen und Bekämpfung der Bomber. Es ist wie alle Tage: Vergiss alles, was du heute erlebt hast, und kümmere dich darum, wie du deinen Auftrag für morgen ausführen kannst. So leben wir schon seit vier Jahren, eigentlich lebten wir schon vor dem Krieg so, seit wir fliegen können.

Die Wellingtons sind wieder über uns, und als ich auf dem Wege zur Grotte bin, fallen die ersten Bomben. Sie sind wieder alle versammelt, und auch diese Art, die Nacht zu verbringen, ist schon zur Gewohnheit geworden.

Als ob ich gar nichts Besonders erlebt hätte, nehmen sie meinen Bericht über das Bombardement in Comiso und die Notlandung mit dem Storch zur Kenntnis. Hier zählen nur noch Abschuss und Vernichtung und Tod. Als ich mein Gespräch mit dem General wiedergebe, wird es schweigend angehört. „Der Doktor ist aus Messina zurück", meldet der Dicke. „Er möchte noch vorbeikommen, um Ihnen Bericht zu erstatten."

Dr. Sperrling hat Verwundete auf die Fähre verladen und Sanitätsmaterial mitgebracht, das er noch in einem Depot aufgetrieben hat. Wir haben ihn, den Beichtvater unserer körperlichen Gebrechen und seelischen Nöte, während der zwei Tage seiner Abwesenheit sehr vermisst. Als Gynäkologe ist er eigentlich in dieser Männergemeinschaft etwas fehl am Platze. Man zog ihn bei Kriegsbeginn ein, und weil er etwas vom Segelflug verstand, landete er beim Geschwader und blieb.

Muntere Zurufe empfangen ihn, als er in die Grotte tritt, und er erwidert die Sympathiekundgebung geschmeichelt mit breitem Grinsen, wobei er seine schlechten Zähne zeigt. „Hallo, Doktor, wir dachten schon, Sie hätten sich abgesetzt. Was machen die Mädchen in Messina?" schallt es ihm entgegen. Dr. Sperrling ist um eine Antwort nie verlegen. „Euch werde ich voll Atebrin pumpen, bis ihr gelb wie Chinesen ausseht und an kein Mädchen mehr denkt!"

Er trägt immer einen Khakirock mit aufgenähten Taschen, wie heiß es auch sein mag. Sobald einer über irgendwelche Gebrechen klagt, kramt er schweigend in den Taschen und fördert Pillen jeder Art und Größe gegen Tropengeschwüre, Durchfall oder Malaria zutage.

„In Messina sieht es furchtbar aus. Die Viermots greifen fast ohne Unterbrechung an. Die Fähren können weder den Hafen von Messina noch den von Reggio benutzen. Sie legen in Nothäfen an, aber von den großen Eisenbahnfähren sind schon zwei gesunken. Der militärische Verkehr wird von Landungsbooten und Siebelfähren abgewickelt, und das hat sich ganz nett eingespielt. Unsere Flak ist prima. Sie machen sich keine Vorstellung von dem Flakzauber, der bei jedem Angriff losbricht. Wenn die Splitter herunterpfeifen, klingt es, als ob der Sturm durch Wipfel und Bäume fegt."

„Doch, Doktorchen", sagt Zöhler freundlich, „davon haben wir eine gute Vorstellung, nur hören wir es nicht so deutlich. Kommen Sie doch mal mit, wenn wir in achttausend Metern Höhe die Viermots aus der Nähe besehen. Wenn die schmutziggrauen Sprengwolken vor deiner Nase sitzen und die Splitter bei dir anklopfen. Respekt! Aber sollte ich von der eigenen Flak abgeschossen werden – ich glaube, ich vergäße mich."

„Wenn du dann noch was zum Vergessen hast", ergänzt einer aus dem Dunkel.

„Auf der Straße zwischen Messina und Palermo herrscht enormer Verkehr", fährt der Doktor fort. „Die Jabos sind aber am Werke und haben es vor allem auf die Straßenbrücken und Tunnels abgesehen. Neuerdings stürzen sie sich auch auf allein fahrende Fahrzeuge. Man merkt ordentlich, was es denen für Spaß macht."

Obgleich ich todmüde bin, kann ich keinen Schlaf finden. Bisher habe ich mir selbst nicht eingestanden, dass die Angst längst von mir Besitz ergriffen hat. Die Angst, eine

Art innerer Auszehrung, die etwas ganz anderes ist als Furcht. Furcht hat man manchmal in einer Situation, kurz vor der Feindberührung oder mitten im Luftkampf, wenn man eine Spitfire hinter sich weiß, aber sie kommt aus der Situation, kann durch Handeln bekämpft werden und ist mit der Situation vorbei. Angst aber kommt von innen. Sie kommt von einem bestimmten Grade der seelischen Erschöpfung an immer wieder, und zwar dann, wenn man keine Möglichkeit hat, sich abzulenken. Die tapfersten Soldaten begannen aus Angst vor der Angst zu trinken. Freiberg ist offenbar einer von ihnen. Ich kenne diese Art Angst seit langem, eigentlich seit die Überheblichkeit des Siegens von uns abgefallen ist. Sie breitete sich aus, als wir in jener Nacht auf dem Flugplatz Kalinin eingeschlossen waren und das „Hurräi" der näherkommenden Russen hörten, ohne dass wir das Geringste unternehmen konnten. Sie war da, als wir auf dem letzten uns gebliebenen Zipfel Afrikas – Kap Bon – im Morgengrauen zur Flucht rüsteten und nicht wussten, ob sie gelingen würde.

Und nun lässt die Angst wieder einmal diese Männer hier um mich herum nicht einschlafen, oder sie bricht durch ihren flachen, unruhigen Schlaf auf den unbequemen Feldbetten. Sie hat auch nichts gemein mit dem Erschrecken, das durch alle Glieder fährt, dem jähen Zusammenfahren, das einen für Sekunden paralysiert und den Mund trocken macht. Diese Reaktionen werden von außen erzeugt, und sie sind ganz verschieden, wie zum Beispiel bei mir am Nachmittag des jetzt vergangenen Tages, als ich so leer vor mich hinflog, dass ich sogar den Schreck nicht mehr empfand, den ich doch beim Anblick der amerikanischen Jäger eigentlich hätte empfinden müssen.

Solche Schocks sind Teil des Luftkampfes, sie sind einkalkuliert, wenn man sich und seine Art des Reagierens genau kennengelernt hat. Aber die Vielfalt der Spielarten von Situationen und Reaktionen ist unvorstellbar groß. Man weiß nicht, in welcher Form es einen treffen wird. Oft lässt das Schicksal seinem Opfer Zeit, um es auf die Probe zu stellen. Man fliegt mit krankgeschossenem Flugzeug und wird geprüft, ob man das Staunen oder die Überraschung in überlegte Aktion umsetzen kann, oder ob die Panik Gewalt über einen gewinnt. Das Schicksal lässt einem diese Zeit zur Probe oder es schlägt schnell und mit überwältigender Wucht zu, und man wird auf brutale Weise der menschlichen Ohnmacht gewärtig, wenn das Flugzeug, in Brand geschossen, steuerlos der Erde entgegenstürzt.

„Die eigenen Luftstreitkräfte reichen nicht aus, um dem Feind mit starken Kräften gleichzeitig über Sardinien und Sizilien entgegentreten zu können. Schärfste Zusammenfassung ist daher notwendig.“

KRIEGSTAGEBUCH DES OBERKOMMANDOS DER WEHRMACHT (WEHRMACHTSFÜHRUNGSSTAB), BAND III

„Dann führten die strategischen Luftstreitkräfte gemeinsam mit der Neunten Luftflotte drei Tage lang eine durchschlagende Aktion von Bombenangriffen gegen die Flugplätze in Ostsizilien durch, während die Taktischen Luftstreitkräfte die Flugplätze in West- und Mittelsizilien mit Bomben belegten. Gerbini und die angrenzenden Landeplätze wurden vernichtend getroffen. In einem entscheidenden Angriff zerstörten die B-17-Bomber am 5. Juli nach unserer Schätzung 100 feindliche Flugzeuge.“

THE ARMY AIR FORCES IN WORLD WAR II,
VOLUME II: EUROPE: „TORCH TO POINTBLANC“

„Stab und I. Gruppe/Jagdgeschwader 77 mit 23 BF 109 Messerschmitt Alarmstart gegen 27 Boeing und mehrere Mosquito mit Jagdschutz von 20 Spitfire.
Erfolge: 6 Boeing
1 Mosquito abgeschossen
Verluste: Leutnant Bernhard und Flick

KRIEGSTAGEBUCH DES JAGDGESCHWADERS 77 (STAB)
VOM 5. JULI 1943

„Der Widerstand gegen die alliierten Luftoperationen während der Vorbereitungsphase für die Invasion war nur lokal. Manche unserer Angriffe trafen auf starken und zähen Widerstand, während andere so gut wie keinen antrafen. Die B-17 (Boeing ‚Fliegende Festung‘) und B-25 (Liberator) wurden am 5. Juli von mehr als 100 angriffslustigen Jägern attackiert. Ein Verband von B-17 und B-25 sah kurze Zeit später überhaupt keinen Gegner.“

THE ARMY AIR FORCES IN WORLD WAR II,
VOL. II: EUROPE: „TORCH TO POINTBLANC“

## Gerbini/Trapani, den 5. Juli 1943

Im Morgengrauen starten wir, um die Abwehr im Osten der Insel zu verstärken. Der Jagdfliegerführer hat sich entschlossen, die Jagdkräfte zusammenzufassen und Schwerpunkte zu bilden.

Wie wenig wird doch die Organisation unserer Jagdgeschwader den Anforderungen gerecht! Seit der Luftschlacht um England ist mein Verband gleich einer Feuerwehr an den Brennpunkten des Kampfes eingesetzt. Wir haben gelernt, mit einer Handvoll Bodenpersonal – Mechanikern, Waffen- und Funkwarten – zu leben und zu kämpfen, während das Gros, die Werft und die Stabskompanie, nur noch selten bei den Verlegungen die kämpfende Einheit einölen. Was für ein Kräfteverschleiß ist das!

Aber so war es immer: Wir zogen durch Russland und sprangen, die Spitzen des Heeres begleitend, von Feldflugplatz zu Feldflugplatz. Am Tag der Verlegung standen gewöhnlich drei Ju-52-Transportflugzeuge zum Verladen des Notwendigsten bereit. In mehrmaligem Einsatz brachten sie die wenigen Mechaniker, die Zelte, die Kisten mit der Verpflegung zu dem neuen Platz. Wir Jäger flogen dann den ersten Einsatz über der neuen Front und landeten, leergeschossen und im Luftkampf mehr oder weniger lädiert. Was wir vorfanden, war fast immer eine Wiese oder ein Kleeacker und wurde von nun an hochtrabend „Flugplatz“ genannt. Das Dorf oder die Hütten in der Nähe standen Pate für den Namen. Namen, die dann bald jeder in der Luftwaffe kannte: Pitomnik, Ljuban, Morossowskaja oder Gigant. Und das Gros des Geschwaders war derweilen irgendwo in Polen oder auf der Krim und bildete das Sammelbecken und die Durchgangsstation für Urlauber.

Was der Jagdfliegerführer heute von uns verlangt, ist beinahe Zauberei: Wir sollen das Bodenpersonal teilen, obwohl wir die Afrikaverluste noch nicht wieder aufgefüllt haben. Transportflugzeuge können seit Tagen schon nicht mehr eingesetzt werden, sie würden den Einsatz nicht überleben. Die Luftflotte geizt mit den wenigen Ju 52, die sie noch besitzt.

Bis gestern hat das Jagdgeschwader 53, das mit zwei Gruppen in Gerbini und Comiso liegt, die Wartung unserer Flugzeuge übernommen. Die Einsatzbereitschaft sank aber so schnell ab, dass eine bessere Lösung gefunden werden musste.

In der Nacht zum 5. Juli sind die Lastwagen mit einem Teil des Wartungspersonals meines Geschwaders nach dem Osten der Insel aufgebrochen. Westlich von Catania weitet sich das Tal am Fuße des Ätna. Die Weizenfelder sind längst abgeerntet und dehnen sich in trostloser Dürre, soweit das Auge reicht, von vertrockneten, eingestaubten Olivenbäumen wie mit Pocken übersät.

Ein schmaler Feldweg zieht sich zwischen ein paar armseligen Gehöften hin, die auf der Karte mit dem Namen „Gerbini“ bezeichnet sind. So trägt auch die Ebene, die ideale Start- und Landeflächen bietet, den anspruchsvollen Titel „Flugplatz Gerbini". Als meine Messerschmitt zum Stillstand kommt, sehe ich die Mechaniker, die mich unter die Olivenbäume einwinken wollen. Als ich aber von der Landebahn herumschwenke, wirbelt eine gewaltige gelbbraune Staubwolke auf. Sie nimmt mir jede Sicht, und es dauert eine ganze Weile, ehe die Männer, die Bäume und die Baracke wieder zu erkennen sind. Plötzlich sind die Tragflächen ockerfarben, so dicht liegt der Staub darauf. Ich öffne die Kabine und blicke mich um. Zahlreiche Staubwolken steigen um mich herum in die hitzeflimmernde Luft. Die Flugzeuge meiner Ersten Gruppe sind gelandet und auf die zugewiesenen Plätze gerollt.

Es ist unerträglich heiß. Kein Windhauch bewegt die feuchte Luft. nassgeschwitzt klebt das Hemd unter dem Gurtzeug am Körper. Die Sonne hat die Kabine zu einem Backofen aufgeheizt. Ich löse den Fallschirm und steige auf den Kabinenrand.

Die Baracke steht wenige Meter entfernt, der prallen Sonne ausgesetzt. An ihrer Längsseite ist der Boden aufgerissen: Das Zickzack der Splittergräben. Drinnen telefoniert jemand. Er schreit immer wieder: „Ich kann Sie nicht verstehe ... In welchem Planquadrat?"

Dann erst entdecke ich die jammervolle Figur im Schatten des Olivenbaumes. Unbeweglich hockt dort der Hauptmann Kegel, den Kopf mit Verbandsmull umwunden, den rechten Arm in einer Schlinge, die Augen wie vorwurfsvoll auf mich gerichtet.

Ich springe von der Tragfläche hinab in den Staub, löse die Gurte mit den Leuchtpatronen von den Beinen und streife die Schwimmweste über den Kopf. „Mensch, Kegel, Sie hat's aber erwischt."

Er macht Anstalten aufzustehen.

„Bleiben Sie um Gottes willen sitzen! Was ist denn geschehen?"

Der Jemand in der Baracke schreit noch immer ins Telefon. Mechaniker mit nackten Oberkörpern rennen zu den Flugzeugen, ein Tankwagen stoppt mit kreischenden Bremsen vor meiner „Me". Die Hitze ist mörderisch, die pralle Sonne wirkt wie Schläge auf den Kopf. Aus der Knietasche ziehe ich die Afrikamütze mit dem langen, die Augen schützenden Schirm und setze sie auf. Ich muss schnell den Jagdfliegerführer erreichen und erfahren, wie die Luftlage ist. Und die Flugzeuge müssen sofort aufgetankt werden – hoffentlich kommt der Befehl zum Einsatz bald, denn hier sind wir dem Bombardement schutzlos ausgesetzt.

„Herr Major ...", sagt Kegel. Fast hatte ich ihn schon wieder vergessen. „Herr Major, ich melde, dass ich verschüttet war, hier im Splittergraben verschüttet ... Unser Storch ist auch verbrannt, dort drüben liegen die Reste."

Tatsächlich, hinter der Baracke ragt das Gerippe eines Flugzeugschwanzes schwarzverkohlt in die Luft. Der Hauptmann ist erst ein paar Tage bei uns. Er ist Reserveoffizier und im Zivilberuf im Nationalsozialistischen Fliegerkorps tätig. „Hauptamtlich", wie er sagt. Er ist älter als wir, und obwohl er eine Jagdausbildung auf der Messerschmitt absolviert hat, fliegt er nicht mehr im Einsatz. Ich habe ihn zum Gefechtsstandoffizier ernannt, damit er die Aufsicht über die Befehlszentrale führt und Gefechtsberichte und Kriegstagebücher auf dem Laufenden hält. Er hat sich sehr schnell in die kleine Lebensgemeinschaft des Geschwaderstabes einfügen müssen. Am Abend seiner Ankunft sah es nicht so aus, er redete zu viel von seinen Leistungen in der Vergangenheit, von der Freikorpszeit und von der Schwarzen Reichswehr. Kein Wunder, dass die jungen Flugzeugführer, die in ihrem täglichen Einsatz keinerlei Sinn für die heroischen Leistungen der Vergangenheit haben, ihn ziemlich kühl-ironisch abfertigten. Sofort hatte er seinen Spitznamen „der kluge Hans" und musste sich gefallen lassen, dass Freiberg mit unschuldiger Miene immer wieder fragte, was für ein Verein diese Schwarze Reichswehr eigentlich gewesen sei, und warum er nicht die Uniform des NS-Fliegerkorps trage ... Schließlich verstand Kegel und verhält sich seitdem, wie es in einem Jagdverband für einen nicht im fliegenden Einsatz stehenden Hauptmann beim Stabe angemessen ist. Nun hat er am Boden sein Teil abbekommen.

Die Baracke hat einen einzigen Raum. Sie ist von den jungen Männern des Arbeitsdienstes vor wenigen Tagen aufgestellt worden, und das frische Holz verbreitet einen würzigen Geruch. Wenn die fürchterliche Hitze nicht wäre, könnte man ihn fast erfrischend nennen.

Das Mobiliar besteht aus zwei eisernen Bettstellen an der Rückwand, auf denen Strohsäcke liegen. Der Tür gegenüber steht ein schmaler Tisch. Vom Olivenbaum vor dem Fenster führen Drähte zu dem dunkelbraunen Kasten des Feldfernsprechers. Telefon, Karte und Schreiber machen den Geschwadergefechtsstand aus. Der verzweifelte Dauereinsatz, in dem wir stehen, erlaubt nur noch das allernotwendigste Zubehör.

Als ich eintrete, erhebt sich der Gefechtsstandfeldwebel Korn von dem einzigen Stuhl. „Herr Major, ich habe Verbindung zum Jagdfliegerführer. Ihre Landung habe ich schon gemeldet. Flugplatz Comiso wurde vor einer halben Stunde gebombt. Sie sollen sofort nach Betankung in Sitzbereitschaft gehen."

Immerhin, eine erschöpfende Lagedarstellung. „Warum ziehen Sie mit dem Telefon nicht nach draußen, Korn? Die Hitze hier drin kann ja kein Mensch aushalten."

„Jawoll, Herr Major." Es war ihm einfach nicht eingefallen, dass man sich die Sache erleichtern konnte.

Vor der Baracke bremst ein Kübelwagen und vermehrt den Staub in der Luft um weitere Wolken. Lässig wie immer steigt Freiberg heraus und meldet die Landung seiner Gruppe.

„Kommen Sie in den Schatten hinter der Baracke", fordere ich ihn auf. „Es wird ohnehin bald losgehen. Eben wurde Comiso angegriffen." – „Wenn die so weitermachen, werden wir bald zu Fuß gehen. Die Ersatzteile werden knapp. Selbst die

Laufräder für die Me 109 sind schon Mangelware." Während wir im Jargon der Schmutzarbeit dieses Luftkrieges die notwendigsten Nachrichten austauschen, halten wir immer wieder inne, heben die Köpfe und horchen, als wollten wir das Herannahen der Viermots wittern, noch ehe ihr charakteristisches Geräusch hörbar wird. Dieser Flugplatzkomplex ist ein ideales Ziel für die Bombenteppiche der Fliegenden Festungen. Heute steht die ganze Ebene um Gerbini voller Flugzeuge. Ein Schnellkampfgeschwader mit Focke-Wulf-Jagdbombern und je eine Gruppe des Jagdgeschwaders 51 und Jagdgeschwaders 53 sind unweit unseres Landestreifens in der schütteren Deckung der Olivenbäume über die Ebene verteilt.

„Nun sind die Spitfires von Malta wieder da", sagt Freiberg. „Diesmal aber die neueste Version mit den spitzen Flächenenden. Sie haben einen Höhenvergaser und spielen über achttausend Meter mit uns Katz und Maus."

„Wie oft sind Sie nach Malta geflogen, Freiberg?"

„Ach, gute achtzig Mal. Einmal haben sie mich dicht vor dem Hafen von La Valetta aus dem Wasser gezogen, die englischen Seenotboote waren schon ausgelaufen ..."

Das waren Zeiten, als wir es uns noch leisten konnten, als Jagdschutz für unsere Ju 88 den Gegner über seiner Insel zu stellen. Er spricht davon, als seien diese Einsätze gemütliche Spaziergänge gewesen.

Und während er mit gelassenen Handbewegungen das unterstreicht, was er erzählt, legt er die Füße mit den gelben Sandalen und den blütenweißen Strümpfen auf die vor ihm liegende Munitionskiste.

Ich habe Ihnen doch schon so oft gesagt, Sie sollen beim Fliegen feste Schuhe tragen ... Aber ich denke das nur und spreche es nicht aus, da ich hilflos gegen seine entwaffnenden Argumente bin, die da lauten: Ich leide unter Schweißfüßen, Herr Major. Oder: Damals in Afrika habe ich mir auch nichts getan, als ich heraussprang ...

Unsere Ausrüstung trägt der Möglichkeit, mit drei Meter/Sekunden-Fallgeschwindigkeit mit dem Boden zu kollidieren, nicht genügend Rechnung. Als der Krieg begann, stiegen wir noch zuweilen wie Kavalleristen mit eleganten Reitstiefeln in den engen Führersitz der Jagdflugzeuge. Dann kamen die warmen Pelzstiefel in Mode, deren weicher Schaft, salopp um die Waden befestigt, den Flugzeugführer allen sichtbar kennzeichnete. Aber der gewaltige Sog des Fahrtwindes zog häufig den Männern diese Stiefel von den Füßen, wenn sie gezwungen waren, bei hoher Geschwindigkeit das Flugzeug zu verlassen, „auszusteigen." „Jonny" Schmitz machte diese Erfahrung und holte sich an einem Fuß schwere Frostverletzungen. „Jonny" wanderte eine Nacht und einen Tag mit nur einem Pelzstiefel bekleidet über das Eis des Asowschen Meeres.

Meine Jagdgruppe war vom Kuban kommend auf einem Flugplatz bei Kertsch auf der Krim eingefallen. Die Märzsonne hatte den Schnee auf den Straßen und Feldern schmelzen lassen, aber die Nächte waren noch bitter kalt, und das Asowsche Meer, das nicht weit vom Nordrand des Flugfeldes begann, war eine einzige, schmutzigweiße Eisfläche. Die Flugzeuge der Gruppe waren vom Nachmittagseinsatz zurückgekehrt, und die Mechaniker setzten sie für den Einsatz des kommenden Tages instand, als der Fliegerführer Krim die sofortige Verlegung eines Jagdschwarmes von vier Messerschmitts nach Mariopol befahl. Meine Bedenken wegen der vorgerückten Stunde und der Schwierigkeit der Nachtlandung auf dem weit entfernten und unbekannten Flugplatz wurden mit der Bemerkung abgetan, dass der Führer im Morgengrauen des nächsten Tages in Mariopol landen werde und seiner Maschine um jeden Preis Jagdschutz gewährt werden müsse. So entschied ich innerhalb einer Minute, dass „Jonny" Schmitz als Führer des Schwarm starten sollte, sobald dies möglich sei.

Jonny war unmittelbar nach dem Abitur und Beendigung der fliegerischen Ausbildung als Gefreiter in meine Staffel versetzt worden. Wir lagen bei Calais, und die Luftschlacht um England hatte ihren Höhepunkt erreicht. Er besaß die Frische und Unvoreingenommenheit des kaum Zwanzigjährigen in einem beglückenden Maße, und die kleine Gemeinschaft der Flugzeugführer nahm ihn mit offenen Armen auf. Sie hatten den hochgewachsenen, schlanken Gefreiten mit dem gutgeschnittenen Gesicht und dem gewinnenden Lachen gern.

„Jonny" flog viele der Einsätze in der Luftschlacht tapfer mit und zeigte bald eine ausgeprägte Begabung für jagdliches Fliegen und geschicktes fliegerisches Verhalten in den zahllosen prekären Situationen des Luftduells zwischen ebenbürtigen Gegnern. Bald konnte ich ihn als Führer kleiner Verbände einsetzen. Im Russlandfeldzug errang er schnell Erfolge, schlug sich – hinter den Linien abgeschossen – in sechstägiger abenteuerlicher Flucht zum Geschwader durch und wurde bald darauf zum Leutnant befördert.

Er nahm den Auftrag, unverzüglich nach Mariopol zu fliegen, mit dem Kommentar entgegen, dass Befehl zwar Befehl, aber ein Flug in die Nacht hinein zu einem Platz, den man nicht kenne und der vielleicht nicht einmal Nachtbefeuerung habe, schon eine Zumutung sei – und startete.

In der Nacht weckte mich das Läuten des Telefons, der Fliegerführer teilte mit, dass der Feldwebel Nemetz, der „Katschmarek" von Schmitz, während des Fluges über das Asowsche Meer im letzten Büchsenlicht beobachtet habe, wie dieser plötzlich „ausgestiegen" und am Fallschirm hängend schnell vom Dunkel verschluckt worden sei.

Am Mittag des folgenden Tages meldete sich Nemetz zurück und bestätigte lediglich, was ich schon wusste – von Schmitz fehlte jede Spur. Eine Seenotstaffel hatte in der Nacht die Suche aufgenommen, sie aber am Morgen wegen Nebels abgebrochen. Wir begannen die Suche über dem Meer mit Messerschmitts, sobald Flugwetter war, systematisch bis zur einbrechenden Dunkelheit und stellten dabei fest, dass der Beginn des Frühlings das Eis in Bewegung gesetzt hatte. So waren schmale Wasserrinnen und hohe Barrieren aus Eis entstanden, die sich über das ganze Meer erstreckten.

Am Morgen darauf – ich begann zu resignieren und gab „Jonny“ keine Chance mehr – teilte der Fliegerführer mit, dass man in einem kleinen Dorf an der Nordküste des Asowschen Meeres den Leutnant Schmitz gefunden habe, als er sich gerade in einem geräumigen Bauernbett von den Strapazen der Eiswanderung erholte.

Am gleichen Tage entstieg er einer Transportmaschine, den rechten Fuß dick mit Verbandsmull umwickelt, und strahlte, weil er wieder „zu Hause“ war. Sein Motor, so erzählte er, habe mit lautem Knall aufgehört zu arbeiten. Zum Notlanden – das sei ihm sofort klar geworden – sei es zu dunkel gewesen, auch habe er Zweifel an der Tragfähigkeit des Eises gehabt. Der Fahrtwind habe ihn, als er die Kabine abwarf und das Flugzeug auf den Rücken legte, aus der Kabine gezogen. Am Fallschirm hängend sei er dann zu seinem Schrecken gewahr geworden, dass er am rechten Fuß keinen Pelzstiefel mehr hatte – auch keinen Socken mehr. So sei er ziemlich heftig aufs Eis aufgeschlagen und habe sich erst einmal hingesetzt, um seinen verstauchten Knöchel zu massieren. Mit einem Stiefel, den linken Socken am rechten Fuß, habe er dann den Marsch angetreten, der eine Nacht und einen Tag dauerte. Die Nacht sei nicht zu dunkel gewesen, sodass er gut vorankam – nach Norden, immer dem Polarstern nach. Dann habe er zu seinem Entsetzen festgestellt, dass er beinahe in eine Eisspalte gestürzt wäre und dass derartige Öffnungen der Eisdecke umwandert werden mussten. Dahinter aber habe er jeweils eine hohe Barriere zusammengeschobener Schollen übersteigen müssen, was an seinen Kräften gezehrt habe. Mittlerweile sei der rechte Fuß wund geworden, und der Versuch, den linken Stiefel am rechten Fuß zu tragen, sei misslungen. In der Ferne habe er zuweilen das Geräusch der tieffliegenden Suchflugzeuge gehört, aber da die Leuchtpistole schon in der Luft verloren gegangen sei, habe er keine Zeichen geben können. So sei die Nacht vergangen, ohne dass er gewusst habe, ob er seinem Ziel, der Nordküste, wesentlich näher gekommen sei. Das monotone Umwandern der Wasserrinnen und Übersteigen der Eiswälle habe ihn entmutigt und völlig erschöpft. Er habe häufiger rasten müssen, um seinen wunden, eiskalten Fuß zu massieren und Kraft zu sammeln. Dann sei gegen Morgen plötzlich Nebel hereingebrochen. Erst gegen Mittag habe er dann gewagt, den Marsch fortzusetzen, und sehnsüchtig vom Kamme der Eisbarrieren aus Ausschau nach der Küste gehalten, die erst am späten Nachmittag in Sicht gekommen sei. Dass er das Land vor Einbruch der Dunkelheit habe erreichen müssen, sei ihm klar gewesen. Der Strumpf am rechten Fuß sei inzwischen ein einziger Fetzen gewesen, und der Fuß habe wie Feuer gebrannt. In der Ferne seien Messerschmitts im Tiefflug über das Eis gefegt, aber er habe gewusst, dass sie wie bei der Suche nach der Stecknadel im Heuhaufen keine Chance hätten, ihn in dieser wilden Eislandschaft zu finden. Völlig am Ende seiner Kräfte sei er dann mit Anbruch der Dunkelheit den steilen Hang des Ufers hinaufgestolpert und habe ein langgestrecktes russisches Straßendorf mit den charakteristischen Holzhäusern und kleinen Gemüsegärten vor sich gesehen.

Als er in die warme, nur von einer Ölfunzel erleuchtete Stube eingetreten sei, hätte sich die Bäuerin zu Tode erschrocken. Sie habe sich aber schnell gefasst und mit Hilfe der Nachbarin dem „Nemetzki" eine Kascha gekocht und ihn zu Bett gebracht. In dem warmen Bett neben dem Ofen, mit vielen Plumeaus sorgsam zugedeckt, sei er dann eingeschlafen, derweil sein rechtes Bein in den Kübel mit warmem Wasser herausgehangen habe.

Als sie ihn fragten, ob denn die Matuschka hübsch und vielleicht sogar nett gewesen sei, lautete Jonnys Antwort: „Selbst die Garbo hätte mich nicht am Schlaf hindern können."

Plötzlich unterbricht Freiberg meine Gedanken und stellt die Frage, die jeder von uns seit Tagen mit sich herumträgt. „Wie soll das hier zu Ende gehen, Herr Major? Bald werden sie auf der Insel landen. In wenigen Tagen haben wir kein Flugzeug mehr für den Einsatz. Uns wird man in Trapani lassen. Kein Mensch wird uns dort herausholen. Diesmal schnappt die Falle zu!"

Er blickt mich fragend an, als ob ich eine Antwort wüsste.

Ob der General der Jagdflieger eine weiß? Ich aber bin sein Kommodore und muss ihm etwas sagen.

„Nach Stalingrad und Kap Bon ist mein Bedarf an heldenhaftem Widerstand und überstürzter Flucht gedeckt. Sollten wir überhaupt noch rechtzeitig hier herauskommen, so müssen diesmal alle Männer aufs Festland gebracht werden, und wenn wir den ganzen Plunder, den wir nicht transportieren können, in die Luft sprengen müssen."

„Aber wie kommen wir über die Straße von Messina?"

Die Kommandeure, Staffelkapitäne und die Masse der Flugzeugführer füllen den Halbkreis der leeren Flugzeugbox vor dem schmalen Giebel der Baracke. Jeder sucht den Schatten und sitzt, hockt oder liegt in der Haltung, die ihn am meisten entspannt, nachdem ich „Bitte setzen Sie sich" gesagt habe.

Obgleich ich weiß, dass es kaum neuer Instruktionen für den Einsatz bedarf und dass sie routiniert genug sind, den Start, den Steigflug und die Phase bis zur Feindberührung ohne fliegerische und taktische Fehler hinter sich zu bringen, beobachte ich mit Sorge, wie die „Laxheit" zunimmt und wie sie es alle nicht mehr so genau nehmen. Ich muss die Grundregeln, die für den Einsatz vom Start bis zur Landung gelten, allen einhämmern und ihnen sagen, dass ich genau aufpasse und sehe, wie die fliegerische Disziplin nachlässt. „Wir werden starten, sobald die Messgeräte einen Anflug melden. Ich werde den Verband nach Nordwesten führen, damit wir unbehindert von den Jägern auf die Angriffshöhe steigen können. Aber vorher ein paar Bemerkungen zum Start. Ich bitte in möglichst enger Formation zu starten, damit das Sammeln nicht endlos dauert. Sobald ich zum Start anrolle, werden hier Signale geschossen, bis der Geschwaderstab und die erste Gruppe in der Luft sind. Erst dann startet die Zweite auf Gegenkurs.

Ich werde mit geringster Fahrt eine weite Linkskurve steigen und erst auf Kurs gehen, sobald die Gruppen ihre Positionen eingenommen haben. Das Sammeln sollte nun endlich ohne wilde Angstkurven und ohne Überschießen klappen, meine Herren. Ich verlange, dass der Verband nach fünf Minuten in tadelloser Gefechtsformation abmarschiert."

Ich möchte ihnen noch etwas über die Flugdisziplin sagen und zögere, ob ich diejenigen beim Namen nennen soll, von denen ich weiß, dass sie es an Exaktheit beim Fliegen fehlen lassen, dass sie „abhängen", indem sie häufig abgesetzt vom Verband hinterherfliegen und den Angriff stören. Die Überlegung, dass dieses Übermaß an Ermahnung sie störrisch machen könnte, lässt mich davon Abstand nehmen. Zudem weiß ich, dass manche es einfach nicht besser können.

„Ich bitte, dass jede Gruppe eine Rotte als ‚Holzauge' über dem Verband fliegen lässt – mindestens fünfhundert Meter höher und jederzeit bereit, in den Schutz des Verbandes hinabzustoßen, falls sie von Spitfires oder Lightnings angegriffen werden. Wir dürfen nicht von den Jägern überrascht werden."

Eigentlich müsste ich befehlen, den Luftkampf mit Jägern nicht anzunehmen und nur die Bomber zu attackieren. Aber was sollen wir tun, wenn uns die Jäger den Luftkampf aufzwingen? unser Verband wird so lächerlich klein sein, dass jede Taktik versagen muss, bei der wir etwa versuchen, die angreifenden Jäger zu binden, um mit dem Gros zu den Bombern durchzustoßen.

Das Telefon in der Baracke lässt mich innehalten.

„Jawohl", hören wir Korn schreien. „Jawohl, verstanden, Kurs Nord!"

Er erscheint im Fenster, die Leuchtpistole in der Hand. „Alarmstart, Herr Major. Viermots südlich Comiso, Kurs Nord – mit Jagdschutz."

Das nächste ist eine Reihe von Reflexreaktionen, die ohne Beteiligung des Gehirns von dem Stichwort „Alarmstart" ausgelöst werden. Auf einmal ist Freiberg nicht mehr da, und ich bin im vollen Lauf in Richtung auf mein Flugzeug. Während ich renne, stülpe Ich die Schwimmweste über den Kopf und ziehe stolpernd die Gurte zwischen den Beinen durch, undeutlich nehme ich den Soldaten wahr, der mit nacktem Oberkörper zwischen den Flugzeugen steht und ohne Pause rote Leuchtkugeln in die Luft feuert.

Meine Maschine hat in der prallen Sonne gestanden, und die Metallhaut ist zum Verbrennen heiß, als ich mich beim Einsteigen am Kabinenrand hochziehe. Die beiden Soldaten zum Kurbeln des Schwungkraftanlassers stehen bereit. Beim Alarmstart wird kein Wort verloren, alles läuft wie automatisch. Der Geschwaderchef muss als erster in der Luft sein, um führen zu können.

Wie viele hundert Male habe ich diesen Wettlauf mit der Zeit geübt! Die Handgriffe des Drills, ihre Aufeinanderfolge, ihr Ineinandergreifen – all das ist eine mehr oder weniger unbewusst ablaufende Kette von Handlungen. Aber was denkt man dabei – irgendetwas muss man ja denken? Vielleicht: Nur nicht am Boden von den Bomben zerrissen werden! Oder: Was, wenn sie dich mitten im Start erwischen ...?

Ich weiß, dass ich manchmal in diesen langen Sekunden vor mich hin flüstere: „Fallschirmgurte – Kopfhaube – Anlasser – schnell, schnell – Kabine zu – schnell, schnell ...", bis das Anspringen des Motors die Spannung löst. Mit dem laufenden Motor kann man etwas tun, man kann rollen, starten, fliegen, schießen! Es gibt keinen Flugzeugführer, der nicht das Risiko auf sich nähme, in die fallenden Bomben hinein zu starten, anstatt in den Splittergraben zu springen.

Ich sitze in einem gläsernen Ofen. Der Lauf hat mich außer Atem gebracht, und die Hast, mit der ich mich auf dem Sitzfallschirm einrichte, lässt den Schweiß in wahren Bächen über Gesicht, Brust und Rücken rinnen. Zu meiner Rechten beginnt sich der Propeller von Stradens Flugzeug zu drehen und wirbelt im Augenblick der Zündung eine Wolke von Staub, Stroh und Blättern auf, in der Bachmanns Maschine verschwindet.

Sobald mein Motor läuft, schließe ich die Kabinenfenster und rolle an. Als ob ein Sandsturm losgebrochen wäre, steigt der trockene Lehmstaub in die klare Sommerluft und verfinstert die Sicht nach Süden. Ich winke dem Mann mit der Leuchtpistole zu, bringe den Motor auf volle Leistung, drücke den Knüppel nach vorn und sehe nun das weite Feld vor mir. Aus dem Staubvorhang tauchen die Umrisse der Messerschmitts auf.

„Freiberg soll mit seiner Gruppe zum Start anrollen, sobald der Geschwaderstab in der Luft ist" – so lautet mein Befehl. Grüne Leuchtkugeln, im Augenblick meines Starts geschossen, zeigen den anderen an, dass der Führungsschwarm in der Luft ist.

Der Motor läuft auf höchsten Touren, der Fahrtmesser passiert die 100-km/h-Marke, die „Me" hebt ab. Aus den Augenwinkeln sehe ich Bachmann und Straden abheben und ihre Flugzeuge auf meine Höhe einpendeln. Fahrwerk einfahren, Propellerblätter auf größere Steigung bringen, Klappen einfahren – dann nehme ich den Gashebel zurück, um in leichter Linkskurve das startende Geschwader in Gefechtsformation hinter mir zu sammeln.

Wieder in der Luft zu sein – das ist eine Erlösung. Nach dem Glücksspiel um den rechtzeitigen Start folgt jetzt eine kurze Zeitspanne sorglosen Fliegens. Man ist dem Bombardement am Boden entgangen und hat noch keine Berührung mit dem Feind in der Luft. Man braucht sich nur auf die Flugbewegung, die Navigation und das Zwiegespräch mit der Bodenstelle zu konzentrieren, aber diese Minuten gehen schnell vorbei, und schon beginnen die Augen den Himmel abzusuchen und gegen Überraschungen zu sichern.

„Achtung Odysseus eins, Bombenwurf auf Comiso – Möbelwagen Kurs Nord – sehr hoch. Achtung Jagdschutz, Spitfires."

„Victor, Victor."

Unter der Netzkopfhaube hervor rinnt der salzige Schweiß in die Augen. Mit dem behandschuhten Handrücken wische ich die geschlossenen Augenlider trocken und rieche den Geruch von Öl und Benzin. Obgleich die Ärmel bis über die Ellbogen hochgekrempelt sind, trage ich stets Handschuhe, wenn ich fliege – mit Vorliebe die alten dunkelbraunen, die beim Hantieren mit den Tankverschlüssen zahllose Male von Benzin durchtränkt wurden.

In tausend Metern Höhe steigen wir aus der Dunstschicht heraus, die gleich einem See aus zartblauem Wasser den Fuß des Ätna umgibt. Wenn ich mich umwende, sehe ich die Silhouetten der Messerschmitts scharf konturiert aus dem Dunst herauskommen. Die Engländer können uns heute besonders gut auf große Distanz entdecken, denn wir heben uns vor der Dunstschicht ab, als wären wir auf die Leinwand projiziert. So geht es nicht, ich muss den Verband nach Süden „in die Sonne" führen. Aber noch sind wir nicht höher als sechstausend Meter.

Die Bodenstelle lässt sich vernehmen. „Odysseus eins, Möbelwagen dreißig Kilometer südlich Catania. Ihre Flughöhe bitte?" „Sechstausendfünfhundert."

„Victor. Nehmen Sie Kurs auf Messina. Achtung, Spitfires begleiten Möbelwagen."

Ich bestätige die Warnung und kümmere mich um meinen Verband. Die Formation hat aufgeschlossen. Ich kann nicht zählen, wie viele gestartet sind, es mögen etwa fünfundzwanzig sein. Zu meiner Rechten fliegt eine von Freibergs Staffeln, die andere kann ich sehen, wenn ich den Kopf zurückwende und durch das Plexidach gegen die grelle Sonne nach oben schaue. In der Kabine ist es plötzlich kalt geworden. In den Ecken der Seitenscheiben bilden sich Eiskristalle. Ich streife die Hemdärmel herunter.

Routinemäßig prüft die linke Hand den Sitz der Atemmaske. Ohne Unterbrechung, systematisch und nach einem bestimmten Schema, das aus der Erfahrung von Hunderten von Luftkämpfen entstanden ist, suchen die Augen den Luftraum ab. Der Höhenmesser zeigt 8.000 Meter. In dieser Höhe werden die Bomber fliegen. Der Jagdschutz wird sie von oben her decken, also etwa in 9.000 Meter Höhe fliegen. Ich habe in einer langgestreckten Kurve auf Nordkurs gewendet. Der schneebedeckte Krater des Ätna verschwindet unter der Fläche, jenseits der Straße von Messina schälen sich die Berge von Kalabrien aus dem Dunst.

Jeden Augenblick kann es nun geschehen. Wie zutreffend, den Beginn des Luftgefechtes mit „Feindberührung" zu bezeichnen. So jedenfalls steht es in unseren Gefechtsberichten. Wenn man den Gegner entdeckt hat oder ein anderer ihn meldet, dann beginnt die neue Phase, ein anderer innerer Zustand. Das ist nicht unbedingt schon die Feuereröffnung mit der Bordkanone oder der Kurvenkampf. Aber es ist unwiderruflich das Ende des Anfluges und damit einerseits die Befreiung von dem, was man denken kann in diesen kurzen Minuten, andererseits aber auch ein Urteilsspruch. Denn nun gibt es kein Ausscheren mehr, kein sich Absetzen. Jeder muss die Gefechtseröffnung mitmachen, denn der Einzelgänger, der jetzt im Alleingang dem Gefecht ausweichen wollte, vielleicht weil es ihm gerade heute an Angriffsgeist fehlt, wäre verloren.

Während des Anfluges in der Formation ist man zunächst beschäftigt mit den Routinevorgängen. Überprüfen der Instrumente, Schalten der Magnete zur Überprüfung der Kerzen, Öldruck ablesen, Ladedruck kontrollieren, und der mechanische Griff an die Fallschirmgurte und an die Atemmaske. Man fliegt im Verband, sieht die anderen rechts und links über sich. Trotzdem ist man allein, sehr allein in einem donnernden Glaskasten und den Gedanken und Versuchungen des Krieges preisgegeben. Noch hast du einen Rest von Selbstbestimmung, noch kannst du entscheiden, ob du dem Befehl zum Sturmangriff folgen willst, ob du weiter mitfliegen willst in der Angriffsformation, bis das Gefecht unausweichlich ist. Ist da nicht ein Stottern, ein Raulaufen im Motor? Oder ein Nachlassen der Drehzahl? Ein Leistungsabfall des Flugzeuges wäre eine glaubhafte Entschuldigung dafür, dass du nicht mehr mithalten kannst und umkehren musst. Jeder Flugzeugführer ist dieser Versuchung ausgesetzt.

Während die Minuten verrinnen, schreien dich die Stimmen im Kopfhörer immer wieder brutal an und füttern die gereizte Phantasie mit neuen Bildern. „Bomber", „viele Bomber", „Achtung, Jäger, Spitfires …"

Du siehst plötzlich mit Bewusstsein die Endlosigkeit des Meeres unter dir oder das unwirtliche Gebirge – wieviel Chancen hast du zum Überleben? Es sind viermotorige Bomber, du musst ganz nah heran, wenn du sie flugunfähig schießen willst. Aus etwa dreißig Maschinengewehren wirst du beschossen werden, wenn du auch nur eine Kette von drei Flugzeugen angreifst. Die Spitfires sind in sehr großen Höhen noch manövrierfähig, sie werden höher fliegen als du, du bist also von vornherein im Nachteil. Und wenn dieses Gefecht vorüber ist, wird man dich am gleichen Tage noch einmal, und dann noch ein weiteres Mal ins Gefecht schicken – wenn du dann noch lebst …

Das Abmelden und Umkehren erfolgt gewöhnlich bald nach dem Start und solange keine Gefahr besteht. Es ist immer begleitet von einem Ausdruck des Bedauerns, etwa: „Scheiße, mein Motor kotzt, muss umkehren." Das Bedauern ist bei den einen vollkommen echt, bei den anderen weniger, und es bedarf großer Führungserfahrung, die einen von den anderen zu unterscheiden. Es gibt drei Kategorien von Umkehrern. Einmal sind es die echten Fälle, die gar nicht so selten sind, denn die Technik hat ihre eigenen Gesetze und kümmert sich nicht um das Ansehen eines Jagdfliegers. Die

Veteranen vieler Kriegsschauplätze, die Alten, Zuverlässigen, sie kennen ihre Flugzeuge und machen von einem Versagen nicht viel Aufhebens, sie geben auch keine wortreichen Erklärungen ab, sondern melden sich mit einer sachlichen Feststellung der Ursache bei ihrem Kapitän ab. Sie haben's nicht nötig, sie wissen, dass man ihnen glaubt.

Kategorie zwei sind die alten Flugzeugführer, die plötzlich am Ende ihrer Kraft sind, ohne es zu wissen oder wahrhaben zu wollen. Nachdem sie Hunderte von Einsätzen und Gefechten bestanden und jedes Mal besser gewusst haben, wie man sich selbst besiegt, wie man den ganz natürlichen Selbsterhaltungstrieb hintergeht und erledigt, ist bei ihnen auf einmal das Maß voll, und sie können der Versuchung, rechtzeitig eine Entschuldigung zu finden, nicht mehr widerstehen. Sie kehren dann immer häufiger um, und es ist besser, sie aus dem Einsatz zu nehmen, ehe sie fallen.

Die dritte Gruppe besteht aus jungen Jagdfliegern, die aus den Ergänzungsjagdgruppen an die Front kommen. Es sind immer einige unter ihnen, die der Verlockung unterliegen, durch einen kleinen Schwindel dem Gefecht auszuweichen. Sie sind verschreckt und völlig überwältigt von der Unerbittlichkeit des Luftkrieges auf diesem Kriegsschauplatz. Oft hat man sie auch belogen – die Kriegsberichte sprechen immer von Heldentaten, aber sie sagen nichts von der Überlegenheit, die der Gegner Schritt für Schritt errungen hat. Keine Jagdfliegerschule ist in der Lage, junge Flieger auf das vorzubereiten, was sie wirklich erwartet.

Alte, erfahrene Frontflieger testen dann nach dem Einsatz die Flugzeuge der jungen Umkehrer, und sie finden meist die angegebenen Störungen nicht mehr. Plötzlich bricht dann für die Jungen das morsche Gebäude der kleinen Schwindelei zusammen. Manche versuchen es nie wieder, manche tauchen viel später in Kategorie zwei wieder auf, die meisten fallen oder werden „zu anderer Verwendung" nach Hause geschickt.

Solche Gedanken gehen einem durch den Kopf, während der Blick mechanisch den Luftraum abtastet, und urplötzlich ist der Feind da, und das Geschehen überschlägt sich.

Frontal, in gleicher Höhe auf uns zustoßend, jagen die eleganten Flugzeuge durch unsere Formation. Ich weiß nicht, ob es Einbildung oder Wirklichkeit ist – für Sekundenbruchteile sehe ich die bunten Kokarden auf den afrikabraunen Rümpfen der Spitfire, die spitzen Flächenenden und die milchblauen Bäuche wie von Fischen.

Und plötzlich spüre ich wieder den bitteren Geschmack auf der Zunge. Mein Mund ist wie ausgetrocknet.

Nun sehe ich auch aus den Augenwinkeln die Bomber unter uns. Sie scheinen still zu stehen, denn sie fliegen in die gleiche Richtung wie wir. Scheinbar unbeirrt und in souverän wirkender Ruhe halten sie ihren Kurs. Sie sind in ihrer Gefechtsformation angeordnet, dem üblichen abgestuften Pulk, der nach hinten und oben für alle Maschinen freies Schussfeld lässt. Aber es ist gerade jetzt nicht ratsam, auf sie hinunterzustoßen, denn jeder von uns hätte in kürzester Zeit eine Spitfire im Nacken. Die englischen Jäger werden sofort umkehren und uns angreifen, um ihren Schutzauftrag zu erfüllen. In 9.000 Metern Höhe können sie mit einem erstaunlich kleinen Kurvenradius herumschwingen. Wir dagegen sind in der dünnen Luft gezwungen, jedes Manöver vorsichtig und mit voller Motorleistung zu fliegen, wollen wir nicht die Steuerfähigkeit der Me 109 verlieren.

Im Kopfhörer herrscht das Chaos. Die sich überschneidenden Meldungen und Ausrufe sind urplötzlich zu einem unverständlichen Gekreisch geworden, das in den Ohren schmerzt. Gut, dass ich meinen Schwarm sehen kann – Straden, Bachmann und Bernhard halten die Position bei mir. Die Gruppe Freiberg scheint in den Luftkampf mit den Begleitjägern verwickelt. Von ihr stammt das Geschrei im Kopfhörer: „Achtung, hochziehen" und „Jochen, hinter dir – aufpassen!"

Warum ich in dem Augenblick den Entschluss zum Angreifen fasse, als ich die beiden Spitfire unter mir fliegen sehe, ist rational nicht zu erklären. Vielleicht hat mir die Erfahrung aus vielen ähnlichen Situationen ohne Zuhilfenahme des Verstandes die Erkenntnis vermittelt, dass die Position, in der ich fliege, ideal ist – überhöht und aus der Sonne kommend. Ich weiß auch nicht, ob ich dem Verband meine Absicht mitgeteilt habe – ich finde mich jedenfalls plötzlich im Sturzflug, die Geschwindigkeit wächst enorm an, und schon habe ich die Konturen beider Gegner im Visier. Aber auf einmal, als ob ihn ein Zuruf gewarnt hätte, schwingt der Rottenflieger die Flächen in die Senkrechte und geht in eine enge Spirale nach links über. Seinen Rottenführer habe ich aus den Augen verloren.

Ohne zu zögern – es ist gegen jede Vernunft – nehme ich den Kurvenkampf auf. Zum Zurückschauen ist keine Zeit. Bachmann muss hinter mir sein, wenn er vorschriftsmäßig meine Flugbewegungen mitgemacht hat. Mit elementarer Gewalt presst mich die Beschleunigungskraft des Kurvenfluges auf den Fallschirm. Der Nacken schmerzt, als ich versuche, den Gegner im Auge zu behalten. In der engen Kurve springen die Vorflügel der Flächen heraus, und das Schlagen des Steuerknüppels zeigt an, dass das Flugzeug zum Trudeln neigt.

Beinahe Meter um Meter arbeite ich mich an die Spitfire heran. Der Gegner zittert durch mein Visier, verschwindet wieder daraus. Schon lege ich den Schießhebel auf dem Kopf des Steuerknüppels um, die Waffen sind entsichert. Vielleicht nur noch einen Vollkreis, dann wird er „ins Visier passen". Wie besessen fliege ich dieses Karussell, die Endphase des Zweikampfes in der Luft. Was unter mir, über mir ist, kann mich jetzt nicht kümmern – sicher decken sie mich, Straden, Bachmann und Zahn, und eine ganze Jagdgruppe …

Ein Schlag gegen den Rumpf meiner Maschine reißt mir den Kopf herum. An der Panzerplatte vorbei sehe ich eine Spitfire in der Kurvenspirale wenige Meter hinter mir. Wie Finger greifen die Rauchfäden der Leuchtspurgeschosse nach mir. Wild bockt der Motor. Hinter meinem Kopf auf der Panzerplatte zerlegen mit widerwärtigem Knall Geschosse. Sofort füllt Pulvergeruch die Kabine. Er schießt verdammt genau! Beinahe schulmäßig schere ich aus dem Karussell aus und gehe über die Rückenlage in den senkrechten Sturz. Wie erstarrt hocke ich in meinem Sitz und manövriere das Flugzeug, als wäre ich ein Teil davon, in die klassische Fluchtbewegung. Gleichsam angesaugt schraubt es sich in steiler Spirale dem Boden entgegen. Beinahe unbeteiligt registrieren die Augen die wild tanzenden Instrumente und das Sterben des Motors, das sich darin anzeigt. Die Steuerdrücke steigen bedrohlich an, die stoffbespannten Querruder blähen sich auf und verursachen ein beinahe steuerloses Hinabtrudeln. Von dem auslaufenden Kühlstoff ist das Plexiglas der Kabine mit einem dünnen, milchigen Film beschlagen, der die Sicht nimmt. Ich bin jetzt in einem Zustand kühlen, überlegten Handelns, als sähe ich zu, wie jemand sich verhält, der sich in eine hoffnungslose Situation gebracht hat. Nur für ein paar Sekunden lähmt der Gedanke „das ist es also" und „zu Ende" den mächtigen Drang zur Selbsterhaltung.

Dann rede ich mit mir, vielleicht sogar laut. Ich sage „jetzt" und „schneller" und „abfangen!" – es ist das Gleiche bei jedem Luftkampf.

In zweitausend Metern Höhe werde ich gewahr, dass ich nicht mehr beschossen werde. Die Sicht durch die Scheibe ist besser geworden. Was sich da gegen mich heranwälzt, müssen die Hänge des Ätna sein. Ich schalte die Zündung ab, weil die Temperatur des Öls und des Kühlstoffs gefährlich angestiegen sind. Träge dreht sich der Propeller im Fahrtwind. Mit enormer Sinkgeschwindigkeit nähere ich mich der Erde. Schon sind Einzelheiten zu erkennen: schmale Ackerstreifen, die von Weinhecken umgeben sind – kein ideales Gelände für eine Bauchlandung.

Aber das Anschweben zwischen hohen Bäumen in Richtung auf ein schmales, langes Feld, das zum Ätna hin ansteigt, gelingt. Da berührt die Luftschraubenspitze schon den Boden, und jetzt erst sehe ich die Felsbrocken, die über das ganze Feld verstreut liegen. Nun aber ist es für jede Aktion zu spät. Kurz vor der Bodenberührung ziehe ich noch die Schultergurte an. Der Aufprall ist hart – das Kabinendach fliegt in hohem Bogen davon, Erdbrocken prasseln auf Rumpf, Frontscheibe und Flächen. Der Körper wird gewaltsam nach vorn gerissen, aber die Gurte halten. Dann wird die letzte Geschwindigkeit ruckartig abgebremst, die „Me" stellt sich auf die Motorspitze, als wolle sie sich überschlagen.

Als ich zu mir komme, ist es still um mich. Das letzte war ein schmetternder Krach gewesen, mit dem der Rumpf auf den steinigen Boden aufschlug. Nur ein schwaches Summen ist zu hören – es ist das noch eingeschaltete Funkgerät.

Benommen löse ich die Gurte, schalte das Funkgerät aus, klettere über den Rand der Kabine auf die Fläche und mache ein paar Schritte auf dem festen Boden, um zu dem Felsen zu gelangen. Erst da fühle ich einen stechenden Schmerz im Rücken. Langsam lasse ich mich zu Boden gleiten, indem ich mich mit den Händen am Felsen abstütze. Angelehnt, mit dem Rücken zur Sonne, nestle ich die Schwimmweste los, schnalle die Gurte mit Leuchtpistole und Leuchtmunition von den Waden und ziehe die Mütze aus der Knietasche.

Genau eine Stunde ist vergangen, seit wir in Gerbini starteten. Es ist Mittag, und die Sonne steht senkrecht über dem armseligen Acker. Es ist vollkommen still. Wenn ich den Kopf hebe und die Hand schützend über die Augen halte, sehe ich die Kondensstreifen am Himmel, die das weiße, harmlos aussehende Filigran des Luftkampfes zeichnen, das allmählich verweht.

Nach dem Ätna hin steigt das Feld an. Es ist mit Felsbrocken gesprenkelt. Einer davon stellte Sich der „Me" in den Weg und hätte sie beinahe sich überschlagen lassen. Das Flugzeug fiel dann zurück auf die Unterseite des Rumpfes, und der harte Aufprall muss meinem Kreuz nicht gut bekommen sein. Die Schmerzen ziehen den ganzen Rücken hinauf. solange ich mich nicht bewege, sind sie jedoch erträglich. Aber ich werde mich wohl oder übel bewegen müssen, denn ich darf nicht im sengenden Sonnenschein sitzen bleiben. Doch ich bin so erschöpft, dass mir die Augen zufallen wollen.

Warum habe ich die Aufforderung des Engländers zum Kurvenkampf angenommen? Er hat mir den Zweikampf angeboten, obgleich er bestimmt rechtzeitig abschwingen konnte, um sich im Sturzflug meinem Feuer zu entziehen. Er fühlte sich wohl sicher genug, weil ihm andere, die höher flogen, Schutz gewährten.

So muss es gewesen sein – sonst hätte sich die Spitfire, die mich abschoss, nicht mit Fahrtüberschuss in die Abschussposition hinter mich manövrieren können. Aber das Risiko, so lange im engen Kurvenkampf durchzuhalten, bis Hilfe kam, hatte er auf sich genommen, und das ist charakteristisch für die harten, sportlichen Engländer, die eben aus anderem Holz sind als die Sowjets, mit denen ich noch vor Kurzem zu tun hatte.

Meine Rechnung ist nicht aufgegangen. Hätten sie mich nur ein paar Minuten länger gedeckt und die Spitfire gehindert, sich hinter mich zu setzen, ich hätte schießen und abschwingen können, und der Engländer säße irgendwo auf einem Acker neben seiner Spitfire oder hinge am Fallschirm – oder wäre tot.

Das Duellieren in der Luft, der klassische Kurvenkampf, wird immer seltener, je stärker die Gesetze der strategischen Bomberoffensive das Geschehen in der Luft vorschreiben. Es bleibt keine Zeit mehr für das Messen der Kräfte und das fliegerische Können, wenn die Bomber im Strom marschieren und die Jäger einen Abwehrschirm darüber spannen. Wir trachten danach, diesen Schirm zu durchstoßen und die Bomber zu attackieren, und die Begleitjäger versuchen, uns daran zu hindern, indem sie hochziehen und feuern, sobald wir zum Angriff hinabstoßen – aber der Kurvenkampf wird immer seltener. Wenn unsere jungen Piloten von Jägern angegriffen werden, gehen sie häufig zögernd oder gelähmt vor Schreck in eine enge Spirale ohne die taktische Überlegung, das Manöver in der überlegenen Position zu beenden. Solche Kämpfe sind kurz: Ehe man zu Hilfe kommen kann, trudelt das Opfer, nachdem die Duellanten einen Vollkreis geflogen haben, brennend der Erde entgegen.

Dann und wann aber sind plötzlich Könner als gleichwertige Zweikämpfer in den Kurvenkampf verwickelt, und obgleich das große Kampfgeschehen der Luftschlacht weitergeht, beobachten die Alten den Ausgang fasziniert und mit angehaltenem Atem.

Sie werden mich suchen, bald. Aber wahrscheinlich hat niemand meine Notlandung gesehen, denn sonst hätten sie bestimmt das Feld umkreist. Ich muss versuchen, den Geschwadergefechtsstand mit Sprechfunk zu erreichen. Oder vielleicht ist noch ein Flugzeugführer des Geschwaders in der Luft und hört meinen Notruf.

Ächzend erhebe ich mich, presse eine Hand gegen den Rücken und neige mich mühsam in die Kabine. Auf den gewohnten Schalterdruck beginnt tatsächlich das Funkgerät wieder zu arbeiten. Mit einer Hand drücke ich die Kehlkopfmikrofone gegen den Hals, während die andere den Sprechknopf am Steuerknüppel bedient.

„Odysseus von Odysseus Eins …“ Keine Antwort.

„Odysseus von Odysseus Eins, hören Sie mich?“

Keine Antwort.

„Odysseus von Odysseus Eins. Bauchlandung südlich des Ätna, bitte kommen …“

Sicher ist das Funkgerät unklar, es wäre auch ein Wunder, wenn es den harten Aufschlag überstanden hätte. Ich schalte es aus und gehe langsam Schritt für Schritt die hundert Meter bis zum Rand des Feldes, wo die mageren Bäume etwas Schatten spenden. Als ich den Fuß in hohes, trockenes Gras setze, stieben Schwärme kleiner Heuschrecken nach allen Seiten in die Luft. Sie sitzen plötzlich überall auf den Hosenbeinen und Schuhen. Voller Ekel fahre ich zurück und schüttele die Beine, um das Ungeziefer loszuwerden. Weiter oben an der Hecke wird es möglich sein, Schatten zu finden.

Wenn es nur nicht so blödsinnig heiß wäre. Aber sie werden mich schon bald finden. Ob Gerbini gebombt wurde? Wahrscheinlich bereiten sie sich schon wieder auf den nächsten Einsatz vor.

Inzwischen habe ich doch ein schattiges Plätzchen am Fuße eines Olivenbaumes gefunden. Das Hemd bis zum Nabel aufgeknöpft, die Mütze über die Augen geschoben, döse ich vor mich hin.

Im Halbschlaf höre ich, wie Metall an Metall schlägt, dann Männerstimmen. Als ich die Augen öffne, sehe ich zwei Sizilianer in schmuddeligen weißen Hemden und schwarzen Hosen am Flugzeug. Sie beugen sich in die Kabine und zerren am Fallschirm.

„Höh!“ rufe ich laut. Und als sie hochschrecken, nehme ich die Leuchtpistole in die Hand und rufe noch einmal „Hö!“ Sie blicken herüber, als hätten sie zwar meine Stimme gehört, mich aber noch nicht unter dem Olivenbaum ausgemacht. Dann richten sie sich zögernd auf, und jetzt erst bemerke ich die beiden langen Jagdflinten, die sie gegen den Flugzeugrumpf gelehnt haben. Die Waffen in der Hand, kommen sie auf mich zu und bleiben stumm vor mir stehen. Sie sehen nicht gerade zum Fürchten aus. Der Alte hat freundliche Augen und einen zahnlosen Mund. Er ist dürr, und die Adern in den knochigen Armen treten dick hervor. Der Jüngere ist sicher erst dreizehn oder vierzehn, er sieht den fremden Flieger mit großen, staunenden Augen an.

„Buon giorno."

„Buon giorno."

„Tedesco?"

„Si, Tedesco."

Beide lassen sich neben mir im Schatten nieder. Für einen Augenblick würde ich gern erfahren, was sie getan hätten, wenn ich ein „Inglese" oder „Americano" wäre. Der Jüngere macht gerade auf ein paar neue Gestalten aufmerksam, die sich auf das Flugzeugwrack zubewegen, da höre ich das unverkennbare Motorgeräusch eines Fieseler Storch.

Tatsächlich: Da, wo die Hänge zum Gipfel des Ätna hin ansteigen und die Vegetation spärlich wird, kreist ein Storch. Ich schieße eine rote Leuchtkugel, und bald kurvt das langsame Flugzeug über dem Notlandeplatz auf der Suche nach einer Landemöglichkeit.

Unweit der Me 109 rollt der Storch aus, und ihm entsteigen Bachmann und mein erster Flugzeugwart, Feldwebel Schwarz. Sofort sind beide Flugzeuge von Neugierigen umringt. Die Bewohner der umliegenden Dörfer müssen sich alle gleichzeitig in Marsch gesetzt haben, um Zeuge dieses Ereignisses zu sein. Gestikulierend und laut schnatternd stehen sie um uns herum, und wir bilden eine willkommene Abwechslung für Alt und Jung. Ich habe das Gefühl, dass sie bald mehr vom Kriege zu spüren bekommen werden.

„Ich bitte um Entschuldigung, Herr Major", sagt Bachmann, „dass wir Sie aus den Augen verloren … Sie griffen so unvermittelt an …"

„Ja, Bachmann, das war kein Meisterwerk von Gefechtsformation und Zusammenarbeit. Ihr müsst um jeden Preis dranbleiben!"

„Das Pimperle ist abgeschossen worden. Das kam so unvermutet, der ganze Haufen geriet durcheinander …"

Er stockt. Was soll er noch sagen? Wieder einer von den ganz Jungen. Ich wende mich ab und schweige auch.

Schwarz hat die Demontage meiner Maschine bereits begonnen. Wir beschließen, Funkgerät und Borduhr auszubauen und gleich mit uns zu nehmen. Schwarz soll bei dem Wrack bleiben, während wir aus der Luft die Zufahrt erkunden, damit wir einen Bergewagen schicken können. Beim Einsteigen schmerzt mein Rücken. Ich bin durstig, und der Schweiß rinnt. Die Kabine des Storches ist der übliche Backofen. Es ist zwei Uhr nachmittags, als wir starten. Der Storch hoppelt über das trockene Feld und hebt nach kurzer Anlaufstrecke in einer Staubwolke ab. Der Fahrtwind bringt etwas Abkühlung. Die Öltemperatur zeigt den gerade noch zulässigen Höchstwert, aber ich möchte nicht in kühlere Höhenschichten, denn dort bin ich den Spitfires und Kittyhawks schutzlos ausgeliefert.

Bis Gerbini mögen es vierzig Kilometer sein. Die Ebene mit den gelben Stoppelfeldern dehnt sich bis zum Horizont. Es ist dunstig, und die Luft flimmert vor Hitze. Während ich mich noch bemühe, am Boden etwas zu erkennen, rüttelt mich plötzlich Bachmann von hinten an der Schulter und schreit mir ins Ohr: „Angriff auf Gerbini! Bomben …"

Jetzt sehe auch ich die braunen Erdfontänen aufsteigen, und plötzlich scheint die ganze riesige Ebene in gespenstischer Bewegung. Drüben auf dem Platz der Schnellbomber muss die Hölle los sein. Ohne Unterbrechung pflügen die Reihenwürfe das Feld um. Ein Vorhang von Staub verdunkelt die Sicht, als ich mich dem Platz des Geschwaders nähere. Es ist unmöglich, festzustellen, ob eigene Jäger in der Luft sind. Aber jetzt hier zu landen wäre Wahnsinn. Ich habe genug Benzin, um Trapani zu erreichen. Das Geschwader muss ohnehin am Abend dort einfallen. Andererseits wartet Schwarz bei dem Wrack meines Flugzeuges am Fuße des Ätna auf Hilfe, er darf den „Bruch" nicht verlassen.

Entschlossen drehe ich mich zu Bachmann um. „Ich fliege nach Trapani", schreie ich ihm zu. „Wir werden wegen der Bergung der Maschine mit dem Jagdfliegerführer telefonieren. Die sollen sich um den Bruch kümmern."

Noch während ich das sage, wende ich den Storch nach Norden, um über das Gebirge hinweg zur Nordküste zu gelangen. Dort kann ich im Tiefflug die Küstenstraße entlangfliegen und werde vor Jägern sicher sein.

Als ich nach einer Weile zurückblicke, sehe ich, dass sich eine braune Staubwolke wie eine Decke über die Ebene gebreitet hat. Blauschwarze Rauchpilze, wie sie von brennenden Flugzeugen erzeugt werden, wachsen daraus hervor.

Ich fliege über die verdorrten Felder am Rande des Gebirges. dann steigt der Storch über die karstigen Hänge zum Kamm hinauf. Die Mittagshitze hat die Luft in Bewegung gebracht, es ist jetzt recht turbulent, und ich habe beim Steuern des Flugzeuges harte Arbeit zu leisten. Zur Rechten ragt der schneebedeckte Kegel des Vulkans. Dann fällt das Gelände steil ab, und am Fuße der lieblichen, baumbestandenen Hänge breitet sich plötzlich das tiefblaue Meer. Bei Cefalù – erkennbar an seinem charakteristischen Felsen – erreiche ich die Küste, wende nach Westen und folge im Tiefflug der Küstenstraße nach Palermo. Die Luft ist hier ruhig, monoton brummt der Motor, und die heiße Nachmittagssonne dringt von vorn durch das Plexiglas. Ich rücke auf dem harten Sitz hin und her, um die Müdigkeit zu überwinden. Aber die Glieder sind schwer wie Blei, und vor den Augen tanzt das Feuerwerk der Hitze und der Überanstrengung. Seit vier Uhr morgens bin ich auf den Beinen. Er hat mir beide Kühler unter der Fläche zerschossen, der erfolgreiche Engländer, der mich besiegt hat. Der Kopfpanzer hat einen ganzen Feuerstoß aufgefangen – ich werde denen, die ohne Kopfpanzer fliegen, um unbehinderte Sicht nach hinten zu haben, befehlen, den Panzer wieder einzubauen.

Ob sie das Geschwader am Boden erwischt haben? – Das ist die schlimmste und unrühmlichste Vorstellung für einen Flieger, aber noch vor ein paar Jahren war es für unsere „Kämpfer" (die Bomber) das erstrebenswerte Ziel und der tägliche Erfolg, die feindliche Luftwaffe am Boden ausgeschaltet zu haben … Ich denke an den armen Freiberg, der fast wahnsinnig wird, wenn er im Splittergraben das Pfeifen und Bersten der Bomben hört und tatenlos stillhalten muss.

Wieviel Flugzeuge werden wir heute Abend in Sciacca und Trapani zählen können? Die braven Mechaniker vollbringen wahre Wunder der Improvisation. Nicht einsatzbereite Flugzeuge werden rücksichtslos ausgeschlachtet, denn die Ersatzteillage ist katastrophal.

Wir müssen von den festen Plätzen verschwinden, bevor sie uns völlig zerschlagen. Morgen werde ich das Hochmassiv der Insel mit dem Storch nach Landeplätzen absuchen. Zwischen Trapani und Enna muss es Felder geben, auf denen wir uns vor den Bombern verbergen können. Hoffentlich sind die Leitungen zum General der Jagdflieger noch nicht zerstört. ich muss ihm meinen Plan mitteilen. – Aber eigentlich belüge ich mich doch nur selbst, wie vor drei Monaten in Tunesien, als wir im Brückenkopf Kap Bon die Fragmente des Geschwaders in einem hoffnungslosen Kampf verbrauchten.

Wie entsetzlich gleichgültig wir alle geworden sind! Als in der letzten Nacht in Afrika Fahrzeuge und Flugzeuge, Funkgeräte und Ersatzteile vernichtet werden mussten und das Ganze in eine Orgie des Vandalismus ausartete – da muss in uns die Beziehung zum Wert dieser Dinge verlorengegangen sein.

Ich muss etwas tun, um nicht einzuschlafen. Das Denken ist im Kriege vom Übel. Abrupt lege ich den Storch in eine Steilkurve und fege im Tiefflug über den Strand. In diesem Augenblick wird das Flugzeug von den Propellerböen eines Jägers geschüttelt, der uns in gleicher Höhe überholt. Erschrocken reiße ich den Storch herum und erkenne, dass es eine Me 109 ist – auf dem Wege nach Trapani.

Am frühen Nachmittag lande ich in der Nähe des Geschwadergefechtsstandes auf einem Acker, der zum Erice hin ansteigt. Als die Luftschraube stillsteht, fällt die Spannung des Fluges von mir ab, und ich spüre nur noch den Wunsch: So sitzen bleiben dürfen und die Augen schließen!

Bachmann hat die Tür zur Seite aufgeschlagen, und sofort ist die Hitze wieder da, das Zirpen der Zikaden und der Geruch von Öl und Farbe in der sengenden Sonne. Der Rücken schmerzt, als ich mich aufrichte und das linke Bein über die Bordwand schwinge, um auszusteigen. Bachmann stützt mich, und ächzend bekomme ich festen Stand auf dem Erdboden. Quer durch die Disteln und den Ackerrettich, Wolken von Grashüpfern aufschreckend, erreichen wir das Zelt und besteigen den Kübelwagen, der dort gewartet hat. Die Fahrt zum Gefechtsstand wird zur Folter. der Wagen ist kaum gefedert und springt über die Ackerfurchen, bevor wir den Feldweg gewinnen.

Der Offizier vom Gefechtsstanddienst meldet, dass der Geschwaderstab und die Erste Gruppe in diesem Augenblick, von Gerbini kommend, hier einfallen. Verworren und unbestimmt sind die Nachrichten über die Ereignisse des Tages. Zeitweise war die Telefonverbindung zum Jagdfliegerführer unterbrochen. Das Geschwader hat heute sechs Fliegende Festungen und eine Mosquito abgeschossen. Die Leutnante Bernhard und Flick sind vermisst. Die Folgen des Bombardements auf Gerbini sind noch nicht zu übersehen, jedoch galt der Angriff vor allem dem Schnellkampfgeschwader.

Wenig später ist Freiberg am Telefon. „Melde die Gruppe aus Gerbini zurück. Herr Major, wir hatten Sorge um Sie …“

„Ich habe mir nur das Kreuz verstaucht. Wie geht es Ihrer Gruppe?“

„Leutnant Flick ist abgeschossen worden. Es geschah bei dem Luftkampf mit den Spitfires. Er ist mit der brennenden Maschine vor Catania ins Meer gestürzt. Alle Feldflugplätze um Gerbini sind schwer gebombt worden. Die Schnellbomber müssen große Flugzeugverluste erlitten haben. Als wir starteten, standen noch vier Focke-Wulfs in Flammen …“

„Wie viele Flugzeuge werden Sie flugklar machen können, Freiberg?“

„Das kann ich jetzt noch nicht übersehen“, antwortet er lakonisch. „Aber wenn das so weitergeht, fliegt bald keiner mehr von uns.“

„Die Freyageräte melden Anflüge von Pantelleria. Lassen Sie ein bis zwei Schwärme westlich Marsala Sperre fliegen, sobald es möglich ist.“

„Jawoll, Herr Major“, antwortet er ebenso lakonisch auf diesen neuen Auftrag, und der Feldfernsprecher signalisiert mit drei kurzen Klingelzeichen, dass das Gespräch beendet ist. Inzwischen bemüht sich der Offizier vom Dienst, die Verbindung zum Jagdfliegerführer herzustellen. Ich setze eine Funkmeldung ab, um ihn über den Zustand meines Geschwaders zu informieren, falls die Telefonverbindung nicht zustande kommt. Aus Sciacca meldet Godert, dass der Platz von mehreren Bombern angegriffen wurde und dass die Gruppe bei einem eigenen Verlust fünf Begleitjäger, Kittyhawks, abschoss. Endlich gelingt es, den General telefonisch zu sprechen. Ich berichte über das Geschwader, den Luftkampf und meine Notlandung.

Er hört sich alles an, eine Weile ist es still in der Leitung, dann kommt seine Weisung. Sie ist kurz und sachlich: „Bleiben Sie morgen mit den beiden Jagdgruppen im Westen und bekämpfen Sie die Viermots, die Ihre Plätze angreifen.

Und weichen Sie auf Feldflugplätze aus, damit Ihr Geschwader nicht am Boden zerschlagen wird …“ Dann ist die Verbindung unterbrochen. Ich möchte lieber im

Hause bleiben und ein paar Stunden schlafen. Ganz deutlich registriere ich im Halbschlaf den Anflug des Wellington-Bombers, höre, wie das Motorengeräusch gleichmäßig anschwillt und die Bomben zu pfeifen beginnen. Aber meine Glieder sind bleischwer, und es ist mir, als ob ich selbst mit großer Geschwindigkeit dem Boden entgegenfalle. Als die Bombe in der Nähe einschlägt und die Fenster klirren, bleibe ich wie erstarrt auf dem Rücken liegen. Ich bin nassgeschwitzt.

Der Rücken reagiert mit wütendem Schmerz, als ich mich aufsetze und das Hemd über den Kopf streife. In der Tür steht der „Dicke" und hält die Karbidlampe hoch.

„Wollen Sie nicht doch lieber in der Grotte schlafen, Herr Major? –Die fliegen schon wieder an …"

Mühsam krieche ich hinter dem Dicken durch die Mauerlücke und trete in die Grotte. Bevor sich die Augen an das Licht gewöhnt haben, höre ich Straden sagen:

„Das Pimperle ist wie eine Fackel in die See gestürzt."

Dann Freiberg: „Er muss von vorn getroffen worden sein. Kein Mensch hat die Spitfires kommen sehen. Als ich mitkriegte, dass es Spitfires waren, stand er schon in Flammen."

Der Dicke schiebt mir einen Liegestuhl hin, und ich lasse mich vorsichtig hineinsinken. Die Lampe auf dem Tisch scheint Freiberg voll ins Gesicht. Das fahle Licht zeichnet überscharf seine Züge. Noch nie sah ich ihn im Zustande einer so völligen Erschöpfung. Die Augenlider sind geschwollen, und die schweren Tränensäcke machen sein Gesicht alt. Offenbar hat er auch wieder zu viel getrunken.

„Tut mir leid, Herr Major", sagt er etwas schwerfällig, „ich konnte Ihnen nicht zu Hilfe kommen. Als Sie so plötzlich angriffen, hatten wir schon alle Hände voll mit den Tommies zu tun."

„Vielleicht war es falsch", sage ich, „den Angriff zu wagen. Aber ich glaubte, ihr würdet mich decken. Ich kann nun einmal der Versuchung zum Kurvenkampf nicht widerstehen. Noch eine Umdrehung, und ich hätte ihn todsicher gehabt."

„Sie kamen von oben – etwa acht Spitfires. Ehe wir uns umsahen, hatte jeder eine am Hintern." Stradens Feststellung klingt wie eine Entschuldigung. Niemand sagt etwas darauf.

Sie haben sicher Recht, denke ich. Aber ich weiß seit langem: Sie wollen kein unnötiges Risiko mehr. Hätten sie mich sonst allein gelassen? Sie nehmen nur noch die einfachen Abschusschancen wahr, den Einzelgänger, den vom Verband „abgeplatzten" Flugschüler und Krankgeschossenen. Während der Luftschlacht um England, so verfehlt sie angelegt war, hätte sich eine so verfahrene Situation kaum entwickelt. Aber wir sind eben verbraucht, sind müde und schwunglos geworden. Dennoch – ist einer unter ihnen, den ich „feige vor dem Feind" nennen würde? Ich ertappe mich dabei, dass ich schon eine ganze Weile Bachmann anblicke, der mir still gegenübersitzt. Aber er vermeidet meinen Blick, als ob er ein schlechtes Gewissen habe. Vielleicht beschäftigt ihn auch Bernhards Tod. „Kümmern Sie sich bitte um Bernhards Sachen“, sage ich zu ihm. „Falls noch eine Transportmaschine bei uns landet, geben wir sie mit.“

Er nickt nur stumm. Das sind Selbstverständlichkeiten, die man eigentlich keinem mehr zu befehlen braucht. Wie oft hat er das nun schon tun müssen …

Warum überleben unsere jungen Jagdflieger nur so wenige Feindflüge? Wir „Alten“ haben doch auch einmal so angefangen. Aber vielleicht sind wir allmählich in die heutige Situation hineingewachsen und spüren daher ihre schockierende Wirkung nicht mehr. Wenn die jungen Ersatzpiloten eintreffen, sind sie noch recht selbstsicher, geben sich forsch und reden viel. Bei den ersten Einsätzen fährt ihnen der Schreck in die Glieder, und sie werden ganz von selbst viel stiller. Meist fliegen sie am Ende der Formation oder am äußersten Flügel und sind dort besonders gefährdet. Erst nach sehr vielen Feindflügen darf ein Jagdflieger eine Rotte oder gar eine Kette führen. So fliegen sie an der ihnen zugewiesenen Stelle in der Formation und sind lange Zeit „blind“, weil sie die Situation bei der Feindberührung und Eröffnung des Luftgefechts einfach noch nicht übersehen und weil sie noch keinen räumlichen Instinkt entwickelt haben. In dieser Periode ereilt es die meisten, denn ein angreifender Begleitjäger von einiger Fronterfahrung erkennt beim Gegner den Anfänger schon an seinem Flugverhalten. Überleben sie, weil sie abspringen oder notlanden, so muss man sie ohne Zögern sofort wieder gegen den Feind fliegen lassen. Wenn man ihnen zu viel Zeit zum Nachdenken lässt, überwinden sie den Schock nicht.

„Wie viele Feindflüge hatte Bernhard?“

„Ich glaube, es waren zehn“, antwortet Bachmann.

*Major Joachim Müncheberg war Kommodore des Jagdgeschwaders 77 vor Johannes Steinhoff. Er ist am 23. März 1943 beim Absturz seiner Maschine, die von Trümmerteilen eines von ihm abgeschossenen Gegners getroffen wurde, als einer der erfolgreichsten Jagdflieger des Mittelmeerraumes in Tunesien gefallen.*

*Münchebergs Aufbahrung in El Aonnia, Kameraden halten Sargwache.*

*Die erste Grabstätte Joachim Münchebergs vom deutschen Wehrmachtsgräberdienst errichtet.*

*Seine Grabstätte in den 50er-Jahren nach der Umbettung in Bordj Cedria in Tunesien.*

*Münchebergs Me 109-E auf dem Flugplatz Catania im Mai 1941, die er als Oberleutnant in der 7. Staffel/Jagdgeschwader 26 flog.*

*Müncheberg hatte zu diesem Zeitpunkt 41 Abschüsse am Leitwerk und erhielt für seine Erfolge das Eichenlaub zum Ritterkreuz. Italienisches und deutsches Bodenpersonal begutachten die Maschine.*

*Reichsmarschall Hermann Göring, Oberbefehlshaber der Luftwaffe, sparte nicht mit Kritik an den Jagdfliegern im Mittelmeerraum. Nach einer misslungenen Abwehr eines Feindbomberverbandes forderte er jeden 10. Piloten wegen Feigheit vor dem Feind vor ein Kriegsgericht zu stellen.*

*Generalfeldmarschall Albert Kesselring, Oberbefehlshaber Süd (Mittelmeerraum), war einer der erfolgreichsten deutschen Oberbefehlshaber. Er konnte mit nur wenigen deutschen Verbänden den Vormarsch der Alliierten von Sizilien über den italienischen Stiefel bis an die Alpen lange herauszögern.*

*General der Jagdflieger Adolf Galland wurde von Göring nach Sizilien geschickt, damit er den dortigen Piloten die Angriffstaktiken auf Fliegende Festungen beibringt, die von Piloten der Reichsverteidigung angewandt wurden. Er hatte Verständnis für die Probleme der Jagdflieger in Sizilien.*

*Oberst Günther Lützow war als Jagdfliegerführer Italien bei der Inspektion einer Jagdstaffel auf Sizilien. Er und Steinhoff waren Freunde und sie sollten noch bittere Erfahrungen mit Görings Einstellung zu den Jagdfliegern machen (siehe „Johannes Steinhoff – In letzter Stunde").*

*Hauptmann Kurt Ubben, hier als Staffelkapitän der 8. Staffel/Jagdgeschwader 77. Ubben führte zu dieser Zeit die III. Gruppe des Jagdgeschwaders 77, er wird im Text als „Abben" bezeichnet.*

*Eine weitere Aufnahme von Hauptmann Kurt Ubben.*

*Oberfeldwebel Herbert Kaiser, Flugzeugführer in der 8. Staffel/Jagdgeschwader 77, konnte insgesamt 68 Luftsiege erringen. Er erhielt in Sizilien das Ritterkreuz.*

*Hauptmann Armin Köhler, auf dem Foto noch als Flugzeugführer im Jagdgeschwader 77, führte 1943 die 2. Staffel des Jagdgeschwaders 77. Er wird im Text als „Zöhler" bezeichnet.*

*Oberfeldwebel Ernst Wilhelm Reinert führte 1973 die 1. Staffel des Jagdgeschwaders 77. Er wird im Text als „Godert" bezeichnet und war am Ende des Krieges einer der höchstausgezeichneten Unteroffiziersdienstgrade der gesamten Wehrmacht!*

*Hauptman Anton Mader*
*war Gruppenkommandeur der II. Gruppe/Jagdgeschwader 77*
*und wurde später Kommodore des Jagdgeschwaders 11 und Jagdgeschwaders 54.*

*Oberleutnant Emil Omert, Jagdflieger in der III. Gruppe/Jagdgeschwader 77, wurde nach den Kämpfen um Sizilien nach Rumänien beordert, wo er als Kommandeur der III. Gruppe/Jagdgeschwader 77 am 24. April 1944 fiel.*

*Major Günther Tonne war Kommodore des Schnellkampfgeschwaders 210. Das Schnellkampfgeschwader 210 operierte oft zusammen mit dem Jagdgeschwader 77. Er wird im Text als Major „Temme" bezeichnet.*

*Major Siegfried Freytag, auf dem Foto noch als Oberleutnant, führte die II. Gruppe/Jagdgeschwader 77. Mit Freytag war Steinhoff oft zusammen. Er wird im Text als „Freiberg" bezeichnet.*

*Eine weitere Aufnahme von Oberleutnant Siegfried Freytag. Auf dem Foto hat er die Schwimmweste angelegt. Der bevorstehende Einsatz führt ihn über das Meer.*

*Hauptmann Johannes Steinhoff*
*mit dem Eichenlaub zum Ritterkreuz des Eisernen Kreuzes.*

*Hauptmann Johannes Steinhoff beim Kartenstudium in seiner Me 109.*

*Hauptmann Johannes Steinhoff bei der Verleihung des Ritterkreuzes.*

*Eine weitere Aufnahme von*
*Hauptmann Johannes Steinhoff.*

*Eine Me 110 des Zerstörergeschwaders 26 wird aufmunitioniert. Diese Zerstörerflugzeuge hatten eine starke Bewaffnung, jedoch waren sie den alliierten Jägern an Geschwindigkeit und Wendigkeit weit unterlegen. Als Nachtjäger wurde die Me 110 bis Kriegsende erfolgreich eingesetzt.*

*Eine Ju 88-A auf dem Flugplatz Catania, im Hintergrund der Ätna. Dieses Flugzeug wurde von der Luftwaffe erfolgreich als Bomber und Aufklärer an allen Fronten des Krieges eingesetzt. Bei den Besatzungen war das Flugzeug beliebt, da es sehr zuverlässig und robust war.*

*Eine Me 110 des Zerstörergeschwaders 26 fliegt Begleitschutz für einen auslaufenden Schiffsverband. Der Schiffsverkehr im Mittelmeer der verbündeten Staaten Deutschland und Italien war sehr stark durch alliierte Luftangriffe sowie U-Boote und Überwasserstreitkräfte gefährdet.*

*Eine Me 109-E des Jagdgeschwaders 27 an der Küste von Nordafrika mit typischem Tarnmuster. Das Foto ist in den Kriegsjahren 1941/1942 aufgenommen worden.*

*Einige Me 109-G stehen auf dem Flugplatz Trapani bereit für den nächsten Start. Nicht immer gelang es den Piloten nach einem Luftkampf den eigentlich zugewiesenen Fliegerhorst zu erreichen. Oft musste aus Spritmangel der nächstliegende Flugplatz angeflogen werden.*

*Ein Formation von Ju 52-Transportmaschinen im Verbandsflug dicht über dem Meer.*

*Italienische Jagdflieger debattieren über die vielen Abschussstriche am Leitwerk einer Me 109. Welches Fliegerass diese Maschine flog, ist leider unbekannt.*

*Die 8,8-cm-Flak wurde als Schutz der Flugplätze gegen hoch fliegende Feindverbände eingesetzt. Flakverbände legten über der Straße von Messina einen sehr dichten Flakschirm, was die Evakuierung der deutschen Verbände überhaupt erst möglich machte. Die abgebildete Flak wurde gerade „abgeprotzt".*

*Eine der gefürchteten P-38 Lightnings wurde abgeschossen. Der Melder auf einem italienischen Beutemotorrad soll den Absturz melden.*

*Die Focke-Wulf Fw 190 gehörte neben der Me 109 zu den Standardjägern der Luftwaffe ab 1942/1943. Die Fw 190 wurde auch viel als Jagdbomber eingesetzt, so zum Beispiel im Schnellkampfgeschwader 210 von Major Günther Tonne.*

*Drei Fieseler Störche (Fi-156) warten auf neue Aufträge. Das erstklassige Kurzstart- und Landeverhalten des Fieseler Storches prädestinierten das Flugzeug für vielfältige Aufgaben.*

*Dieses Foto entstand nach einem alliierten Luftangriff auf einen Fliegerhorst in Sizilien. Im Hintergrund brennt ein Flugzeug. Viele deutsche Jagdmaschinen wurden durch alliierte Bombenangriffe am Boden zerstört.*

*Eine Sanitäts-Ju 52 auf einem Feldflugplatz in einer typischen sizilianischen Landschaft. Der Ätna ist im Hintergrund zu erkennen.*

*Blick aus einer Flugplatzbarracke, im Vordergrund ein italienisches Verkehrsflugzeug.*

*Deutsche Lufwaffensoldaten bei einem Ausflug nach Palermo.*
*Ein Gruppenbild mit italienischen Soldaten und einem Zivilisten.*

*Deutsche und italienische Luftwaffenoffiziere*
*bei einer Besprechung auf einem Fliegerhorst.*

*Ernst-Wilhelm Reinert*
*in seiner Me 109.*

*Oberst Johannes Steinhoff (zweiter von links) bei einer Versammlung 1944 in Italien. Der „Deutsche Gruß" wurde 1944 für alle obligatorisch. Die Nichtbefolgung wurde als Beleidigung des NS-Regimes schwer geahndet.*

„In der letzten Woche vor der alliierten Landung steigerte sich das Bombardement zu einem förmlichen Sturzregen. Sämtliche Flugplätze, Einsatzhäfen und Feldflugplätze wurden so schwer getroffen, dass es nur unter Einsatz aller Kräfte – auch der Heeresverbände – gelang, einige Plätze wieder notdürftig herzurichten.
Die deutsch-italienischen Flakbatterien erzielten zahlreiche Abschüsse, aber sie vermochten diese massierten Luftangriffe nicht zu stoppen.
Darüber hinaus flog die alliierte Luftwaffe in den letzten Tagen vor der Invasion auch starke Angriffe gegen Küstenverteidigungsanlagen an der Süd- und Südostküste der Insel. Diese massierten Angriffe zeigten den endgültigen Landepunkt an."

FRANZ KUROWSKI,
„DAS TOR ZUR FESTUNG EUROPA"

„Am Ende des D minus 1 (9. Juli) war der Weg für die Invasion der Alliierten frei. Die Luftstreitkräfte des Feindes waren von der Insel vertrieben oder auf zerstörten Flugplätzen neutralisiert. Sein Nachschub und seine Versorgungslinien waren so zerschlagen, dass der normale Fluss von Material und Personal ernsthaft gestört war. Die Luftstreitkräfte der Alliierten standen, nachdem sie die Luftüberlegenheit errungen hatten, bereit, die zusätzlichen Aufgaben, die die Invasion für sie bringen würde, zu erfüllen."

THE ARMY AIR FORCES IN WORLD WAR II

"Um 04.30 am 10. Juli erschienen die ersten Feindflugzeuge über den alliierten Schiffen, die massiert vor dem Strand lagen, an dem die Landung erfolgte …
Jedoch die Luftangriffe störten die Landung nur wenig."

THE U. S. ARMY IN WORLD WAR II

„Bei Anbruch der Nacht am Donnerstag, dem 10. Juli, hatte die 7. Armee auf Sizilien festen Fuß gefasst."

THE U. S. ARMY IN WORLD WAR II

# Trapani, den 10. Juli 1943

Der Feldflugplatz muss gleich hinter der nächsten Hügelkette liegen. Ich ziehe die „Me" in eine Linkskurve und schieße dicht über der sonnenverbrannten Weidefläche auf das Gehöft zu, das neben dem ausgetrockneten Flussbett liegt. Dort ist ein gelbes Landetuch ausgebreitet. Es zeigt talaufwärts und markiert die Stelle, an der ich aufsetzen, unbedingt den Boden berühren muss.

Warum sieht dieser dürre gelbe Streifen zwischen den dunklen Eichen, die dürftig den Hang bedecken, heute so klein aus? Gestern erschien mir die Fläche viel größer, als ich mit dem Storch landete und über den Boden rollte, der hart wie Stein war. Als ich dann die Ebene abschritt, musste ich durch kniehohes, verdorrtes Gestrüpp aus Gras und Disteln, das unter meinen Schritten knisterte, brach und staubte. Die Länge der Landebahn schien mir ausreichend, vorausgesetzt, man zog das Flugzeug mit letzter Fahrt an das Landetuch heran und brachte es dort an den Boden.

Ich muss jetzt eine gute Landung machen, die alle sehen, damit sie Vertrauen bekommen, dann eilig zur Seite rollen, um Platz zu machen für Bachmann und Helbig, die in mäßigem Abstand hinter mir in die Landegerade einkurven. Die Luft ist still, in dieser frühen Morgenstunde gibt es noch keine Sonnenböen. Im Anschweben erblicke ich vor dem Tor des Gehöfts die Männer in Khaki, und als die Räder den Boden berühren, erkenne ich die Soldaten mit Leuchtpistolen neben dem Landetuch, die den Auftrag haben, sofort Rot zu schießen, wenn etwas an der Landung unsicher erscheint. Straden hat erfahrene Rollfeldleute dahingestellt.

Die Maschine kommt am Hang schnell zum Stillstand. Aber ich weiß jetzt: Die Bahn ist zu kurz zum Durchstarten, falls der Entschluss dazu bei einer Fehllandung um Sekundenbruchteile zu spät gefasst wird. Im Schatten der Bäume winken meine Mechaniker. Ich stelle den Motor ab, befreie mich von dem Gurtzeug und setze mich auf den Kabinenrand. Von dort kann ich das Geschehen auf dem Platz gut überblicken und Funkinstruktionen für die Landung der Freiberg-Gruppe geben.

Das grenzt an Akrobatik, was wir mit unseren Messerschmitts auf diesem winzigen Stück Erde tun, das wir Feldflugplatz nennen. Der Motor läuft auf hohen Touren, während man die Geschwindigkeit so reguliert, dass das Flugzeug gerade noch den Steuerbefehlen folgt. Dicht vor dem Landekreuz reißt man dann den Gashebel zurück, und in einer Staubwolke berührt das schwere Flugzeug den steinharten, aber keinesfalls ebenen Boden. Und doch haben wir uns in den Jahren des Umherziehens an diese gewagten Manöver gewöhnt. Für mich besteht der Unterschied lediglich darin, dass man als Staffelkapitän noch darüber schimpfen konnte, was für eine Wiese einem wieder einmal zum Starten und Landen zugemutet wurde. Diesen Streifen aber habe ich selbst für mein Geschwader ausgesucht, und das ist ein ganz wesentlicher

Unterschied! Doch alles scheint gut zu gehen, die Reihenfolge der Landungen ist festgesetzt, die Abstände sind den Umständen angepasst und die jüngeren Flugzeugführer wiederholt über die Risiken solcher Landungen belehrt worden.

Einer der Jungen startet durch, weil er die Fahrt nicht richtig bemessen hat. Gut so. Die roten Leuchtkugeln sinken langsam zu Boden und verlöschen. Da ist wieder der Staub, das an- und abschwellende Dröhnen der Motoren, das Rollen der Flugzeuge, das Anfahren der Tankwagen und das Hin- und Hereilen der Mechaniker, das mit explosiver Gewalt dieses stille Tal in das Drehbuch des Krieges einbezieht. Für uns ist das Alltag, wenn auch wegen der geradezu abenteuerlichen Kleinheit des Platzes, den niemand hier vermuten sollte, ein bisschen ungewohnt.

„Zweite Staffel nach links wegrollen!" rufe ich ins Mikrophon. Und: „Größere Abstände halten", oder: „Durchstarten!" Es mögen etwa 20 Messerschmitts sein, die bisher heil gelandet sind. Nur noch zwei Flugzeuge umkreisen das Feld: einer der Jungen, dem die erste Landung nicht gelang, und einer, der Schwierigkeiten mit dem Ausfahren des Fahrwerks hat. Ich nehme die Kopfhaube ab und beuge mich in die Kabine, um das Funkgerät auszuschalten, da höre ich die Mechaniker aufgeregt rufen: „Zu weit links ..." – „... der kommt zu steil!" und sehe im Aufrichten ein Flugzeug weit seitwärts vom Landekreuz mit den Rädern den Boden berühren. Mit viel zu hoher Fahrt rollt es noch eine Strecke mit erhobenem Schwanz und rumpelt dann, heftig gebremst, mit schlingernden Bewegungen den Hang hinauf.

Es gibt in solchen Fällen keinen, der den Vorgang nicht beobachtet. Die Mechaniker halten mit der Arbeit inne, die noch in den Flugzeugen sitzenden Piloten folgen mit dem Kopf der vorbeirasenden Maschine, und die Soldaten vor dem Tor des Gehöfts stehen mit verschränkten Armen. Die Alten, Erfahrenen wissen, dass etwas geschehen wird – aber sie warten stoisch auf das Ende, das unausweichlich kommt. Er wird in die Bäume rasen, denke ich. Vielleicht fängt ihn das Eichendickicht, vielleicht auch kommt er darauf, das Flugzeug herumzureißen und so das Fahrwerk abzuscheren.

Aber noch ehe er die Bäume erreicht, hebt sich mit einem Male der Schwanz, und das Flugzeug, kurz noch auf der Propellernabe balancierend, überschlägt sich. Im hohen Gestrüpp sind nur die schlanken Federbeine mit den Rädern wahrzunehmen, die gen Himmel ragen.

Wie war das möglich – er muss gegen einen Felsbrocken gestoßen sein! Aber ich bin doch gestern mit dem Storch gewissenhaft kreuz und quer gerollt ...

Mehrere Fahrzeuge eilen auf die Unglücksstelle zu, während ich von dem Kabinenrand hinabspringe und nach einem Wagen rufe. Schon im Heranfahren schlägt mir der intensive Geruch von Benzin entgegen. Soldaten drängen sich am Schwanzteil des Flugzeuges, um es mit vereinten Kräften hochzustemmen. „Aufpassen, Benzin läuft aus!" – „Feuerlöscher bereithalten!" und „Hoh – ruck!" – so schreien sie durcheinander. Bachmann steht plötzlich neben mir. „Es ist wahrscheinlich einer der neuen Leutnants“, sagt er.

„Um Gottes willen – hören Sie, der Generator läuft noch. Das bedeutet, dass das Bordnetz noch eingeschaltet ist.“ Ein einziger Funke irgendwo im verzweigten elektrischen Netz kann die Explosion auslösen. Die Erde um das Flugzeug ist bereits vom ausgelaufenen Benzin durchtränkt. Ein Mechaniker kniet unter der Fläche und schlägt wütend mit einem schweren Werkzeug die Seitenscheiben der Kabine in Trümmer. Die übrigen Soldaten halten ächzend mit ausgestreckten Armen das Schwanzende in die Höhe. Aus der Kabine ragen zuerst die Arme heraus, dann erscheint der Kopf mit der Funkhaube. Endlich, an den Armen rücksichtslos herausgezerrt, benzindurchnässt, zerschunden und mit zerrissenem Khakihemd gleitet der Körper zu Boden. Schon atmen einige der Umstehenden auf. Inzwischen visieren mehrere Feuerlöscher das Flugzeug an. Wir wissen, wie gefährlich das Unternehmen ist, und halten respektvoll Abstand von der Benzinlache.

„Zieht ihn fort!“ ruft einer. Der Leutnant kommt auf die Knie, stößt mit dem Kopf gegen die Flächenkante und wird am Arm von seinem Retter nach vorn gestoßen. „Feuerlöscher – jetzt!“

Aber als ob die Schaumstrahlen der Feuerlöscher die Benzinwolke entzündet hätten, steht plötzlich unmittelbar vor uns mit dumpfem „Whuff“ eine haushohe rote Wand. Davonstürzend, stolpernd und fallend bringt jeder sich in Sicherheit, und als wir uns außerhalb des Gefahrenkreises wiederfinden, sehen wir eine Gestalt, einer Fackel gleich, davonrennen. Nach wenigen Metern hält diese lodernde Flamme an und stürzt unvermittelt nieder. Die Soldaten mit den Feuerlöschern eilen zu Hilfe und entleeren die Behälter auf den Mann, der sich am Boden wälzt, als ich hinzutrete, ist das Feuer gelöscht.

„Es ist der Leutnant“, sagt Bachmann. „Schlimm verbrannt.“

Schlagartig wird mir das ganze verdammte Provisorium dieses Feldflugplatzeinsatzes bewusst. Wir haben hier keinen Sanitätskraftwagen. Das Geschwader besitzt überhaupt nur noch einen einzigen. In Tunis hatten wir unseren gesamten Bestand zerstört. Als wir neu ausgerüstet wurden, konnte uns die Luftflotte nur einen geben.

Alles schreit nach einem Sanitäter, aber es ist noch keiner eingetroffen. Nur die notwendigsten Fahrzeuge sind von Trapani in Marsch gesetzt worden, und das Stück Weideland, das zu unserem Flugplatz wurde, ist schwer zu finden. Stabsarzt Sperrling haben wir zurückgelassen, um die Verwundeten zu versorgen, denn die pausenlosen Bombenangriffe haben unser kleines Krankenrevier gefüllt.

Der Verbrannte bietet einen furchtbaren Anblick. Man hat ihn auf einer Bahre in den Schatten getragen. Ein paar Soldaten diskutieren, wie man seine Schmerzen lindern kann. „Es ist Leutnant Behrend von meiner Staffel“, meldet mir Reinhold. „Er ist erst eine Woche bei uns, hat noch keinen Feindflug.“ Ich beuge mich zu den

Liegenden hinab. Geruch verbrannter Haut schlägt mir entgegen. Die Flammen haben Kopf und Oberkörper entsetzlich zugerichtet. Die Haare sind zu einer ekelhaften Masse verschmolzen, das Gesicht ist blasig aufgedunsen. Auf Armen und Brust sind Stofffetzen in die Haut hineingebrannt.

Der Junge stöhnt und schreit zwischendurch auf. „Ich halte es nicht aus, gebt mir was gegen die Schmerzen!"

Er wiederholt diesen Ruf immer wieder – und wir stehen ratlos herum, weil kein Arzt und kein Sanitäter da ist und von uns keiner weiß, wie man eine Morphiumspritze verabreicht.

„Ruft Straden, der hat das schon mal gemacht", ordne ich an. „Damals bei Hofmeier hat Straden gespritzt. Reißt ein Sanitätspäckchen aus einer Maschine. Da sind Ampulle und Spritze drin."

Außer Atem kommt Straden angekeucht, sein Platz ist jetzt in dem improvisierten Geschwadergefechtsstand. Er weiß sofort, was von ihm erwartet wird und macht sich fachgerecht ans Werk.

„Ruhig, mein Junge", sagt er, während er die Ampullenspitze mit sicherer Hand absägt und die Spritze füllt. „Ruhig, es dauert ja nur noch ein paar Sekunden. Gleich ist es vorbei …"

Dann wird der Verbrannte still. Während ein Soldat die Fliegen abwehrt, die nun in widerlichen Schwärmen zur Stelle sind, stöhnt er nur noch leise und murmelt Unverständliches. Seine Augen sind zugeschwollen, das Gesicht ist eine flache, wässrige Masse.

Endlich umkreist der Storch, den wir über Funk von Trapani herbeigerufen haben, das Feld. Er soll Behrend ins Krankenrevier bringen. In Trapani haben sie auch ein Standortlazarett. Vielleicht gelingt es, ihn aufs Festland zu bringen, falls noch eine Ju in der Nacht landet, um wichtige Ersatzteile zu bringen und Verwundete zurückzufliegen.

Ich steige in den Kübelwagen und fahre den Hang hinab zum Gehöft, wo wir den Gefechtsstand aufgeschlagen haben. Lange will der frische Eindruck dieses Geschehens nicht von mir weichen. Zwischen Ferngesprächen und Einsatzbereitschaftsmeldungen sehe ich dauernd das Gesicht dieses Jungen vor mir und glaube den Geruch verbrannten Fleisches zu spüren.

Der Gefechtsstandwagen des Geschwaders steht vor dem Tor des Gehöfts. Zwischen Wagen und Mauer sind einige schattenspendende Zeltbahnen aufgespannt, und dort stehen die Liegestühle aufgereiht.

Das Tor aus klobigen Brettern ist geschlossen und fest verrammelt. Man kann mit den Händen den obersten Balken erreichen, und wenn man sich hochzieht, fällt der Blick in einen quadratischen Innenhof, den ziegelgedeckte Schutzdächer für das Vieh umgeben. Ackergeräte, verrostet, liegen herum. Bäuerliches Sizilien, ein friedlicher Anblick. Jetzt zur Erntezeit müsste eigentlich Leben auf diesem Vorwerk sein, aber wahrscheinlich haben die Landarbeiter panikartig die Flucht ergriffen, als sie sich einen Vers darauf machen konnten, was wir hier vorhatten. Wo wir in diesem Lande auftauchen, halten Tod und Zerstörung ihren Einzug.

Freiberg und seine Staffelkapitäne, Straden, Bachmann und Helbig versammeln sich im Schatten der Zeltbahnen. Es ist heiß und windstill.

„Was wissen wir von der Landung der Alliierten?" fragt Freiberg.

„Nicht viel", antworte ich. „Nicht viel mehr, als wir selbst aufklären können. Ich habe heute Nacht noch einmal mit dem General sprechen können, bevor die Leitung unterbrochen wurde. Er sprach von Luftlandungen und Fallschirmjägereinsatz. Augusta, Südspitze, Gela. Sie wissen ja, wie kalt und distanziert er die Dinge zu sehen und zu beurteilen pflegt, die bei anderen Nervenzusammenbrüche erzeugen. Aber heute Nacht war seine Stimme überlaut und nervös, als er sagte: ‚Da ist ein unvorstellbarer Feuerzauber über uns …', dann riss die Verbindung ab."

„Schöne Lage", kommentiert Freiberg.

„Wie viele Maschinen sind gelandet? Bachmann, bitte melden Sie mir, wenn alle betankt sind."

„Vierundzwanzig, Herr Major."

Vierundzwanzig. Wie viele davon mögen einsatzbereit sein? Die Erste Gruppe ist in Sciacca geblieben. Godert soll von dort aus im Morgengrauen Landungsfahrzeuge bei Gela bekämpfen und erst dann auf unseren Feldflugplatz ausweichen, wenn ein Bleiben in Sciacca unmöglich wird.

Wieder, wie in jeder Nacht seit Beginn der alliierten Luftoffensive, sind wir gestern Abend mit Dunkelwerden in die Grotte gezogen, wo der Dicke eine provisorische Kochstelle aufgebaut hat und das eintönige Nachtmahl servierte.

Die Aufklärung der letzten Tage hat eine gewaltige Masse von Kriegsschiffen jeder Größe im Hafen La Valetta auf Malta und um die Insel festgestellt, und alles, der Schiffsverkehr, die Heftigkeit des Bombardements und die ständige Aufklärung des Gegners, deutet auf die bevorstehende Anlandung.

Gegen Mitternacht begann dann die Schiffsartillerie in ungewohnter Heftigkeit zu schießen. Die Einschläge ließen Boden und Gewölbe der Grotte erzittern. Wir erwachten aus todähnlichem Schlaf und lagen mit offenen Augen auf den Feldbetten, und jedem war klar, dass jetzt die letzte Phase begonnen hatte.

Das Telefon begann zu läuten, und die Funkabhörstation auf dem Erice meldete, dass der Funksprechverkehr der Alliierten zu einem Sprachgewirr unvorstellbaren Ausmaßes angeschwollen sei. Aber es seien nicht die Kapitäne der uns bekannten Bomber- und Jagdstaffeln, die sich dort Informationen, Befehle und Warnungen zuriefen und mit ihren Bodenstationen sprächen, sondern völlig neue, bisher im Mittelmeer unbekannte Staffeln und Geschwader. Dann rief der Gefechtsstand an und die Funkstelle, und wenig später die Erste Gruppe aus Sciacca – und aus all den Informationen formte sich das Bild einer Schlacht, die vom Gegner mit dem Ziele begonnen wurde, in die Festung Europa einzubrechen.

Die Männer in der Grotte verharrten regungslos, bis die beginnende Morgendämmerung sie zwang, sich zu erheben und für den Einsatz bereit zu machen. Ihre Augen hingen an meinen Lippen, wenn ich mit dem Gefechtsstand sprach oder die Funkstelle über das Telefon berichtete, wie sich die Lage entwickelte. Dann tuschelten sie halblaut miteinander oder zogen die Landkarten aus den Knietaschen der Hosen, um den Zeigefinger auf den Ort Gela oder Syrakus zu legen oder über den Küstenstreifen vor Licata gleiten zu lassen.

Als wir uns erhoben, drang das erste Licht des Tages durch die Wölbung des Mauerdurchbruchs, und bevor wir zu den Fahrzeugen gingen und hinunter zum Flugplatz fuhren, übermittelte Hauptmann Kegel den Einsatzbefehl: „Frühaufklärung über dem Landekopf bei Gela, Aufklärung des Seeraumes bis Malta, Pantelleria und Tunis, Bekämpfung einfliegender Bomberverbände. Der Einsatz erfolgt nach Verlegung auf den Feldflugplatz."

„Kommodore ans Telefon!" Ächzend erhebe ich mich und steige die Stufen zum Gefechtsstandwagen hinauf. Wenn man sich im Innern aufrichtet, berührt der Kopf die Decke. Auf der Karte, die den Tisch vor dem Fenster bedeckt, deuten mehrere rote Pfeile von Osten und Süden her auf den Südteil der Insel. Das ist die Zangenbewegung der Landungen, mit denen der Gegner – im Besitz der See- und Luftherrschaft – in aller Ruhe den Südzipfel abkneifen kann.

„Herr Major, wir haben einen großen Verband schwerer Bomber südwestlich der Insel im Anflug erfasst", meldet der Gefechtsstand Erice. „Wenn Sie sofort starten, treffen Sie auf die Bomber, sobald sie die Küste überfliegen."

„Danke – wir starten. Ich melde mich nach dem Start."

Die Männer vor dem Wagen haben meine Antwort mitgehört und stehen schon bereit. Die Kraftfahrer lassen ihre Motoren an.

„Viermots aus Richtung Pantelleria." Ich brauche das Wort „Alarmstart" nicht erst zu sagen, jeder weiß es. Während sie zu den Fahrzeugen und Flugzeugen eilen, ziehen sie die Gurte der Schwimmwesten an, stecken noch Leuchtmunition in die Wadentaschen der Kombinationen und rufen sich Bemerkungen über den Start zu.

Ein gut eingeflogener Verband startet in einer Reihenfolge, die vorher festgelegt und viele Male geübt ist. Vom Ablauf des Starts hängt das Sammeln in der Luft und der Abmarsch der Formation ab. Liegen die Staffeln um einen kreisrunden Flugplatz verteilt – und die meisten Plätze, mit Ausnahme der Feldflugplätze, haben diese Form –, so vollzieht sich der Start nach optischen Zeichen, die mit Leuchtkugeln von den Staffelliegeplätzen gegeben werden. Nicht immer kann die festgelegte Reihenfolge eingehalten werden, und es kommt beim Alarmstart vor, dass die Flugzeuge mit erhobenem Leitwerk wild durcheinander über das Flugfeld anrollen. Wie durch ein Wunder löst sich dann aber irgendwie das Chaos. Wer geneigt ist, bei dem Anblick dieses Tohuwabohus erschrocken die Augen zu schließen, stellt bald fest, dass das Ganze ein seltsames Gemisch aus Drill, Intuition und Erfahrung ist. In Russland kam es oft vor, dass plötzlich eine Staffel Petljakow Pe-2 über dem Platz erschien, die nicht gemeldet war, weil einer der Flugmeldetrupps, die wir vorn bei der Infanterie hatten, gerade Stellungswechsel machte. Dann gab es solche überstürzten Starts, an denen natürlich jeder teilnahm, denn erstens wollte jeder abschießen, und zum anderen war man selbst in Russland mitunter in der Luft sicherer als am Boden. Natürlich war der Luftkrieg im Osten ein beinahe harmloses Spiel im Vergleich zu dieser Hölle. Er hatte aber dafür andere Tücken.

In der weiten Linkskurve blicke ich zurück und zähle die Flugzeuge, die mir folgen. Sechzehn – das also ist der Rest der Ersten Gruppe und des Geschwaderstabes. Vielleicht werden es nach diesem Einsatz nur noch zehn sein – oder weniger.

„Möbelwagen fliegen Richtung Landekopf. Überfliegen jetzt die Küste bei Selinunt." Die klare, laute Ausstrahlung unserer starken Funkstelle auf dem Erice hat etwas Beruhigendes.

„Victor", bestätige ich die Meldung.

Die Morgensonne scheint mir gerade ins Gesicht. Ich rücke auf dem Fallschirm ein wenig zur Seite, damit die Augen durch den Schatten der Kabinenstrebe geschützt sind. Wie ein zartes Aquarell aus Blau und Grün breitet sich der Südstreifen der Insel unter uns aus, fein umrissen von den weißen, beweglichen Schaumketten der Brandung im azurblauen Mittelmeer. Die Luft ist glasklar. Zum Greifen nahe gleiten die weißen Dörfer und blaugrünen Olivenhaine und Weinberge unter meinen Tragflächen dahin, so langsam, als ob ich in der Luft stillstände. Zur Linken, wo die fruchtbare Küstenlandschaft in das karstige, dürre Ödland ausläuft, mischen sich Ocker und Gelb in das Aquarell. Der Höhenmesser zeigt achttausend Meter.

Bachmanns Maschine beginnt einen zarten, weißen Schweif hinter sich herzuziehen, der sich deutlich gegen das Blau abhebt. Ich muss sofort Höhe aufgeben, denn wir signalisieren sonst mit den Kondensstreifen den Spitfires und Lightnings unseren Standort. Weit vor mir im Südosten, wo die Sonne von der glatten See wie von einem Spiegel reflektiert wird, muss der Landekopf der Amerikaner sein. Meine Augen wandern die Küstenstraße entlang und entdecken den weißen Fleck Gela. Da sind auch die Schiffe, unübersehbar, viele dunkelgraue Schatten, über das Wasser getupft. Sie ziehen eilig manövrierend ein Spinnennetz von langen Heckwellen über die Fläche, soweit das Auge reicht. Was für eine riesige Flotte! Wenn man jetzt Bomber und intakte Flugplätze hätte! – Aber die Schiffe gehen uns nichts an, wir können ihnen doch nichts anhaben.

„Odysseus von Holzauge: Möbelwagen müssen jetzt Ihren Kurs kreuzen."

Und gleich danach meldet Bachmann: „Achtung, Odysseus, in neun Uhr, viele Möbelwagen!"

Jetzt sehe auch ich die Formation sauber aufgereiht und über tausend Meter Höhe gestaffelt zur Linken weit entfernt in Richtung Messina marschieren. Es wird Minuten dauern, bis wir den Vorsprung eingeholt haben – automatisch stelle ich die gewohnte Rechnung an, die aus Anflug, Ansatz zum Angriff, Luftkampf und Rückflug besteht. Aber Rückflug – wohin? Comiso dürfte nicht mehr anfliegbar sein, weil es schon vom Boden bedroht ist, und Gerbini mit seinen zahlreichen Satellitenplätzen wurde gestern erst verwüstet. Also der Feldflugplatz oder gar Trapani. In der Linkskurve sehe ich, dass Freibergs Gruppe bereits die Verfolgung aufgenommen hat. Nur Bachmann und Helbig folgen mir.

Dann erblicke ich die einzelne Boeing wenige hundert Meter unter mir. Das ist ein Nachzügler, der beim Start nicht achtgab oder im Anmarsch technische Schwierigkeiten hatte. Nun marschiert er mutig hinter dem Gros her. Ich weiß, dass ich jetzt den Bomberpulk verfolgen und Freibergs Gruppe nicht allein lassen dürfte. Wenn der Einzelgänger so weiterfliegt, werden wir ihn ohnehin später erledigen. Andererseits: „Ihr sollt Bomber abschießen. Zehn Mann Fliegendes Personal – das zählt!"

Schon habe ich mein Flugzeug auf den Rücken gelegt und stoße aus idealer Angriffsposition hinunter. Während das Abschussfieber alle anderen Gedanken verdrängt, denke ich noch kurz daran, dass jetzt die anderen mit diesem kümmerlichen Rest des Geschwaders den Angriff auf die Armada von Fliegenden Festungen wagen …

Da steht die Silhouette der Boeing ruhig im Visier – ich habe den Schießhebel längst herumgelegt und beginne zu feuern, obwohl es für wirkungsvolles Feuer noch viel zu früh ist. Die Fahrt bringt mich näher heran – pop! – die Kanone streikt, nur die Maschinengewehre schießen. Pulvergeruch füllt die Kabine.

Im Hochziehen sehe ich, dass die Festung, ohne Wirkung zu zeigen, den Kurs hält. Dann fassen, gleich langen Fingern, die Leuchtspurfäden von Bachmanns Waffen nach Flächen und Motoren, und da zieht auch schon ein dünner weißer Strahl ausrinnenden Benzins hinter dem rechten äußeren Motor her. Aber als sei nichts geschehen, hält das große Flugzeug seinen Kurs. Helbig eröffnet das Feuer auf dreitausend Meter, weit außerhalb der Reichweite.

Dann kommt die Reihe wieder an mich. Als wenn ich ein schlechtes Gewissen hätte und den ungleichen Kampf schnell beenden möchte, schwinge ich schulmäßig hinab, lasse mich auf wenige Meter an den Bomber herantragen, beinahe als wollte ich ihm auch eine Chance geben. Warum schießt denn niemand von den Heckständen? Als die Böen der Motoren mich schon zu schütteln beginnen und die Heckflosse hoch wie ein Baum vor meiner Panzerglasscheibe steht, krampfe ich die Faust um den Knüppel und drücke die Hebel durch. „Pop“ macht die Kanone wieder und hat Ladehemmung. Die Maschinengewehrs spucken einen Funkenregen über die Aluminiumhaut des Riesen, bevor ich hochziehen muss. Die Fahrt trägt mich weit über den Gegner hinaus. auf der linken Fläche stehend, blicke ich hinab und sehe, wie er sich mächtig in eine Kurve legt. Da ist Bachmann wieder heran, er hat es auf den kranken Motor abgesehen, und ohne zu weichen, hängt er, aus allen Rohren feuernd, wenige Meter entfernt wie im Formationsflug hinter der kurvenden Maschine. Weißer Gischt herausschießenden Benzins zeichnet die Einschläge seiner Waffen. Der Propeller des angeschossenen Motors dreht sich langsamer und bleibt schließlich stehen. Der Amerikaner fliegt jetzt auf Gegenkurs und sucht in Richtung auf Pantelleria zu entkommen. Wir jagen noch einige Salven in seinen Leib – ohne Erfolg. Über der Küste sind wir noch viertausend Meter hoch. Der Bomber ist ein fliegendes Wrack. Aus zwei Motoren ziehen die Benzinfahnen hinter ihm her. Unglaublich, dass unsere Leuchtspurgeschosse ihn nicht zum Brennen bringen. Wer von den zehn Leuten in diesem fliegenden Sarg mag jetzt noch leben? Mit Bestimmtheit der Pilot vor seiner Panzerplatte.

Aber ich habe die Zeit vergessen, die wir noch haben. „Abbrechen!“ rufe ich, „abbrechen“, und schlage den Kurs nach Nordwesten zum Feldflugplatz ein. Als ich den Platz unten liegen sehe und andrücke, höre ich Wortfetzen und Kampfgeschrei. Freibergs Gruppe ist noch in das Luftgefecht verwickelt.

Eine Viertelstunde später sind zwölf der sechzehn Me 109 vom Feindflug zurückgekehrt. „Hauptmann Freiberg fehlt!“ – noch ehe die Flugzeugführer eintreffen und vom Gefecht berichten, hat es sich bis zum Befehlswagen herumgesprochen.

„Wir sind mitten in die Spitfires hineingeflogen“, sagt der baumlange Oberleutnant von Köster. „Dann habe ich Hauptmann Freiberg aus den Augen verloren. Das war auch kein Luftkampf, das war ein Herumbolzen und Schießen aus jeder Fluglage. Die Spitfires waren genauso erschrocken wie wir.“

„Hat jemand Fallschirme gesehen?!

„Nein, Herr Major – auf jeden Fall nicht während des Luftkampfes mit den Spitires.“

„Die Spitfires haben aber gekniffen“, fährt Köster fort. „Sie sind mit einer Affenfahrt abgeschwungen und haben die Bomber allein gelassen. Die flogen eine schlechte Formation und luden zum Angriff ein. Wir haben darauf herumgehackt, bis sechs Festungen brennend abstürzten – dann hing der Himmel voller Fallschirme.“

„Bitte diktieren Sie dem Gefechtsstandschreiber den Gefechtsbericht und sehen Sie zu, dass Ihre Flugzeuge bald wieder einsatzbereit sind.“

Die Mittagshitze wird unerträglich. Wir haben uns in den Liegestühlen ausgestreckt und hängen stumm unseren Gedanken nach. Das Flugplatz-Ringtelefon läutet, die Staffeln melden die Betankung der Flugzeuge und die technischen Schäden. Wir werden noch ein- oder zweimal starten und dann nach Trapani zurückkehren.

Längst haben wir aufgehört, die Einsätze, die Formation, in der wir flogen, den Angriff oder den Luftkampf zu besprechen. Die aussichtslose Routine unserer Arbeit hat uns so abgestumpft, dass wir nur noch wie mechanische Puppen agieren und das, was wir sehen und erleben, kommentarlos zur Kenntnis nehmen. Was gibt es denn auch noch zu besprechen oder zu korrigieren? Wir sind die Wenigen, die – aus was für Gründen auch immer – übriggeblieben sind, gewissermaßen der Bodensatz der einst berühmten Jägerei des Südens, die von den großen Namen Marseille und Müncheberg geziert war. Die Rechnung geht wieder nicht auf – wie damals in Stalingrad oder Tunis. Für den Reichsmarschall sind wir nicht mehr als nichtsnutzige Strafbataillone, deren Taten nicht mehr mit Maßstäben des Lobes oder Tadels gemessen werden, sondern nur noch Verachtung verdienen.

Es bedrückt mich, dass Freiberg vermisst wird. Ich habe es mir zu leicht gemacht, indem ich den Einzelgänger angriff, anstatt den Bomberpulk zu verfolgen und dadurch unsere Position zu stärken.

Wenn er jetzt hier wäre, würde er sicher ein paar ironische Bemerkungen über mein Verhalten machen, wohlüberlegt und im Rahmen dessen, was die rückhaltlose Offenheit zwischen Vorgesetzten und Untergebenen bei uns erlaubt. Etwa „Sie hatten sich da einen schönen Leckerbissen ausgesucht“, oder „Erstaunlich, wie standfest die Viermotorigen sind, drei Jäger verschießen ihre Munition – ohne Erfolg …“

Zu meiner Rechten liegt Bachmann. Der junge Mann mit dem glücklichen Naturell, das ihn bisher alles dies mit Gleichmut und Gelassenheit ertragen ließ, hat ein mageres, beinahe klein wirkendes Gesicht bekommen. Nervös trommeln seine Finger irgendeinen Takt auf der Lehne des Liegestuhles. Als ich meine Hand über die seine lege, um ihn zur Ruhe zu zwingen, wendet er mir den Kopf zu und sagt etwas, was ich in dieser Lage am wenigsten erwartet hätte: „Wenn ich hier rauskommen sollte, Herr Major – wenn ich hier rauskomme, muss ich unbedingt nach Berlin. Ich muss ein Mädchen haben. Seit Alamein (El-Alamein) freue ich mich darauf …“

„Du hättest dich eben in Bari dranhalten müssen, Sportsmann“, frozzelt ihn Straden.

„Ach, hör mir doch mit diesen Italienerinnen auf … Das ist nun das große Abenteuer, das sie uns versprochen haben, als wir noch Jungens waren und Karl May lasen. Im Dienste des Führers in ferne Länder, als Sieger würde uns die Beute zufallen wie den Griechen im Trojanischen Krieg …“

„Bisher sind zwölf Maschinen einsatzklar“, meldet der Gefechtsstandschreiber. Der Technische Offizier des Geschwaders steigt aus dem Kübelwagen und lässt sich ächzend mit dem Rücken zur Mauer vor mir auf dem Boden nieder. Er wischt mit dem Handrücken über die Stirn und trocknet dann die Hand an der Hose ab.

„Die Ersatzteillage ist eine Katastrophe, Herr Major. Es fehlt hinten und vorn. Selbst an Munition mangelt es. Kühlstoff und Hydrauliköl sind knapp. Noch ein bis zwei Tage ohne Nachschub, und wir können den Laden hier zumachen."

„In zwei Tagen", sagt Straden dumpf, „ist hier der Laden sowieso zu, mein Lieber."

Wieder erstirbt das Gespräch. Das Telefon läutet ununterbrochen. Man hört Satzfetzen des Gefechtsstandbetriebes, wie er immer war: „Einsatzbereit" – „Kühlstoff" – „Kerzenwechsel" und Gespräche mit dem Gefechtsstand Erice. Die Nachrichtenleute kriegen die Verbindung immer wieder in Ordnung, es grenzt an Zauberei.

Manche Flugzeugführer sprechen halblaut miteinander. „Hat denn niemand gesehen, wie das mit Freiberg geschah?" Oder: „Die Maschine ist gegen einen Felsbrocken gerollt, Behrend hatte viel zu viel Fahrt und setzte neben der Landebahn auf."

Von der Feldküche werden Tee, Melonen und weißes Brot gebracht. Wir essen lustlos und ohne Appetit. Die Sonne steht jetzt als glühender Ball senkrecht über uns.

Was soll ich mit diesem Fragment eines Geschwaders anfangen? Sollen wir fliegen „bis zur letzten Maschine"? Ich darf meine letzte Kampfkraft nicht mit staffelgroßen Angriffsverbänden verkleckern, sondern muss im Rahmen meines Auftrages etwas Sinnvolles tun. Wir werden in der Abenddämmerung wieder in Trapani einfallen, falls es gelingt, eine Landebahn freizuhalten. Morgen werden wir den gleichen Auftrag haben: Aufklärung über den Landeköpfen, Tiefangriffe (es ist wieder einmal soweit!), Abwehr der Bombereinflüge zum Schutz der Straße von Messina. Denn wenn man die Absicht hat, die Insel zu verteidigen, dann ist der Verkehr über die Straße von Messina das Wichtigste. Und sollte Sizilien aufgegeben werden – erst recht. Falls der General mit seinem Stab nach Norden ausgewichen ist, wird der Einsatzbefehl über Funk eintreffen. Er wird kurz und einfach sein. Man wird uns die Lage mitteilen. Aber nicht wie im Wehrmachtsbericht. Nichts von heldenmütigem Widerstand und untragbaren Verlusten des Feindes. Ich habe Sorge, dass die Insel „um jeden Preis gehalten wird", weil es der „Oberste Kriegsherr" so befohlen hat und der Befehl zur Räumung wieder einmal erst dann eintreffen wird, wenn es nichts mehr zu räumen, nichts mehr zu retten gibt. „Oberleutnant Bachmann ans Telefon!"

Nach einer Weile kommt der Adjutant zurück und meldet: „Die Erste Gruppe bittet um Erlaubnis, bei uns einzufallen. Sie haben einen gewaltigen Segen von den Marauders abbekommen und möchten mal an einem friedlichen Ort auf dem Lande ein bisschen Luft holen."

„Zu viele Maschinen auf diesem schmalen Handtuch", überlege ich laut. „Wo sollen wir die unterstellen?"

Straden ist skeptisch. „Das hat uns gerade noch gefehlt. Wenn die Kittyhawks, die im Inland bewaffnete Aufklärung und Tiefangriffe fliegen, uns hier erwischen, machen sie uns fertig." Andererseits kommt dies meiner Absicht zur Zusammenfassung meiner Kampfkraft entgegen. Von verschiedenen Plätzen aus zu starten und sich irgendwo zu versammeln, das kostet zu viel wertvolle Flugzeit. „Viele werden es sowieso nicht mehr sein", ergänzt Bachmann. Ich gebe die Genehmigung. In diesem führerlosen Zustand muss jeder Verbandsführer für sich entscheiden und die Verantwortung allein tragen.

Eine Stunde mag vergangen sein, da umkreist die Erste unser Feld und landet, glücklicherweise ohne Zwischenfall. Godert und Zöhler, mit ihnen dreizehn andere Flugzeugführer – das ist der Rest der Gruppe. Godert tritt gebeugt unter die Zeltbahn, meldet, zieht die Schwimmweste über den Kopf und knöpft das nasse Hemd bis zum Gürtel auf. Damit entblößt er die zartblaue Tätowierung, eine wohlgeformte Dame darstellend, die sich wohlig auf seinem Bauch rekelt. Wir kennen die Schönheit. Sie soll in Hongkong oder Shanghai entstanden sein – in der Zeit, als ihr Besitzer noch bei der christlichen Seefahrt war. Der Schweiß steht in vielen kleinen Perlen auf seiner Haut. „Sie müssen schon entschuldigen, wenn ich etwas transpiriere", sagt er, „aber das ist der Angstschweiß von der Landung ..."

Hinter ihm schiebt sich Zöhler in die Enge unter dem Zeltdach und macht den schwachen Versuch zu salutieren. Der ohnehin zarte und empfindsame Mann ist nur noch ein Schatten seiner selbst. In dem diffusen Licht unter der Zeltbahn leuchtet sein Gesicht beinahe Chromgelb. Er bekämpft die Malaria rücksichtslos mit massiven Atebrinstößen und fliegt jeden Einsatz, der möglich ist.

„Ich habe heute früh einen von diesen langsamen amerikanischen Störchen vernascht", berichtet er. „Mensch, war das ein Zirkus, als wir in den Flakzauber hineinstießen. Wir sollten Landungsschiffe beschießen und feststellen, wie weit die Amerikaner landeinwärts stehen. Da vorn schießt jeder auf jeden! Am Strand und im flachen Wasser liegen massenhaft Lastensegler. Bis zur Straße nach Agrigento haben wir Zunder gekriegt."

„Das war so ein Artillerieflieger, der das Feuer von den Schlachtschiffen dirigiert. Er flog gemütlich die Küstenstraße auf und ab. Armin hat einmal kurz hingehalten, da war er ein einziger Feuerball." Godert, der Unerschütterliche, berichtet noch mit einer gewissen Begeisterung.

„Als wir im Tiefflug über die Hügel zur Küste hinabflogen, waren die dicken Jagdbomber gerade am Werk. So konnten wir gleich erkennen, wo die Unseren stehen. Aber einen richtigen Frontverlauf sieht man nicht, das ist ein höllisches Durcheinander. Die leichte Flak feuert auf alles, was fliegt. Und wenn man in die Nähe der dickeren Schiffe gerät, werden die zu feuerspeienden Bergen. Die Jabos kommen von Malta und Pantelleria. Es sind meistens Grumman ‚Martlets', dicke unbewegliche Schinken, die unheimlich viele Bomben schleppen können. Beim ersten Anflug nahmen wir die Landungsboote unter Feuer. Das sind schöne Ziele, wenn sie so fett im Wasser liegen, bis zum Rande voll mit Soldaten."

„Wie viele Flugzeuge bringen Sie noch auf die Beine?"

„Wenn es zehn sind, werde ich froh sein, Herr Major. Sie haben uns Sciacca heute völlig umgepflügt. Wir saßen gerade in den Maschinen, um zum zweiten Male nach dem Landekopf zu starten, da waren sie ohne Warnung über uns. Wieder die Marauders – unsere Freunde von Afrika. Aber sie werfen noch immer miserabel. Unsere Achtkommaacht hat prima dazwischen gehalten, plötzlich hingen zehn Fallschirme über der Startbahn. Zwei Bomber sind am Platzrand abgestürzt."

„Dafür", sagt Godert, „haben sie mir ein Loch in die Fläche verpasst, durch das man den Kopf stecken kann."

„Also gut. Wir wollen so schnell wie möglich wieder einsatzbereit sein. Der Erice meldet einen Einflug nach dem anderen, und Trapani wurde inzwischen zweimal gebombt."

Die Kittyhawks sind plötzlich da, ohne dass wir das Motorengeräusch gehört hätten. Sie fliegen in breiter Linie, höchstens hundert Meter über Grund mitten über unseren Platz hinweg. Offensichtlich sind sie auf dem Rückflug nach Pantelleria. Die Unterseite der Flugzeuge zeigt ein hässliches Küchenblau, und als der Verbandsführer die Fläche in die Senkrechte schwenkt, sieht man die scheckige Wüstentarnfarbe der Oberseite. Auf unserem Platz regt sich niemand. Wir hoffen, dass sie uns nicht entdeckt haben. Wenn wir aus Maschinengewehren und Karabinern das Feuer eröffnen, wird uns das verraten. Unsere Abwehr ist ohnehin reichlich improvisiert. Ein paar MG 15 auf Dreibeinen sind am Rande der Landebahn aufgestellt. Die Mechaniker haben ihre Karabiner griffbereit liegen.

„Sie kommen!"

Wie auf einer Perlenschnur aufgereiht kehren die Amerikaner zurück und fliegen das Tal herauf. Wir stolpern über Stühle und Kabel und suchen in großen Sätzen den Schutz der Mauer zu gewinnen. Wie auf Kommando hämmern die Bordwaffen der Flugzeuge los, und nun fallen auch die Maschinengewehre rund um den Platz ein. Als wir nach Luft ringend an der Mauer lehnen, spritzt die harte Erde rings um das Gehöft von den Einschlägen auf. Das fremdartige Geräusch der amerikanischen Motoren erfüllt das langgestreckte Tal, als die Jagdflugzeuge mit der spitzen Motorschnauze – wohl zehn an der Zahl – über das Feld hinwegdonnern. Nun feuern auch unsere Soldaten mit ihren Karabinern, wie man es sie gelehrt hat, aus Deckungen hinter Bäumen, aus Gräben und Erdlöchern. Viel Sinn hat es nicht, habe ich mir sagen lassen, aber es beruhigt die Schützen. Aussicht auf Erfolg besteht nur, wenn es alle tun, damit möglichst viel Blei in die Luft gebracht wird. Die Russen sind dazu erzogen, und sie haben uns bei Tiefangriffen wenigstens damit geärgert.

„Achtung, sie kommen wieder", schreit ein Ausguckposten. Diesmal jagen sie aus einer hochgezogenen Kurve von Osten heran und lassen die Bordwaffen auf große Entfernung sprechen. Wir rasen um das Gehöft herum, um uns hinter der Westseite zu verbergen. Das Spiel beginnt uns zu amüsieren. Offenbar visieren sie nur das Gehöft und den Gefechtsstandwagen an, in dem sie vielleicht eine führungswichtige Funkstelle vermuten. Aber eigentlich müssten sie doch die spärlich getarnten Flugzeuge unter den Bäumen sehen!

Wir japsen nach Luft und fluchen und ducken uns in Erdmulden, als die Garben der Bordwaffen um das Gehöft herum und durch das dürre Gras der Landebahn spritzen.

„Blöde Hunde – jetzt sollte man in der Luft sein!" schimpft Köster vor sich hin.

„Achtung, sie haben sich geteilt. Jetzt kommen sie von beiden Seiten!"

Als ob sie den harmlosen Bauernhof in Stücke schießen wollten, greifen die Amerikaner jetzt aus verschiedenen Richtungen an und hetzen uns um die Scheune. Lachend und fluchend springen wir um unser Leben, denn ganz ernst brauchen wir es nicht zu nehmen, weil glücklicherweise keiner der Angreifer eine Bombe unterm Bauch hat. Und auf einmal braust die ganze wilde Jagd nach einem letzten Furioso davon und entschwindet gen Westen. Sehr schnell erstirbt das Motorengeräusch.

Wir stehen um den Gefechtsstandwagen herum, klopfen den Staub von den durchgeschwitzten Hemden und Hosen und betrachten das traurige, durchlöcherte Gefährt, dessen Scheiben zerborsten sind. Plattfüßig neigt es sich zur Seite, und wenn der Motor auch Treffer abbekommen hat, wird es wohl hier stehenbleiben müssen.

Bachmann findet als erster die Sprache wieder. „Uhrmacher!" sagt er verächtlich. Und wir alle lachen und stimmen ihm bei.

„Karl hat es erwischt!" schreit da einer von der anderen Seite der Landebahn. „Wir brauchen Verbandsstoff und einen Storch!"

„Ausgerechnet Karl", sage ich zu Bachmann. „Lass uns schnell hinüberfahren."

Sie haben Karl auf eine Zeltbahn gelegt und ein Sitzkissen unter seinen Kopf geschoben. Er sieht mich mit erschrockenen Augen an und will etwas sagen, es wird aber nur ein Gurgeln.

„Du sollst nicht sprechen", sagt der Werkmeister Hamann, „lieg ganz still, der Storch kommt bald." Und zu mir: „Er hat einen Schuss quer durch die Brust. Wir haben alles zusammengesucht, was wir an Verbandsstoff finden konnten, aber er blutet immer noch."

Karl Ramhart ist 1939 mit dem Geschwader in den Krieg gezogen. Seine Heimat ist München. Er wurde am Viktualienmarkt groß und arbeitete in einer Kohlenhandlung – besser gesagt: Er gehörte zu jenen Spezialarbeitern, die kohlenstaubgeschwärzt, einen umgestülpten Sack kapuzenartig über den Kopf gezogen, Kohlensäcke in die Keller der Bürger trugen. Seine Kräfte sind demzufolge beachtlich. Als Angehöriger des „Allgemeinen Personals" kam er ins Geschwader und wurde wie ein Gelegenheitsarbeiter mal in der Küche, mal in der Bekleidungskammer verwendet. Dann lernte er Autofahren und entwickelte eine Vorliebe für die schweren Benzintankwagen. Bald war er einer der unentbehrlichsten Soldaten im Geschwader. Was aber die besondere Stellung Karls unter uns ausmacht, ist seine eigenwillige Art, mit seiner Umwelt umzugehen, Vorgesetzte eingeschlossen. Er duzt sie alle. Nicht, dass er etwa die Dienstgrade ignoriert – aber er bringt es mühelos fertig, die respektvolle Anrede eines Vorgesetzten mit dem vertrauten Du zu verbinden. All dies in der ursprünglichsten Münchner Mundart. Es muss damals dem Volksschullehrer nicht gelungen sein, gewisse Konventionen in den Jungen einzupflanzen.

Nicht nur, dass er bei allen beliebt ist. seine Bereitschaft zu Hilfe und selbstloser Arbeit ist beispielhaft. Mich hat er besonders ins Herz geschlossen. Ich beuge mich zu ihm hinab und sage: „Karl, lieg ganz still und sprich nicht. Wir fliegen dich nach Trapani, die Sache ist halb so schlimm. Das ist ein netter Heimatschuss, Karl." Sein Gesicht ist eingefallen, er atmet schwer. Die klobigen Hände, die so leicht mit den schweren Tankverschlüssen umgehen konnten, bewegen sich unruhig. Er hat offensichtlich den Wunsch, mir etwas zu sagen.

Mein Ohr dicht an seinem Mund, höre ich seine heisere Stimme: „Herr Major, dös will i dir sagn – wann i gsund bin, nacha möcht i zum Haufn zruck, Herr Major, versprichst mir dös?"

„Ja, Karl, mach dir keine Sorgen, in ein paar Wochen bist du wieder bei uns."

Auf dem Wege zum Gefechtsstand fragt Bachmann: „Was machen wir mit den Verwundeten, Herr Major, wenn keine Junkers Ju 52 mehr kommen?"

„Ich will Ihnen etwas sagen, Bachmann: Sollte der Befehl zur Räumung der Insel rechtzeitig eintreffen, dann werden diesmal alle Soldaten in Sicherheit gebracht. Selbst wenn wir gezwungen sein sollten, alles Gerät in die Luft zu sprengen, weil wir es nicht transportieren können."

Beim letzten Büchsenlicht fallen wir in Trapani ein. Wir – das sind die paar Flugzeugführer der noch flugklaren Maschinen. Ich umfliege mehrmals das zerwühlte Flugfeld, bevor ich mich zum Landeanflug entschließe. Aber es steigen grüne Leuchtkugeln vom Liegeplatz auf, um mir zu signalisieren, dass ich den Markierungen auf der Landebahn trauen könne und landen solle.

Dieser Flugplatz verträgt unheimlich viel, denke ich, als der Propeller nach ein paar lauten Fehlzündungen steht. Nun laden sie schon vierzehn Tage lang mehrmals am Tage Bomben jeden Kalibers ab, und dennoch können wir noch starten und landen. Das ist eine Lehre für den Lufttaktiker, aber ich weiß nicht, ob ich sie noch gebrauchen kann: Es hat wenig Sinn, die Flugplätze des Gegners entzweizuschlagen – man muss die Flugzeuge treffen und dezimieren. Nun – das ist ihnen allerdings auch gelungen. Aber wir sind immer noch da und bringen ihnen Verluste bei. Das zwingt sie zu weiterem Einsatz gegen unsere Plätze. Wenn man allerdings so aus dem Vollen schöpfen kann, wie die Engländer und Amerikaner, dann kann man auch unwirtschaftlich operieren, und so werden sie nicht eher ruhen, als bis sie uns vertrieben oder ausgelöscht haben. In dem fahlen Lichte, das nach dem Versinken der Sonne die Steine, Felder und Häuser am Hang des Erice noch einmal aufleuchten lässt, als seien sie mit Leuchtfarbe versehen, gleicht der Platz um die Flugzeugboxen einer Gespensterlandschaft. Die Baracke ist an einer Seite aufgerissen, und das Dach ragt ohne Stütze in die Luft. Flugzeugwracks sind in der Nähe der zerrissenen Bäume zu einem weißlichen Haufen zusammengeschoben, und Fässer und Leitern sind regellos über die Erdwälle verteilt. Der Tankwagen – haben wir überhaupt noch intakte Tankwagen? – findet offenbar keinen Zugang mehr zu den Boxen. Die Männer rollen Benzinfässer heran und beginnen das mühselige Betanken mit der Handpumpe.

„Heute war allerhand fällig, Herr Major", sagt der Gefreite, ohne mit der Arbeit einzuhalten. Bei ihm sitzt jeder Handgriff, es sieht so aus, als brauche er gar nicht mehr hinzuschauen.

Das sind die wenigen Minuten, in denen diese Männer einen Flugzeugführer ganz für sich haben. Die Sachlichkeit der gemeinsamen Aufgabe verwischt dann die Rangunterschiede und den Grad der Verantwortung, und sie reden rasch und wortkarg mit ihm wie mit ihresgleichen. Auf diese Weise erfahren sie etwas vom Kampfgeschehen und nehmen teil an dem Schicksal des Geschwaders, dem sie angehören.

„Wie ist denn das mit Hauptmann Freiberg passiert?" fragen sie. Oder: „Wie ist die Lage am Landekopf, wo stehen die Amerikaner?" Dabei haben sie auch keine Scheu, ihre Ansicht über die Kriegführung zu sagen, und sie tun das in ungeschminkter Sprache: „Das ist doch alles Scheiße. So war es doch in Afrika vor zwei Monaten, genauso. Was wollen wir denn mit den paar Mühlen hier noch ausrichten? Hier hängt doch der Himmel voller Geigen!"

Ich habe den Oberfeldwebel Hackel rufen lassen, weil ich mit meinem Motor nicht zufrieden bin. Hackel hat im Umgang mit dem Daimler-Benz-Motor der Me 109 eine magische Hand. Fast immer findet er, wenn man ihm Symptome sagt, die Ursache der Störung. Es ist wie eine Diagnose. Wenn in der Abenddämmerung irgendwo am Platzrand ein Motor auf höchste Tourenzahl gejagt und dann plötzlich das Gas herausgerissen wird, und das drei- und viermal hintereinander, dann ist es mit Sicherheit Hackel, der dem Patienten zu Leibe geht und bis zu den Ellbogen mit Öl und Fett beschmiert aus seinen Eingeweiden auftaucht, wenn man herantritt

„Der Motor ist noch nicht in Ordnung", sage ich zu ihm, „auch nach dem Kerzenwechsel nicht. Sobald ich über fünftausend hinaufsteige, beginnt er rau zu laufen. Der Benzindruck fällt aber nicht ab. Die Mechaniker haben gestern die Einspritzpumpe magerer gestellt, aber das hat nichts genützt."

Das Gespräch der Soldaten hat sich inzwischen anderen Dingen zugewandt, es ist von Foggia, unserem Stützpunkt auf dem Festland, die Rede, und dort gibt es nicht nur Trümmer und Tote, sondern Lokale und lebendige Mädchen. Ach, es ist alles nur Landserfantasie und in Wirklichkeit ganz anders. Hackel sagt nur: „Wollen ihn mal laufen lassen." Und er steigt auf die Fläche, von da in die Kabine und sagt: „Los, ein!"

Der Schwungkraftanlasser beginnt mit seinem weinenden Geräusch zu beschleunigen, und der Motor springt an, indem er eine Wolke rußigen, dunkelblauen Qualms aus den Auspufftöpfen stößt.

Nun stehen sie wieder um uns herum, die Soldaten der Wartungsgruppe, die „Mechaniker", wie wir Flugzeugführer sie gemeinhin nur nennen. Sie nehmen teil am Schicksal des Flugzeuges wie am Schicksal dessen, der es fliegt. Sie personifizieren dieses leblose technische Wunderwerk aus Aluminium, Stahl, Kunststoff und vielen hundert Metern Draht, indem sie von „ihr" sprechen, wie von einer Frau. Sie schreiben es auch „ihr" zugute, wenn der Pilot erfolgreich ist, und sie sind es, die sorgfältig immer wieder die Zahl der Abschüsse auf den neuesten Stand am Seitenleitwerk bringen, jedenfalls taten sie das hier auf Sizilien bis vor Kurzem.

Durch hundertfaches Zusehen wissen sie viel vom Flugzeug und seinen Eigenheiten, und sie haben kein Verständnis dafür, wenn einer durch Unachtsamkeit oder aus Unerfahrenheit ein Flugzeug beschädigt oder zerstört. Die Blamage vor dem Bodenpersonal der Staffel hatte oft mehr erzieherische Wirkung als eine Disziplinarstrafe vom Staffelkapitän. Ich habe gesehen, wie die Warte kopfschüttelnd davongingen, wenn einer der Jungen, der es gar nicht lernen wollte, die Me 109 beim Start ausbrechen ließ, indem er den Torsionskräften der Luftschraube nicht entgegenwirkte, und das Fahrwerk zerbrach.

Selbst jetzt noch, nachdem Jagdflugzeuge längst zur Verbrauchsware geworden sind, ist der Stolz auf die Arbeit und die Verantwortung geblieben. Seitdem wir wieder in Sizilien sind, arbeiten die Männer fast ohne Unterbrechung, in Schweiß, Staub, Öl- und Benzindunst, ohne rechten Schlaf und viele Male am Tage in die Splittergräben gejagt, stets gewärtig, dass das Flugzeug, an dem sie eben mehrere Stunden lang gearbeitet haben, von einer einzigen kleinen Bombe zu Schrott geschlagen ist, wenn sie wieder hervorkommen.

Seit wir in Afrika den Plan fassten, die Mechaniker in die Rümpfe unserer Flugzeuge zu packen und so nach Europa zu bringen, gibt es ein besonderes Verhältnis zwischen dem Soldaten, der auf diese Weise dem Tode oder der Gefangenschaft entging, und „seinem" Flugzeugführer. Ich weiß nicht mehr, wer die Idee hatte, mit Jagdflugzeugen eine Art Luftbrücke nach Sizilien einzurichten. Aber sie entstand, als wir schon die Zahl und die Namen derjenigen Soldaten festzulegen begannen, die wir zurücklassen mussten, falls wir die Erlaubnis zur Räumung des afrikanischen Kriegsschauplatzes bekämen. Ihr Schicksal würde die Gefangenschaft sein.

Am Vorabend des ersten Versuches umringten die Sachverständigen aller Sparten voller Interesse das Flugzeug, das den ersten Passagier – gewissermaßen im Beladeversuch – aufnehmen sollte. Die Panzerplatte hinter dem Kopf des Flugzeugführers wurde entfernt und der Boden des winzigen Gepäckraums hinter der Kabine herausgeschnitten. So konnte der Passagier, der in dem schmalen Rumpf der „Me" knien sollte, dem Flugzeugführer über die Schulter blicken. Das „Einsteigen" des Fluggastes war eine akrobatische Leistung, denn er musste mit den Füßen voran durch die enge Luke gezwängt werden, die als Arbeitszugang zum Funkgerät gedacht war. Bald entdeckten wir, dass keine benagelten Stiefel oder Schuhe getragen werden durften, denn die Füße des Mitfliegers kamen neben dem Mutterkompass zu liegen, und dieser zeigte falsch an, wenn er von Metall abgelenkt wurde.

Es war eng in dem Verlies, und dem Passagier schliefen die Beine ein, aber für den Überführungsflug von weniger als einer Stunde mochte es hingehen. Ein findiger Kopf fand heraus, dass „ein ganz Kleiner" zur Not noch im dunklen Rumpfende Platz finden könnte, wo die Drähte für das Leitwerk zusammenlaufen und die Feder des Spornrades hineinragt. Auch dieser Versuch gelang, freilich musste eine bestimmte Reihenfolge des Einsteigens und bei der Verstauung der Gliedmaßen eingehalten werden. Es gelang uns, auch darüber noch viel und herzlich zu lachen, obwohl der Anlass und die Aussichten wirklich wenig Erheiterndes hatten. Nun fing die Suche nach den „Kleinen" unter den Mechanikern an, und genaue Passagierlisten wurden festgelegt.

Das Starten und Fliegen mit dieser Beladung ist wegen der völlig andersartigen Schwerpunktlage gefährlich und erfordert großes fliegerisches Können. Dass Reinhold mit der schwerbeladenen Me 109, zwei Mechaniker an Bord, sich sogar noch auf einen Luftkampf einließ und eine Kittyhawk abschoss, brachte ihm die ungeteilte Achtung aller ein.

Mancher Motorenschlosser oder Funkmechaniker, der so sehr darum gebeten hatte, ihn mitzunehmen, wurde nach Sizilien geflogen, um dort von einer Bombe zerrissen zu werden.

Seitdem sprechen die Männer des Bodenpersonals von „ihrem" Flugzeugführer. Auch wenn er nicht mehr lebt.

In der Grotte sind heute Abend fast alle versammelt, die vom Feldflugplatz kommend in Trapani landeten. Das Flugfeld von Sciacca ist unbenutzbar, deshalb sind Godert, Zöhler und die Piloten der I. Gruppe bei uns.

Mit einbrechender Dunkelheit hat die Kanonade der Schiffsartillerie begonnen.

„Das sind ganz dicke Koffer, die da heranrauschen", sagt Godert. „Sicher von Kreuzern oder Schlachtschiffen."

Mit entnervender Regelmäßigkeit hört man die dumpfen Einschläge, die ganz anders klingen als Fliegerbomben. Seit heute Nachmittag haben wir keine Verbindung mehr zum Jagdfliegerführer. Die Funker hämmern erfolglos die Frequenzen ab, bekommen Verbindung mit dem II. Fliegerkorps, verlieren sie wieder und beginnen von Neuem mit der Suche im Äther. Die Flotte der Engländer beschießt offenbar die Küstenbefestigungen. Das kann die Vorbereitung der Landung bei Marsala sein, aber auch nur ein Manöver zur Ablenkung und Täuschung. Obgleich wir alle zu

Tode erschöpft sind, denkt keiner an Schlaf. Das Grollen der Schiffsgeschütze, das über das Meer heranrollt, und das Bersten der Einschläge machen jede Ruhe und Entspannung unmöglich.

Wir werden beim Morgengrauen wieder Aufklärung fliegen, auch wenn wir noch nicht wissen, wem wir die Ergebnisse melden sollen, und mit den paar Flugzeugen, die noch zum Einsatz taugen, die Bomber bekämpfen. Dazu brauchen wir keine Befehle. Nicht weit von dem Feldflugplatz, den die Kittyhawks heute entdeckten, fand Straden eine Weide, die ihm geeignet erschien, die Reste des Geschwaders aufzunehmen. Nach dem Frühstart werden wir dort einfallen und wieder fliegen, falls die Alliierten nicht inzwischen bei Marsala gelandet sind und falls wir noch genug Flugzeuge für einen sinnvollen Einsatz haben. Ich muss den Jagdfliegerführer erreichen und von ihm erfahren, ob es zutrifft, dass die Amerikaner weit nach Norden vorgestoßen sind, das Zentrum der Insel erreicht haben und unsere Truppen in zwei Teile zu spalten drohen. Für diesen Fall habe ich befohlen, einen Plan aufzustellen, die Bodenteile des Geschwaders, soweit Fahrzeuge vorhanden sind, auf der nördlichen Küstenstraße bis nach Messina zurückzuführen, während die Flugzeugführer starten und fliegen sollen, solange noch Flugzeuge da sind. Wenn ich nichts über die Lage erfahre, bin ich auf meine eigene Aufklärung angewiesen.

Heute Abend ist sogar der hier sonst übliche Galgenhumor versiegt. Die Angst liegt wie ein Albdruck auf uns allen, mehr oder weniger zugegeben oder getarnt. Alle stellen die gleichen simplen Überlegungen an, rechnen die Möglichkeiten durch und wissen, dass es nun todernst geworden ist. Freibergs Ausbleiben wirkt auf sie wie ein schlechtes Omen. Eigentlich hatten wir alle jeden Gedanken daran von uns gewiesen, dass ihm beim Fliegen oder im Luftkampf etwas geschehen könnte. Wenn er Glück gehabt haben sollte und am Fallschirm den Boden erreicht hätte, müssten wir längst Nachricht haben, denn jeder, der irgendwo herunterkommt, lässt nichts unversucht, seinen Verband zu benachrichtigen.

Er trug auch heute wieder die blütenweißen Socken und die gelben Sandalen, die ich so oft an ihm kritisiert hatte.

Das Mädchen Teresa hat ein paar Tränen vergossen, als sie von Freibergs ungewissem Schicksal hörte. Ihr Wesen ist seltsam leer und stumpf, sie ist ein einfaches Kind dieser Landschaft und dieses Volkes und erlebt in diesem schrecklichen Kriege wahrscheinlich mehr, als ihr kleiner Verstand verarbeiten kann. Jetzt sitzt sie stumm neben ihrer Nonna und blickt ausdruckslos vor sich hin.

Keiner der Männer in der Grotte verspürt den Wunsch, mehr Marsala oder Wermut zu trinken, als nötig ist, um den Durst zu stillen. Das meiste aus den Flaschen, die der Dicke uns hinstellte, war ohnehin immer von Freiberg getrunken worden.

Gegen Mitternacht lässt das Artilleriefeuer nach, man scheint nur noch mit wenigen Geschützen zu feuern und den Bedienungen auch etwas Schlaf zu gönnen.

Schließlich hört auch diese Tätigkeit auf, und selbst die „Nervensäge vom Dienst“ ist nach Tunis oder Bizerta heimgeflogen.

Mit der sich ausbreitenden Stille löst sich die Spannung, und die Erschöpfung in Verbindung mit der gesunden jungen Natur der meisten lässt sie in einen kurzen, traumlosen Schlaf fallen. Nur wenige können nicht schlafen, bleiben aber in der Grotte, weil es für den Rest der Nacht wenig Zweck hat, sein Quartier aufzusuchen, und außerdem können ja die Wellingtons jederzeit wieder mit frischer Abwurfmunition über uns erscheinen.

Hauptmann Kegel ist zurückgekehrt und berichtet, neben meinem Feldbett sitzend, von seiner Erkundung des Flugplatzes Gerbini. Er flüstert, um die Schläfer nicht zu wecken, und nimmt dabei die Brille ab, um sie zu putzen. In der singenden Sprechweise seiner sächsischen Heimat erzählt er von seinem Flug nach Gerbini und dem schrecklichen Bild der Zerstörung, das sich ihm dort geboten habe.

„Ich glaube“, sagt er, „dass wir dort landen können, denn der Platzkommandant schafft es immer wieder mit seinen Leuten, eine oder zwei Landebahnen herzurichten. Da sind sogar Einheiten vom Reichsarbeitsdienst dabei, ganz junge Pimpfe, sie haben auch schon Verluste gehabt, es ist eine Schande! – Wenn Sie von Gerbini aus Jagdschutz über der Straße von Messina fliegen, sollten Sie allerdings die Zusatztanks nur im Notfalle abwerfen oder rechtzeitig den Luftkampf abbrechen, denn ob Sie wieder landen können, ist fraglich. Die schweren Bomber über Gerbini lösen einander beinahe ab, es ist fast, als ob sie zu viele davon haben. In der Luft dürfte es morgen sicherer sein als am Boden.“

„Da die Bodenorganisation auf der Insel durch die laufenden massiven Luftangriffe schwer angeschlagen war, gelang es den Jagd- und Nahkampfverbänden nicht mehr, die Heeresverbände entscheidend zu unterstützen und ihnen Schutz vor den Bombenangriffen zu geben. Hinzu kam die unsichere Haltung der Italiener … Eine rühmliche Ausnahme bildeten die vorbildlich kämpfenden Torpedoverbände und einige Jagdstaffeln unter hervorragenden Kapitänen."

FRANZ KUROWSKI,
„DAS TOR ZUR FESTUNG EUROPA"

„Die italienische Luftwaffe befand sich in einer hoffnungslosen Lage, weil sie veraltete und unterlegene Flugzeuge besaß … Die Zusammenarbeit der italienischen und deutschen Luftwaffe war schlecht. Die deutschen Jäger übernahmen den Schutz Siziliens, als sei die italienische Luftwaffe nicht einmal existent."

THE U.S. ARMY IN WORLD WAR II

„Im Rahmen ihrer Möglichkeiten beteiligten sich auch die Jagdverbände an den Abwehrkämpfen. Letztere waren allerdings insbesondere zum Schutze der Transporte über die Messinastraße eingesetzt, wo sie gemeinsam mit der dort in Stellung gegangenen Flakartillerie den Luftraum von Feindflugzeugen säuberten. Die auf Sardinien stehenden fliegenden Verbände der Luftflotte 2 wurden nach Sizilien übergeführt."

FRANZ KUROWSKI,
„DAS TOR ZUR FESTUNG EUROPA"

## 11. Juli 1943

Am Morgen des 11. Juli gegen fünf Uhr rolle ich mit Straden zum Start, um nach Sardinien zu fliegen. Beim Start platzt ein Reifen seiner Maschine, er meldet sich über Funk ab und landet wieder. Ich beschließe, den Flug allein fortzusetzen, und bald versinkt Sizilien hinter mir im Meer. Langsam steige ich auf sechstausend Meter, um die Küste Sardiniens möglichst bald sehen zu können. Die Nacht war kurz, die Kanonade gönnt uns wenig Schlaf, und als Verbandsführer muss man die notwendigsten schriftlichen Dinge in der Nacht erledigen. Je weiter ich über das Meer nach Nordwesten vordringe, umso mehr schwindet die Spannung, und ein Gefühl beinahe wohliger Geborgenheit überkommt mich. Was ist schon ein Flug über dreihundert Kilometer Wasser, wenn man kaum von Spitfires oder Lightnings belästigt werden kann? Ein Spaziergang zur Entspannung.

Ich rutsche auf dem harten Fallschirm in eine Stellung, die mir erlaubt, die Beine bequemer zu strecken, und rücke die Atemmaske zurecht. Wenn ich die Steigung der Propellerblätter auf „10,40" stelle, hat der Motor die günstigste Umdrehungszahl, er brummt ohne die geringste Vibration. Es muss hier oben in sechstausend Metern Höhe sehr kalt sein, vielleicht 30 Grad unter Null. Langsam schließe ich die Kühlerklappen. Die Temperatur des Kühlwassers steigt kaum merklich an, aber der Geschwindigkeitsmesser zeigt zehn Kilometer mehr Fahrt.

Das Meer ist grasgrün, wenn ich direkt nach unten schaue. gegen den Horizont hin nimmt es mehr die Farbe von blauer Tinte an. Es zeigt keine Schaumköpfe. Seeleute nennen diesen Seegang „eins bis zwei". Es ist angenehm, mit der Sonne im Rücken zu fliegen. Die Panzerplatte, die Kopf und Nacken schützt, wirft einen breiten Schatten auf das Instrumentenbrett. Der Propeller ist eine glitzernde, transparente Scheibe, Sand und Staub haben die ursprünglich schwarzgestrichene Rückseite blankgeputzt, und so reflektiert das blanke Metall das gleißende Sonnenlicht.

Das Anspringen eines Senders im Kopfhörer lässt mich zusammenfahren. „Möbelwagen im Planquadrat 12.17, Kurs 120 Grad – Jäger fliegen Begleitschutz."

Der Geschwadergefechtsstand am Erice gibt Weisungen an die Jäger auf Sizilien. Auch einige Flugzeugführer hört man undeutlich sprechen, dann tritt wieder Ruhe ein. Auf dem Rücken, etwa in Höhe der Nieren, fühle ich, wie die Kälte heraufkriecht. Mein Hemd war wieder einmal durch und durch nassgeschwitzt, als ich startete. Nun ist es, als ob Eisbeutel am Rücken befestigt wären. Ich krempele die Ärmel herab und breite die Karte über die Knie. Noch etwa 150 Kilometer bis zur Küste Sardiniens, 250 Kilometer bis zum Feldflugplatz der III. Gruppe. Abben weiß nicht, dass ich zu ihm unterwegs bin. Das ist also ein sogenannter überraschender Truppenbesuch, zu dem man als Kommodore verpflichtet ist. Früher verursachten solche überraschenden

Besuche von Vorgesetzten viel Aufregung, aber auch zuweilen Gelächter, heute sind wir über dergleichen kommissige Spielereien längst hinaus. Nach unserem erfolglosen Masseneinsatz am 25. Juni musste Abben mit seiner Gruppe wieder zurück nach Sardinien, da die Häfen Cagliari und Olbia bevorzugte Ziele der viermotorigen Bomber sind und die Gefahr einer Landung auch auf Sardinien nicht ausgeschlossen werden kann.

Nun, auf dem Höhepunkt der Luftschlacht, soll er morgen in Gerbini einfallen und mit uns gemeinsam die Straße von Messina schützen. Das ist natürlich Flickwerk. Dass wir Sardinien ungeschützt lassen, mag noch zu verantworten sein, denn zwei größere Landungen zu fast gleicher Zeit – das wäre auch für die Alliierten etwas zu viel. Aber wir muten unserer Bodenorganisation Unmögliches zu. Nur wenige Mechaniker meines Geschwaders sind im Landmarsch nach Gerbini verlegt worden, denn wenn man keine Transportflugzeuge hat, ist es nicht ratsam, technisches Personal auf tagelange Märsche zu schicken. So lange kann man es nicht entbehren. Das Jagdgeschwader 53 wird unsere Flugzeuge in Gerbini zusätzlich betreuen müssen. In Trapani muss genügend Wartungs- und Werftpersonal vorhanden sein, um uns nach der Rückkehr zu betanken, zu munitionieren und technisch zu versorgen. Und schließlich müssen wir noch einen Teil auf dem Feldflugplatz halten, damit wir wenigstens dort landen und nach dem Auftanken wieder starten können. Für diese Art der Luftkriegführung haben wir eben die falsche Bodenorganisation, aber diese Erkenntnis kommt jetzt zu spät.

Mein Zusatztank ist leer. Ich schalte den Zündschlüssel herunter, um die Magneten zu prüfen. Die Tourenzahl des Motors bleibt konstant. Wie ein Lippenpaar öffnen und schließen sich die hellgelben Scheiben am Kopf des Sauerstoffgeräts bei jedem Atemzug. sie zeigen mir an, dass ich Sauerstoff atme. Ich bin unsagbar müde. Wie um Halluzinationen zu verscheuchen, schüttele ich den Kopf, bewege die Schultern heftig, soweit sich das in dem engen Gurtzeug machen lässt, und beginne laut vor mich hin zu sprechen. Ich sage: „Meine Herren, ich bin zu Ihnen hinübergeflogen, um Ihnen über die Lage zu berichten. Ich habe mit dem General gesprochen, und er hat sich ganz auf unsere Seite gestellt. Er wird mit dem Reichsmarschall sprechen, sobald er nach Berlin zurückgekehrt ist …“

Was für ein Unsinn! Als ob es noch darauf ankäme, was der Reichsmarschall oder irgendjemand von uns hält oder nicht hält. Man soll uns gefälligst hier auf diesem Sarg von einer Insel unsere verdammte Pflicht tun lassen, bis kein Flugzeugführer mehr lebt oder das letzte Flugzeug ein Haufen Schrott ist. Wenn unsere Führung das von uns erwartet, kann sie es haben. Aber man soll uns in Ruhe lassen!

Nein, das werde ich meinen Flugzeugführern natürlich nicht sagen, obwohl es genau die Sprache ist, die sie wahrscheinlich von mir erwarten. So spricht man nur für sich allein in einem Flugzeug über dem Mittelmeer in sechstausend Metern Höhe.

Wie leer das Meer ist. Nicht ein einziges Schiff, soweit das Auge reicht. Seit langem beherrschen die Alliierten dieses Wasser, die Italiener wagen sich nur noch während der Nacht aus ihren Häfen.

Weit voraus hebt sich nun die Küste Sardiniens als schmaler zartblauer Streifen aus dem dunklen Blau des Wassers. Ich kann beginnen, Höhe aufzugeben.

Als meine Maschine eine knappe halbe Stunde später auf das Landekreuz zuschwebt, flimmert die Luft über den sanften Hügeln, die spärlich mit Bäumen bestanden sind. Sardinien hat einen völlig anderen Landschaftscharakter als Sizilien, es ist weicher, ausgeglichener. Das Land hat viel, von der Gleichmäßigkeit der Steppe. Das hohe Gras ist ausgetrocknet und gelb, und die unbarmherzig glühende Sonne über uns lässt die feuchtigkeitsgeladene Luft kochen. Im Schatten der niedrigen Korkeichen sind die mächtigen sandfarbenen Zelte der Gruppe aufgebaut. Mir, der ich nur noch zerwühlte Plätze und zerschlagene Gebäude und Flugzeuge gewohnt bin, erscheint das Bild geradezu friedlich.

Mit einigen Fehlzündungen kommt die Luftschraube zum Stillstand, und ein wartender Mechaniker springt auf die Fläche, um mir beim Ablegen der Gurte und beim Aussteigen behilflich zu sein. Hauptmann Abben steht neben dem Flugzeug und meldet, als ich zu Boden springe: „Dritte Gruppe im Einsatz, siebzehn Flugzeuge einsatzbereit!“ Und dann fügt er, gewissermaßen außerdienstlich, hinzu: „Seit heute Nacht weht der Schirokko, wir haben 40 Grad im Schatten …“

Der glühende Atem des Wüstenwindes bläst über die Steppe. der Himmel ist gelb, und die Bäume werfen diffuse Schatten. Beim Anflug hatte ich das nicht bemerkt.

„Ich möchte gern alle Flugzeugführer sprechen“, sage ich.

„Jawohl, bitte kommen Sie herüber zum Gruppengefechtsstand, dort unter den Bäumen ist es etwas kühler. Ich lasse inzwischen die Flugzeugführer kommen.“

Im Zelt wird mir Tee mit Zitrone gereicht, lauwarmer Tee, wie wir ihn seit Wochen trinken, stark und ungezuckert. Später sitzen die Flugzeugführer, der Fliegerarzt und der Technische Offizier der Gruppe im Halbkreis um den Stuhl herum, auf dem ich Platz genommen habe. Der heiße Wind bläht die tropenfarbene Zeltbahn, die zwischen den Eichen aufgespannt ist. Die Sonne lässt die Zeltbahn orangerot aufleuchten, und das Rot scheint in ihren Gesichtern wider.

Ich schildere ihnen die Lage auf Sizilien ohne Beschönigung. Dass die Alliierten die Flugplätze der Insel Tag und Nacht angreifen und dass wir ununterbrochen auf der Hut sein müssen, wenn wir nicht am Boden vernichtet werden wollen. Ich entwickele ihnen den Plan, den ich mit dem General der Jagdflieger für diese Situation gefasst und mit den beiden anderen Gruppen bereits verwirklicht habe: Beweglich von mehreren Plätzen und von Feldflugplätzen aus kämpfen, Zusammenfassung der Kräfte, soweit sich eine Massierung auf einem Platz verantworten lässt. Wir können nicht hoffen, unter den Viermotorigen reiche Ernte zu halten, dazu sind wir zu wenige, und seit dem Einsatz der Festungen sind die Luftgefechte rein mengenmäßig zu Luftschlachten geworden. Aber wir können den Feind zwingen, ständig Kräfte zu unserer Niederhaltung abzuzweigen, und das kann der Verteidigung der Insel zugutekommen.

Sie hören schweigend zu und stellen keine Fragen. Es sind genau dreißig Flugzeugführer, Offiziere und Unteroffiziere, die da vor mir am Boden hocken und mich mit offenen Gesichtern anblicken, und die meisten von ihnen kenne ich mit Namen. Vor drei Monaten stand ich in Afrika vor ihnen und sprach über die Aussichten unseres Kampfes. Muss ich mich vielleicht jetzt dessen schämen, was ich damals sagte? – Nein, ich habe ihnen keine falschen Hoffnungen gemacht. Kein Kommandeur, der diesen Titel verdient, tut das mehr in diesem alt gewordenen Krieg. Das tut nur noch die oberste Führung, deren einzige Weisheit aus Raubbau und Überforderung besteht. Ich mache ihnen auch jetzt keine Hoffnungen auf irgendeine Erleichterung. Die alten Hasen unter ihnen kennen wie ich die untrüglichen Anzeichen der Niederlage.

Es sind jetzt allerdings viele junge Gesichter unter ihnen, die ich nicht kenne. Soll ich denen etwas sagen? Sie aufmuntern? Die meisten haben schon begriffen, wozu man sie von der Jagdfliegerschule hierher geschickt hat. Das Wesentliche – nämlich wie man möglichst lange am Leben bleibt, ohne laurig zu sein – müssen sie von den Alten im täglichen Einsatz lernen.

Was nutzt es, von der Schwere des Kampfes an allen Fronten zu sprechen, wenn es ohnehin nie anders war. Nein, Pathos und große Worte wären so gut wie Lügen diesen Männern gegenüber. Sie wissen, was sie morgen und übermorgen und danach tun müssen, und wollen nur hören, ob sie eine Chance haben oder ob man Unmenschliches von ihnen verlangt. Dabei sind sie skeptisch, man sieht ihnen an den Gesichtern an, wie sie das Gehörte verarbeiten und nachprüfen. Sie verlangen zu hören, wie die Lage wirklich ist, ob sie die Voraussetzungen für einen erfolgreichen Kampf finden, und selbst wenn es aussichtslos und deprimierend ist, wollen sie die Wahrheit wissen. Nun – ich kann sie ihnen sagen, ich weiß, ich werde nicht missverstanden.

Die alten Jäger, die seit den ersten Kriegstagen fliegen, verstehen die knappen Worte über die Lage und den Jagdkampf mit der Übermacht ohnehin sofort. Sie wissen, was das bedeutet: „Auf Feldflugplätze ausweichen“ und „beweglich kämpfen“ und „Zusammenfassung der verbliebenen Kräfte“. Dass es Schwäche und Provisorium und Versuch zu überleben bedeutet. Dass man eng aneinandergedrängt Siegen muss, wenn man bis zu den Bombern durchstoßen will, und dass diese Taktik notwendig und erfolgversprechend ist – aber dass das alles nichts mehr entscheidet. Deshalb ist nach wenigen Minuten alles gesagt. Ich schweige erschöpft und entlasse die Flugzeugführer, um noch mit Abben über die morgige Überführung und den Einsatz über Sizilien zu sprechen. Sie sind grundverschieden, diese drei Jagdgruppen, die zu meinem Geschwader gehören, obwohl sie etwa die gleiche Zahl an Abschüssen aufzuweisen haben. Die Dritte war stets getrennt vom Geschwaderstab, allein auf sich gestellt. Das hat den Charakter dieses Verbandes geprägt: Als ob sie sich dieses Vorzuges bewusst wären, geben sich die Offiziere und Unteroffiziersflugzeugführer selbstbewusster und zurückhaltender als die der beiden anderen Gruppen. Es ist, als wollten sie sagen: „Lass uns nur allein, wir werden es schon machen ..."

Nun liegen sie wieder in der Einöde, fernab von jeder Stadt, ohne Abstützung auf deutsche Einrichtungen. Sie leben und kämpfen in dieser sardischen Steppe gegen den unversiegbar scheinenden Strom von viermotorigen Bombern, und sie tun das ohne Murren. Morgen aber erwartet sie etwas anderes: der immer wiederholte Versuch, das Unmögliche zu schaffen, und ein wildes Umherspringen von Platz zu Platz, solange das noch möglich ist.

Die langgestreckte Ostküste Sardiniens gleitet am Rande meiner rechten Tragfläche entlang, als ich in langsamem Steigflug auf Kurs gehe. Die Südspitze der Insel muss in zwanzig Minuten zu meiner Rechten liegen, aber der Schirokko hat einen gelben Schleier über die Landschaft gezogen, bis hinauf zur Sonne, die jetzt im Süden steht.

Die Funksprecher vom Gefechtsstand der III. Gruppe warnen mich vor Lightnings, die neuerdings bis zur Insel vorstoßen. Es knackt in den Kopfhörern, ab und zu springt ein Sender an, und eine weibliche Stimme beginnt zu zählen: „Uno, due, tre ..."

Ich hätte nicht gerade in der Mittagshitze starten sollen. Der Besuch bei der III. Gruppe hat mich nicht ausgeschlafener gemacht. Als ich zum Ende der Startbahn rollte, und die Nase der Hundertneun in den Wind richtete, rann mir der Schweiß in Strömen über Gesicht, Brust und Rücken. Inzwischen, in dieser Höhe, fühle ich bereits wieder die Kälte.

Das ist ein ekelhaftes Fliegen, ohne Horizont und ohne jeden Bezugspunkt für die Fluglage – noch eine Stunde bis Trapani. Ich habe Zeit, über die Begegnungen des Vormittags nachzudenken. Die Entmutigung und Depression hat schon die ganze Zeit in mir gelauert – jetzt aber, da ich allein über dem Meere schwebe, erfasst sie mich so unvermittelt und brutal, dass ich erschrecke. Ist es schon soweit mit mir? Seelische Stabilität ist das oberste Erfordernis für einen Verbandsführer, so haben wir es einmal gelernt. Wer labil und depressiv ist, kann nicht führen.

Meine Augen irren über das Instrumentenbrett und bleiben am Öldruckmesser hängen, dessen Anzeige mir ungewöhnlich erscheint, ohne dass ich in der Lage wäre zu interpretieren, was sie bedeutet. Warum klingt der Motor auf einmal so laut? Ich muss eingenickt sein, für Sekundenbruchteile geschlafen haben. Der Kopf ist so schwer, und die Ohrmuscheln der Haube drücken, dass es schmerzt. Ich korrigiere den Kurs, schalte die Magneten und rücke die Sauerstoffmaske zurecht. Was würde geschehen, wenn ich einschliefe? Ob mich die anormale Fluglage wecken würde? Vielleicht hilft reiner Sauerstoff gegen die tödliche Müdigkeit.

In der Knietasche der Tropenhose steckt ein handlanger Leinenstreifen mit einem Zellophanüberzug, unter dem fünf oder sechs milchweiße Tabletten haften, groß wie Schokoladenriegel. „Pervitin" steht auf dem Streifen. Tabletten gegen Müdigkeit, hat Dr. Sperrling gesagt. Ich öffne die Tasche und reiße erst zwei, dann drei dieser Plättchen von der Unterlage, nehme kurz die Atemmaske vom Gesicht und beginne die Tabletten zu zerkauen. Sie schmecken abscheulich bitter und sind mehlig, aber zum Nachspülen habe ich nichts. Nun werde ich hoffentlich nicht mehr einschlafen.

Der Motor läuft sauber und ruhig. Wenn jetzt etwas mit ihm geschähe, könnte ich noch versuchen, das Land bei Cagliari zu erreichen. Dann kommt die lange Strecke über See, und es ist gleichgültig, wo ich auf dem Wasser aufsetze, oder ob ich herausspringe. Im Schlauchboot hätte ich vielleicht noch 48 Stunden zu leben, dann wäre ich verdurstet und mit verbrannter Haut am Sonnenstich gestorben. Unsinn – warum soll gerade heute der Motor stehenbleiben?

Ich werde, sobald ich die Küste Siziliens in Sicht habe, nach Osten ausholen, um den Jägern bei Trapani aus dem Wege zu gehen. Die Bodenstelle soll mir sagen, ob die Luft rein ist.

Die Punkte genau voraus in gleicher Höhe sehen aus wie Lightnings oder Spitfires. Ja, es sind Spitfires! Vier – sechs – jetzt habe ich sie aus den Augen verloren. Ich bin hellwach, mein Herzschlag dröhnt in den Ohren. Warum ist der Himmel plötzlich so hell, die Augen schmerzen im grellen Licht. Wenn es Spitfires sind, muss ich sie übersteigen, das ist die alte Regel, aber wie kommen Spitfires in das Seegebiet zwischen Sardinien und Sizilien? Ich kann die Helligkeit kaum ertragen. wenn ich die freie Hand schützend vor die Augen halte, geht es besser. Jetzt läuft der Motor ganz laut, als ob er mit höchster Tourenzahl „überdrehen" wollte. Aber die Instrumente zeigen doch normale Werte an? Öltemperatur, Öldruck, Kühlstofftemperatur, Drehzahl – ist die Drehzahl nicht viel zu hoch?

Unter mir im Dunst fliegen Flugzeuge. Vielleicht Festungen? Sie fliegen in der gleichen Richtung wie ich, und ich muss mich sehr anstrengen, sie zu sehen. Ich muss die Fläche etwas anstellen, um hinunterzublicken, dabei gerät das Flugzeug in eine steile Schräglage. Nun kann ich die Flugzeuge plötzlich nicht mehr ausmachen – wieso bin ich jetzt achttausend Meter hoch? Das Atmen fällt schwer, und es ist sehr kalt in der Kabine. Vor allem zieht es an den Knien. Immer noch fliege ich im Höhendunst des Schirokko, die Sonne ist eine erbarmungslose gelbe Scheibe, die ihr grelles Licht durch Kabinendach und Seitenscheiben über alles ergießt, was sonst im Schatten liegt, die Instrumente, das Schaltbrett für die Waffen zwischen den Knien und das Sauerstoffgerät mit seinen Anzeigen. Die Scheiben sind voller Schlieren, und in den Ecken neben der Panzerscheibe bilden sich wieder weiße Eiskristalle. Ich kann die

Augen nicht vom Höhenmesser losreißen, sie haften an dem kleinen, mit Leuchtfarbe bedeckten Zeiger, hinter dem die Buchstaben VDO sichtbar sind. Nun summt der Motor gleichmäßig und ohne Schwingungen – fern, ganz fern. Es ist beinahe wie Schweigen hier oben. Alles wird unwesentlich und abstrakt. Entrückt, als ob ich selbst über meinem Flugzeug flöge, beobachte ich, wie das schnellste deutsche Flugzeug über das Mittelmeer dahinfliegt, einst Inhaber des absoluten Geschwindigkeitsrekords, wie es von der Luftschraube mit ungeheurer Kraft durch die Luft gezogen wird, elegant und rassig, ein hochgezüchtetes Wesen, das von Menschenhand geschaffen ist, um zu vernichten.

Es ist eine Kunst, die Leistung von eintausend Pferdestärken so auf Luftschraube und Ruder zu übertragen, dass die Harmonie zwischen Geschwindigkeit und Auftrieb vollkommen ist. Die Ruder übermitteln meinen Befehl, hart, abrupt und dann wieder sanft, kaum spürbar, sie lassen das Flugzeug stürzen und sich aufbäumen, kurven und Spiralen, und sie lassen es abstürzen, wenn die Flächen der Belastung der Beschleunigungskräfte nicht mehr standhalten. Jetzt weiß ich wieder, was ich so lange vergessen hatte: dass Fliegen berauschend schön ist …

Ich bin auf der Heinkel 51, einem Doppeldecker, ausgebildet worden, und vielleicht ist das mit daran schuld, dass ich immer noch ungern die Sauerstoffmaske aufsetze und zögere, die Me 109 in Höhen hinaufzuschwingen, in denen sie weich wird und den Rudern nicht mehr gehorchen will. Nicht lange vor dem Kriege begannen die Messerschmitts die Doppeldecker zu verdrängen, die beinahe noch Relikte aus dem Weltkrieg waren und mehr die Romantik des Fliegens verkörperten, als dass sie zum Vorstoß in neue Bereiche der Höhe und der Geschwindigkeit geeignet waren. Mit welcher Leichtfertigkeit haben wir damals das Phänomen „Sauerstoffmangel“ als eine nicht ernst zu nehmende momentane persönliche Schwäche oder als einen ein wenig peinlichen Mangel der menschlichen Konstitution abgetan! Wir lebten noch zu sehr in der romantischen Periode der Fliegerei, nicht zuletzt, weil eine Schwemme von Literatur über die Ritter der Lüfte, die nur die chevalereske Fairness und den anständigen Kampf Mann gegen Mann kannten, die Offiziersbüchereien füllte. Wie wehrten wir uns innerlich gegen das Flugzeug mit dem Kabinendach über dem Pilotensitz, weil wir uns eingesperrt fühlten. Weil gleichzeitig die Attribute des kühnen Piloten, Kopfhaube, Brille, wehender Schal und die Lederwesten mit den dicken Pelzkragen einer zweckmäßigeren und deshalb auch weniger schicken Kleidung weichen mussten.

Wir hatten von einem Feldflugplatz aus unsere ersten Übungen mit starren Maschinengewehren auf Scheiben geschossen, die von einer Junkers-Maschine geschleppt wurden. Wir, die drei jungen Leutnants einer Seejagdstaffel mit Heinkel-Doppeldeckern, nahmen die Jagdfliegerei als etwas sehr Sportliches – etwa wie Rennfahren –, das aus Kunstflug, Luftkampf und Formationsflug bestand. Während einer Ruhepause im Schießbetrieb fiel es unserem Staffelkapitän plötzlich ein, dass wir Leutnants unseren Höhenflug noch nicht absolviert hatten, und er gab Befehl, uns eine halbe Stunde lang zwischen fünf- und sechstausend Metern herumzutreiben. So kletterten wir denn, bekleidet wie fliegende Kavalleristen, mit Breeches und eleganten Reitstiefeln und einer braunen Lederweste mit Innenpelz und Pelzkragen, hinter die Windschutzscheibe und stiegen hinauf in die Einsamkeit einer für damalige Verhältnisse recht beachtlichen Höhe – ohne Sauerstoff, wohlgemerkt! Jeder von uns hatte natürlich den Ehrgeiz, die anderen zu übersteigen und dies mit dem eingebauten Barographen auch zu dokumentieren. Ich weiß noch, dass ich wie ein Segelboot in schwerer Atlantikdünung durch die dünne Höhenluft schwamm, dass ich entsetzlich an Knien und Händen fror und nach Luft japste und unwahrscheinliche Halluzinationen hatte. Am Boden verglichen wir dann die Barographen und brüsteten uns mit unseren imaginären Erlebnissen und fanden überhaupt das Ganze sehr lustig.

Später führte uns der Staffelkapitän in enger Formation auf sechstausend Meter. Aber er musste das Unternehmen abbrechen, weil sein Kaczmarek ihn rammen wollte und einer der Doppeldecker plötzlich ungesteuert in den Sturzflug überging. Der Pilot fand sich in zweitausend Metern Höhe über dem Flugplatz wieder und hatte keine Ahnung, wie er dahin gelangt sein könnte.

Wir sahen die alte Romantik unwiederbringlich dahinschwinden und wehrten uns vergeblich gegen diesen Vorgang, weil wir nicht wussten, dass gerade diese Entwicklung uns das Tor zur ganz großen Fliegerei öffnete. Immer häufiger mussten die Sauerstoffmasken angelegt werden, denn der Vorstoß in die dünneren Luftschichten brachte erst die volle Leistung der Motoren zur Wirkung. Es waren noch unförmige Gebilde, für Sicht und Bewegung recht hinderlich. Da wurde es auf einmal Mode, sich ein Mundstück aus Holz zu schnitzen, einem Saxophonmundstück ähnlich, es am Ende des Sauerstoffschlauches anstelle der Atemmaske zu befestigen und daraus das Lebenselixier zu schlürfen, elegant wie aus einer türkischen Wasserpfeife. Auch dieser Snobismus war natürlich eine unbewusste Abwehrreaktion gegen die phantasielose Sachlichkeit der Technik. Es galt auch für schick, nichts von der Technik des Motors zu verstehen und das Kurzwellensprechgerät als lästigen Ruhestörer einfach abzuschalten (ich muss allerdings zugeben, dass ich auch oft in dieser Versuchung war, denn der Dauerbeschuss des Trommelfells mit kaum regulierbarer Lautstärke ist wirklich entnervend).

Vor mir reckt als freundliche Erscheinung der Erice sein Haupt aus dem Dunst. Ich habe also den Kurs genau gehalten, trotz der euphorischen Gleichgültigkeit und des gleichsam schwerelosen Zustandes, in dem ich mich befand. Da ist auch wieder der Geschwadergefechtsstand mit seinen Funksprüchen, die plötzlich überlaut in den Hörmuscheln der Kopfhaube dröhnen. Aber die Meldung: „Achtung, zweimotorige Möbelwagen mit Indianern über Palermo Richtung Trapani“ lässt mich völlig unberührt, als ginge sie mich gar nichts an. Bei der Landung finde ich den Platz im

Zustand völliger Erstarrung. Nichts regt sich, kein Mensch ist zu sehen, verlassen ragen die Trümmer der Hallen neben den zerfetzten Olivenbäumen zwischen den Bombenkratern. Es ist, als ob ich mich zur Landung auf dem Mond oder auf einem schrecklichen Planeten anschicke.

Der Staub des letzten Angriffes hat sich gerade gelegt, beim Einrollen in den Liegeplatz des Geschwaderstabes platzt der rechte Reifen, wahrscheinlich habe ich einen Bombensplitter überrollt. Ich stelle den Motor ab, steige aus, stelle fest, dass kein Mensch daran denkt, dem Kommodore aus der Maschine zu helfen, und gehe die hundert Meter durch die Sonnenglut zur Baracke, das heißt, zu ihrem Rest.

Der Gefechtsstandschreiber starrt mich an wie ein Gespenst, salutiert dann und meldet, dass gerade erst in der Sekunde meines Eintretens die Entwarnung vom Erice gegeben wurde und dass der Angriff vor allem der 8,8-cm-Flak gegolten habe.

Später treffe ich auf Dr. Sperrling und frage ihn beiläufig, was für ein „Mistzeug" dieses Pervitin eigentlich sei, und ob man nicht besser die Flugzeugführer davor warnen sollte? Als er erfährt, dass ich gleich drei Tabletten genommen habe, fällt er fast in Ohnmacht und verbietet mir für den Rest des Tages, „ein Flugzeug auch nur von außen anzufassen".

Heute sind fünf „Neue" beim Geschwader eingetroffen. Man hat sie bis Vibo Valentia in Kalabrien, dem Flugplatz auf der „Stiefelspitze" Italiens, geflogen. Von dort haben sie sich nach Messina übersetzen lassen, kamen gleich in die ersten Luftangriffe auf die Stadt und gelangten dann per „Anhalter" weiter bis nach Trapani. Die beiden Leutnante sind zwanzig Jahre alt, die drei Unteroffiziere noch jünger. Sie melden sich stramm und geben sich militärisch. Die Offiziere werden zur I. Gruppe versetzt, die Unteroffiziere zur Zweiten, so will es der Bedarf. Jeden Monat schickt uns die Ergänzungsgruppe so viele Neue, das die Verluste ausgeglichen werden. Jetzt gelingt es nicht mehr, den Bedarf zu decken. Außerdem können wir sie eigentlich gar nicht gebrauchen. Sie hier im Einsatz fliegen zu lassen ist nicht nur für sie selbst gefährlich, sondern auch für die anderen. Bachmann sagt: „Wir können sie doch nicht ins offene Messer laufen lassen!"

Es gibt keine Möglichkeit mehr, den Nachwuchs allmählich an den Gegner heranzubringen, denn die Spitfires, Kittyhawks und Lightnings sind fast ständig über unseren Plätzen. Es gibt auch kein Heranführen zum Angriff auf die Festungen, denn die enge Formation verlangt Können und Erfahrung, und beides haben sie noch nicht.

„Sie sind sehr jung", bemerkt Straden, nachdem sie sich gemeldet haben.

„Sie werden immer jünger, willst du sagen", meint Bachmann. „Ich würde was drum geben, zu erfahren, was die sich so denken, wenn sie hier ankommen. Leider kann man sie nicht fragen, und von sich aus sagen sie bestimmt nichts, dazu sind sie zu unsicher." Wieder, wie so oft, beginnen wir über ihre Gesichter, ihre Haltung und ihr ganzes Auftreten zu reden. Und wieder – zum wievielten Male? – urteilen wir und machen Voraussagen über ihre Zukunft, die meist ungerecht und unzutreffend sind. Dabei müsste ich längst wissen, dass der Versuch, sie zu typisieren, fruchtlos ist, weil es einen erkennbaren Typ des begabten und erfolgreichen Jagdfliegers nicht gibt. Die Versuchung, denjenigen auszuwählen, der am ehesten Sympathie erweckt, weil die Natur ihn ansprechend ausgestattet hat, ist groß. Aber wie selten fallen männliches Aussehen und forsches Auftreten mit jagdfliegerischem Erfolg zusammen.

Es war in Tunesien, als sich einmal zwei „Neue" bei mir meldeten, blutjunge Unteroffiziere. Sie waren äußerlich grundverschieden, und bald sollte sich herausstellen, dass sie auch als Flieger sehr unterschiedlich veranlagt waren. Während der eine – von athletischer Gestalt und straffem Auftreten – mich mit blauen Augen treuherzig anschaute, wanderten die flinken, wachen Augen des anderen unruhig umher und machten wahrscheinlich Inventur vom Inneren des Wohnwagens. Im Gegensatz zu seinem Kollegen war er von schmächtiger Figur, dürr und nervig, und sein Kopf war von einer mächtigen Haarlocke gekrönt, wie sie die Friseure bei Wilhelm Busch tragen, überhaupt musste ich stets an die Karikatur des Friseurs denken, wenn ich ihn ansah.

„Es ist eigentlich unglaublich, was sie uns so schicken", sagte ich zu Bachmann, während ich den beiden nachblickte. „Sehen Sie sich den kleinen Dürren an! Der soll nun hier, wo der Himmel voller Eisen ist, angreifen und abschießen."

„Ja", sagte Bachmann, „der große Blonde gefällt mir auch besser, er wirkt so sportlich und überhaupt sympathisch."

Am gleichen Tage saß ich vor dem Zelt am Platzrand und wartete mit Bachmann, Straden und Zahn auf den Startbefehl. Die beiden Neuen flogen sich ein, indem sie Landungen übten und sich mit aller gebotenen Vorsicht mit ihrem Einsatzmuster vertraut machten. Wir hatten „Geschäftszimmerbetrieb in Liegestühlen", wie Bachmann das nannte. Er reichte mir die Schriftstücke, Befehle und Akten mit einigen erklärenden Worten, und ich las, diktierte, zeichnete ab und gab Anweisungen. Sobald das Motorengeräusch eines Flugzeuges, das auf das Landekreuz zuschwebte, stärker wurde, blickte ich auf und folgte ihm mit den Augen. Kein Kommandeur eines fliegenden Verbandes kann dem Zwang widerstehen, jede Landung eines Verbandsangehörigen zu beobachten. Die Landung ist der entscheidende Augenblick, in dem das aerodynamische Fliegen abrupt zu einem Ende kommt und jener vorübergehend unbeherrschbare Zustand beginnt, der weder „Fliegen" noch „Rollen" ist.

Es gibt gute und schlechte Landungen – solche, die aus einer Reihe von Sprüngen bestehen, und solche, die einfach eine heftige Kollision zwischen Flugzeug und Erdboden sind. Ein fliegerischer Witzbold hat einmal gesagt: „Fliegen heißt Landen", und ein Engländer, ein „Kollege von der anderen Feldpostnummer", der in der Nähe unseres Platzes an der Kanalküste notlandete und in unserem Kasino bewirtet wurde, sagte über seine Notlandung: „Any Landing you walk away from is a good one." Es war für mich immer faszinierend, Landungen zu beobachten, und natürlich immer dann von besonderem Interesse, wenn ein „Neuer" sich einflog.

Als ich einen Anflug beobachtete und gerade alarmiert aufspringen wollte, schrie Bachmann: „Er hat das Fahrwerk vergessen, er hat das Fahrwerk vergessen, Herr Major, sehen Sie doch nur!"

In diesem Augenblick berührte der Propeller den Boden, und in einer Wolke von aufspritzendem Sand kam das Flugzeug auf dem Bauch zum Stillstand.

„Los!" rief ich. Wir sprangen in den Kübelwagen und jagten über den harten Sandboden zur Unfallstelle. Dort bot sich uns ein Anblick, der mir den Atem verschlug. Nicht weit von dem traurigen Gebilde mit den verbogenen Luftschraubenblättern kniete der Flugzeugführer und versuchte, den „Bruch" in dem Sucher seiner Kamera einzufangen. Unser „Friseur"!

„Sie Narr!" brüllte ich ihn an. „Sind Sie noch zu retten – uns eine unserer wertvollen Messerschmitts zu zerstören! Ein Flugzeug ist hier nicht mit Gold aufzuwiegen, und sie knallen es in die Wüste, weil Sie Ihre fünf Sinne nicht gebrauchen können! Und was fällt Ihnen ein, diesen Haufen Unglück auch noch zu fotografieren!"

Er blickte mich völlig entgeistert an und stotterte etwas von „Erinnerung" und „nächstes Mal besser aufpassen."

Als wir zurückfuhren, sagte ich zu Bachmann: „Freiberg soll überprüfen, ob wir den ‚Friseur' nicht wieder nach Hause schicken können. Ich wusste gleich, dass dieser Knabe ein Versager sein würde."

Nicht lange danach, etwa eine Woche später, trafen wir mit unseren Freunden, den Marauders von Tebessa, zusammen, ohne dass uns die Spitfires dazwischen kamen. Sie hatten unsere Plätze in der letzten Zeit allzu keck angegriffen und sich einen Teufel um die deutschen Jäger geschert. An diesem Tage gelang es uns, das ramponierte Ansehen beim Gegner wieder herzustellen, indem wir den Verband auseinandersprengten, sie verfolgten und einzeln im Tiefflug über die Wüste jagten. Über der Stadt Kairouan stellte sich uns plötzlich starke Jagdabwehr entgegen. Die Spitfires schossen mit überlegener Fahrt aus der Höhe auf uns herab und verwickelten uns in Luftkämpfe, um uns von der Verfolgung der Bomber abzuhalten. In der Form einer großen Spirale bewegte sich das Karussell der kämpfenden Messerschmitts und Spitfires gegen den Uhrzeigersinn. Die Spitfires stießen herab, und die Messerschmitts wichen aus, zogen hoch und feuerten auf Gegenkurs. Eine Weile verging, ohne dass einer Seite ein Abschuss gelang. Da sah ich, wie eine Messerschmitt, die von zwei Spitfires hart bedrängt wurde, aus steilem Sturz in elegantem Schwung hochzog und sich in einem Flugmanöver, das meisterliches Können verriet, hinter einen ihrer Verfolger setzte und ihn mit einem kurzen Feuerstoß brennend zum Absturz brachte. Nach der Landung wollte ich wissen, wer der Schütze gewesen sei, und hörte zu meinem Erstaunen, dass es der „Neue“, unser „Friseur“ und Bruchpilot, war. Freiberg, in dessen Gruppe er flog, bestätigte ihm fliegerische Begabung und sagte ihm eine große Zukunft als Jagdflieger voraus. Er sei ein „sunny boy“, stets heiter und guter Dinge und in kurzer Zeit jedermanns Freund geworden. Tatsächlich gelang unserem „Friseur“ kurz darauf ein weiterer Abschuss, bevor er auf schreckliche Weise ums Leben kam: Am Tage vor der Räumung Tunesiens verbrannte er elend in seiner Maschine, als diese beim Start auf dem schmalen Platz von einem in Gegenrichtung notlandenden Jäger gerammt wurde.

Am Nachmittag versuche ich zu ruhen, damit ich wenigstens am Abend noch einen Einsatz fliegen kann. Aber es hält mich nicht lange auf dem Feldbett in der Villa, weil das Herz heftig schlägt und eine unerklärliche Nervosität mich mit Unruhe erfüllt. Ich muss mich bewegen, muss irgendetwas tun. So verbringe ich die Zeit bis zum Abend mit den Vorbereitungen für die Verlegung, die ja mit Sicherheit kommen muss. Wenn sie nicht befohlen wird, werde ich sie selbst der Lage entsprechend anordnen. Mit den Hauptleuten Kegel und Tarnow, dem „Major beim Stabe“ und dem Technischen Offizier des Geschwaders, gehe ich die Beladelisten der Fahrzeuge durch, um festzustellen, dass wir, wenn wir die Fahrzeuge bis an die Grenze ihrer Ladefähigkeit ausnutzen, gerade unser Personal nach Messina transportieren können. Wir werden also wieder gezwungen sein, tonnenweise Material zu vernichten, damit es nicht in Feindeshand fällt. Das sind Geräte und Vorräte, die nach der Rückführung von Afrika gerade aus den Depots geliefert worden sind, kaum vereinnahmt und registriert wurden und nun wieder zerstört werden müssen.

Als wir zum Abendessen Platz nehmen, erschüttern wieder Detonationen schwerer Schiffsgranaten das Haus und lassen die Fenster klirren. Bald sind auch die Nachtbomber wieder da, und wir ziehen, wie allabendlich, in die Grotte. Tagjäger, sagen wir, sind dazu da, am Tage zu kämpfen, und nicht, sich die Nächte um die Ohren zu schlagen. Sehr bald ist es still, wir fühlen uns einigermaßen sicher, wenn nicht gerade ein Idiot von Bombenschütze mit einem Glückstreffer die Villa über uns erwischt. Jeder sucht die kurzen Nachtstunden zum Schlaf zu nutzen.

Ich wälze mich unruhig auf dem Feldbett, das Medikament scheint noch immer in meinen Adern zu kreisen. Immer wieder spiele ich den Ablauf der Verlegung durch, denn davon wird es abhängen, ob das Geschwader mit seinen Flugzeugführern und Maschinen auf dem Festland noch einen Kampfwert darstellen wird. Diesmal werden es nicht einmal Werkzeugkästen sein, die wir retten. Die Orgie der Vernichtung kann in den nächsten Tagen beginnen. Und wenn es gelingt, das Geschwader in Foggia zu sammeln, werden wir monatelang wieder all die tausend Dinge zusammentragen, die ein Jagdgeschwader für den Einsatz braucht: Flugzeuge, Werkzeuge, Hebezeuge, Zelte, Motoren, Ersatzteile, Feldküchen, Funkgeräte, Telefone, Schreibmaschinen …

Das Telefon läutet. Hauptmann Kegel meldet, Major Temme, Kommodore des Schnellkampfgeschwaders von Gerbini, sei auf dem Wege zur Grotte. Er habe gegen Abend seine „Focke-Wulf“ in der Nähe von Corleone am Fallschirm verlassen, nachdem eine Staffel Lightnings ihn erwischt und seinen Motor zerschossen habe. Bald darauf wird Temme von dem Dicken in die Grotte geleitet. Gebückt, auf einen groben Knüppel gestützt, humpelt er ins Licht der Gaslaterne und stellt sich vor.

Ich entschuldige unser reichlich feldmäßiges Nachtquartier, was ihn nur zu einem geringschätzigen Abwinken veranlasst, und schlage vor, dass wir nachher, wenn das Bombardement nachlässt, in unser Landhaus hinübergehen, um ein paar Stunden Schlaf zu finden. Der Major ist von gedrungener Statur und scheint stämmig und muskulös. Das lockige Haar ist kurzgeschnitten, und das Netteste an seinem bäuerlich wirkenden Gesicht sind seine schwarzen, munteren Augen.

Ohne dass ich lange fragen muss, beginnt er seine Geschichte. „Wir haben die Schiffe vor Gela um die Mittagszeit angegriffen. Man ist ja immer froh, wenn man nach dem Ausklinken der Bomben hochziehen kann und außer Reichweite der mörderischen Schiffsflak ist. Da nahmen uns die Lightnings in Empfang …“

„Aber wie kommen Sie denn nach Trapani, da Sie doch nach Gerbini gehören?“

„Ich sagte ja, die Lightnings erwarteten uns. Wir hatten ein paar noch einsatzbereite Flugzeuge zusammengekratzt und sind mit 500-Kilo-Bomben aus 5.000 Metern gestürzt. Dort vorn liegt ja die ganze See voller schöner Ziele.“ Seine Stimme ist etwas zu laut und seine Sprache poltrig, sodass die Männer in den Liegestühlen und auf den Feldbetten sich aufrichten und ihn interessiert betrachten.

„Sie saßen sofort hinter uns und begannen uns landeinwärts im Tiefflug die Täler entlang zu jagen. Das Treffen löste sich in viele Einzelkämpfe auf. Glücklicherweise ist ja die Focke-Wulf nicht gerade lahm. Ich habe Abschüsse gesehen, aber ich musste mich selbst meiner Haut wehren. Um die Verfolger abzuschütteln, wollte ich nach Norden ausweichen. Zum Schluss war ich mutterseelenallein, wand mich durch die Täler und sprang über die Berge – aber immer waren die Lightnings hinter mir. Schließlich kamen sie doch zum Schuss und schossen mich krank. Bevor sie mich völlig erledigten, zog ich die Mühle hoch und sprang. Fast wundert es mich, dass sie nicht noch auf mich geballert haben, als ich am Fallschirm hing. Die kleine Stadt, die nicht weit von der Stelle liegt, an die mich der Fallschirm trug, heißt Corleone, genau südlich von Palermo, runde 70 Kilometer Luftlinie von hier. Corleone heißt auf deutsch Löwenherz, das finde ich sehr sinnig … Nun, den Rest habe ich zu Fuß und mit italienischen Lkws gemacht Man sieht jetzt überall italienische Militärlastwagen mit lauter verdächtigen Zivilisten darauf, das ist die ruhmreiche Sechste Italienische Armee auf dem Wege nach Hause zu Muttern.“

„Wie sieht es denn in Gerbini aus? – Wir wollen nämlich morgen von dort aus starten.“ – „Die Plätze sind umgepflügt wie ein Acker im Herbst. Als wenn die Bomber Meter für Meter zerstören wollten, haben sie jede Ecke mit Bombenteppichen belegt. Wir sind vor ihnen ausgerissen und haben unsere Flugzeuge fast stündlich bewegt und uns auf den abgeernteten Weizenfeldern versteckt. Dann gab es große Flächenbrände, und das Feuer hat uns vertrieben. Nur wenige Flugzeuge des Geschwaders sind noch einsatzbereit. Wir können ohnehin kaum noch Schaden anrichten mit unseren einzelnen Bömbchen unter dem Bauch. Wenn Sie mal gesehen haben, wie so eine Boeing den Bauch aufmacht und ihren Segen herausschüttet – das nenne ich Wirkungsgrad …"

„Glauben Sie, dass wir in Gerbini morgen früh noch landen können? Wie sollen wir den Fährbetrieb schützen, wenn es im Osten keinen Flugplatz mehr gibt?"

Er wiegt zweifelnd den runden Kopf. „Nun ja, wenn Sie früh genug einfallen, ehe die erste Welle dagewesen ist. In der Nacht bringt nämlich der Platzkommandant mit Leuten vom Arbeitsdienst die Pisten wieder in Ordnung, soweit das überhaupt geht und soweit die Nachtbomber ihm dazu Zeit lassen. Was wir vorhatten, ist von den Bombern zunichte gemacht. Wir wollten die Schiffe mit Tausend-Kilo-Bomben erledigen. Ganz sicher hätten wir eine Anzahl unter Wasser getreten – aber sie haben uns einzeln ausgepunktet. Als sie auf der Insel landeten, war mein Geschwader schon erledigt, am Boden zerschlagen. Jetzt zeigen sie uns, wie wir es 1941 in der Schlacht über England hätten machen müssen, wenn wir die dazu geeignete Luftwaffe gehabt hätten. Wissen Sie, ich hab mal ganz gegen meine Gewohnheit eine Vorschrift gelesen, die hieß Luftkriegsvorschrift (LdV 16), da stand alles ganz genau drin, wie es gemacht wird. Von General Wever persönlich …"

„Dieser (der Reichsmarschall) veranlasste schärfste Befehle an die Verbände, die praktisch die Selbstaufopferung der deutschen Jagdflieger verlangten. Die einzelnen Jagdflieger wurden mit kriegsgerichtlichen Verfahren bedroht, wenn sie bei Luftkämpfen keine Abschüsse aufzuweisen hatten und ihr Flugzeug nicht durch Beschuss schwer beschädigt oder sie selbst abgeschossen waren." „Durch die Weigerung der obersten Führung, die tatsächlichen Gründe für die geringen Erfolge der Jäger gegen viermotorige Bomber einzusehen, und durch die unerhörten Maßnahmen sank die Stimmung bei den Jagdfliegerverbänden auf einen Tiefstand. Es war jedem Einsichtigen klar, dass vor den gegebenen Tatsachen der Oberbefehlshaber der Luftwaffe die Nerven verloren hatte und ‚Vogelstraußpolitik' spielte."

PAUL DEICHMANN
„DIE LUFTSCHLACHT IM WESTLICHEN MITTELMEER"

„… in einer Serie von einundzwanzig Luftschlachten von der letzten Hälfte Mai bis zu den ersten Julitagen erlitten die Deutschen schwere Verluste. Göring, der wohl diese Tatsachen, aber nicht die Ursachen erkannte, setzte das 2. Fliegerkorps unter schweren Drucke und verlangte ununterbrochenen Einsatz von Bombern und Jägern. Aber die deutschen Flugzeuge waren nicht in der Lage, es an Geschwindigkeit und Bewaffnung mit denen der Alliierten aufzunehmen. Göring fügte zu seiner unmöglichen Forderung noch die Beleidigung, indem er folgendes Fernschreiben an die Jagdflieger der 2. Luftflotte sandte: ‚Gemeinsam mit den Jagdfliegern in Frankreich, Norwegen und Russland schaue ich mit Verachtung auf die Jäger im Süden. Ich wünsche eine sofortige Besserung und erwarte, dass alle Flugzeugführer mehr Kampfgeist zeigen. Sollte diese Besserung nicht eintreten, muss das fliegende Personal – vom Kommodore abwärts – damit rechnen, zum Flieger degradiert und an der Ostfront als Infanterist eingesetzt zu werden.'"

THE U.S. ARMY IN WORLD WAR II

## Trapani/Gerbini, den 12. Juli 1943

Das Telefon reißt mich rücksichtslos aus dem Schlaf. Sein Läuten ist schrill, ich empfinde es überlaut und taste wirr im Dunkeln nach dem Hörer.

„Ein Fernschreiben vom Fliegerkorps, Herr Major. Wir hatten um Mitternacht Verbindung, jetzt ist sie wieder unterbrochen. Soll ich es vorlesen?"

„Warten Sie einen Augenblick, ich möchte Licht machen."

Ich suche in der Finsternis den Weg zum Schalter. Als ich ihn endlich ertastet habe, drehe ich ihn vergeblich – kein Strom. Schließlich gelingt es mir, die Zündhölzer zu finden und den Kerzenstumpf auf dem Teller neben dem Feldbett anzuzünden. Meine Bewegungen sind langsam, ich bin unsagbar müde, der Schlafanzug ist nassgeschwitzt. Mit bleischweren Gliedern strecke ich mich wieder auf dem Lager aus und nehme den Telefonhörer auf.

„Bitte lesen Sie vor!"

Unpersönlich beginnt der Fernschreibgefreite zu lesen: „An das Zweite Fliegerkorps. Gemeinsam mit den Jagdfliegern in Frankreich, Norwegen und Russland schaue ich mit Verachtung auf die Jäger im Süden. Ich wünsche eine sofortige Besserung und erwarte, dass alle Flugzeugführer mehr Kampfgeist zeigen. Sollte diese Besserung nicht eintreten, muss das fliegende Personal – vom Kommodore abwärts – damit rechnen, zum Flieger degradiert und an der Ostfront als Infanterist eingesetzt zu werden. Göring, Reichsmarschall."

„Herr Major, sind Sie noch da?"

„Ja, danke. Bringen Sie das Fernschreiben zum Gefechtsstand."

Vorschriftsmäßig läutet der Soldat dreimal kurz ab, als ich den Hörer zurücklege. Dann ist es totenstill in dem Raum. Das Flackern der Kerzenflamme lässt an den Wänden groteske Schatten tanzen. Plötzlich höre ich mich atmen. Ich halte den Atem an und bewege mich nicht. Überall in dem kleinen Haus liegen sie in wohltätigem Schlaf und wissen nichts von dieser neuen Schmach. Der Fernschreibgefreite und ich sind noch die einzigen, die hier das Urteil des höchsten Offiziers der Luftwaffe kennen. Ich versuche mir den Gefreiten vorzustellen. Sicher habe ich ihn schon oft gesehen. Vielleicht ist er im Zivilberuf Studienrat und könnte dem Alter nach mein Vater sein. Auf einmal fühle ich mich auf eine seltsame Weise mit diesem unsichtbaren Soldaten verbunden.

Aber das ist gleich wieder vorbei, und mit unverhüllter Grausamkeit drängt sich der unfassbare Text, den ich eben gehört habe, in mein Bewusstsein. Was soll ich mit diesem Fernschreiben anfangen? Soll ich es etwa „vor versammelter Mannschaft" vorlesen? Wenn ich vor sie hintrete und von Kampfgeist spreche, werden sie mich vorwurfsvoll und schweigend anblicken. Sie werden mit ihren Blicken ausdrücken, dass ich als ihr Kommodore die Pflicht hätte, sie vor solchen Phrasen zu schützen. Das also ist nun das Ergebnis der Bemühungen unseres Generals, uns das Kriegsgericht zu ersparen. Kampfgeist! In einer Stunde wird der Tag beginnen und damit wieder von Neuem jenes Meisterstück an Improvisation, das noch an jedem einzelnen Tage vollbracht werden musste, seit wir wieder auf Sizilien sind. Wir werden mit den zusammengewürfelten Fragmenten des Geschwaders die Nordküste entlang, über den Krater des Ätna hinweg zur Straße von Messina fliegen, uns in unkoordinierten Luftgefechten den Fliegenden Festungen entgegenwerfen und ihnen den geringen Schaden zufügen, den wir wenigen noch anrichten können – falls es uns überhaupt gelingt, bis zu ihnen vorzustoßen.

Dann werden wir in Gerbini landen, falls das noch möglich ist, oder in Catania. Wir werden mit Handpumpen unsere Flugzeuge betanken, Munition nachgurten und Öl auffüllen. Wir werden in die Gräben und Unterstände stürzen und die Bombenteppiche über uns hinwegrollen lassen. Dann werden wir wieder hervorkriechen, die Flugzeugwracks beiseite zerren, kleinere Schäden ausbessern und zum nächsten Einsatz starten, falls noch genügend Flugzeuge übrig sind, um einen bescheidenen Verband zu bilden. Und diesen Männern, die alles dieses Tag für Tag von Neuem betreiben – diesen Männern soll ich etwas von Kampfgeist sagen!

Ich glaube nicht, dass wir uns heute in Trapani halten können. Sie erscheinen in geschlossener Formation ohne Vorwarnung, weil sie unsere Funkmessgeräte unterfliegen, und schütten ihre Bomben auf den Platz, bis er einer Mondlandschaft gleicht. Der Feldflugplatz bei Corleone wird dann unsere letzte Zuflucht sein. Bis jetzt ist das aber nur ein langgestreckter Weizenacker mit gelben Stoppeln, der von aufgetürmten weißen Quadersteinen umrahmt ist. Wie verfolgte Tiere, die sich verkriechen, werden wir von der Außenwelt abgeschnitten sein, denn es wird dort kein Telefon und keinen Nachschub geben – und in Westsizilien auch keinen anderen Flugplatz mehr.

Ich muss eingeschlafen sein, denn wieder schreckt mich das Telefon aus einer kurzen, köstlichen Abwesenheit. „Vier Uhr, Herr Major." Das erste Morgenlicht dringt durch die Jalousien, als ich mich erhebe und die Fensterläden öffne. Noch immer fühle ich mich wie zerschlagen, die Erschöpfung scheint zum Dauerzustand geworden zu sein. Nur noch einen Wunsch habe ich: Schlafen.

Der Dicke öffnet nebenan die Läden, rückt Stühle zurecht und klappert mit dem Frühstücksgeschirr. Es ist etwas kühler geworden. In dem fahlen Licht vor Sonnenaufgang liegt die sichelförmige Bucht mit ihren Terrassen, Gärten und weißen Häusern unter einem feinen Dunstschleier, aus dem schwarze Pinien hervorragen und Rauchsäulen aus den Kaminen senkrecht gen Himmel steigen. Bachmann und Straden sitzen am Tisch, als ich den Tagesraum betrete. Sie erwidern mein „Guten Morgen" mürrisch und mit halber Stimme. Keiner hat das Bedürfnis, mit den anderen zu sprechen. Wir schlürfen den starken, heißen Kaffee, den der Dicke bereitet hat, und möchten am liebsten den Kopf in die Arme auf den Tisch legen und schlafen. Kegel tritt ein, setzt sich und schiebt mir wortlos das Fernschreiben zu. Die weißen Streifen mit dem Text sind säuberlich auf das zartrosa Papier des Formulars aufgeklebt, und die Unterschrift „Göring, Reichsmarschall", abgesetzt von dem langen Text, springt als erstes ins Auge.

„… schaue ich mit Verachtung …" Ich will den Text nicht zu Ende lesen. Ich bin nicht gewöhnt, mich vor unangenehmen Dingen zu drücken, aber dies wiedert mich an. Es ist, als ob es gegen mich allein gerichtet sei. Mich, der ich für dieses Geschwader verantwortlich bin, mich persönlich trifft seine Verachtung.

Ich reiche das Blatt über den Tisch. Straden nimmt es in die Hand und beginnt gemeinsam mit Bachmann zu lesen. Dann legt er das Papier langsam und sorgfältig zurück auf den Tisch, steht auf, nimmt die Mütze vom Haken und verlässt, ohne ein Wort zu sagen, den Raum. Bachmann blickt ihm unsicher nach, dann auf mich und Kegel, schiebt dann vorsichtig seinen Stuhl zurück und folgt Straden, indem er halblaut sagt: „Ich fahre zum Gefechtsstand, Herr Major."

Das Telefon läutet. „Der General, Herr Major."

Knistern und Rauschen überlagern die Stimme des Generals, die von weither kommt. Um ihn verstehen zu können, halte ich den Atem an und bedeute Kegel und dem Dicken mit der Hand, still zu sein.

„Wir sind in der Nähe von Taormina", sagt der General. „Wir sind umgezogen – verstehen Sie mich? Comiso ist nicht mehr anfliegbar."

„Jawohl, Herr General."

„Ich wollte Sie heute Nacht schon anrufen, bevor dieses Fernschreiben hinausging, aber ich kam nicht bis zu Ihnen durch …"

„Jawohl, Herr General."

„Hören Sie, Sie dürfen das nicht zu ernst nehmen. Ich habe getan, was ich konnte. Ich habe auf ihn eingeredet, er solle die ganze Geschichte niederschlagen – aber nun hat er doch dieses Fernschreiben an das Fliegerkorps geschickt!"

Ich schweige, er auch. Dann: „Hören Sie noch?"

„Jawohl, Herr General."

„Fassen Sie alle Flugzeuge in Westsizilien zusammen und fallen Sie in Gerbini ein. Der Platz ist anfliegbar. Ihre Dritte Gruppe aus Sardinien wird bereits unterwegs sein und ebenfalls in Gerbini landen. Ihr Auftrag ist: Schutz der Straße von Messina. Können Sie sagen, mit wieviel Flugzeugen Sie eintreffen werden?"

„Fünfzehn bis zwanzig von der Zweiten Gruppe mit Geschwaderstab. Die Erste hat sich noch nicht gemeldet"

„Haben Sie noch Fragen?"

Oh – eine Menge. Aber die meisten sind Fragen, die nach deutscher soldatischer Tradition ein Major einem General nicht stellt. „Jawohl, Herr General: Wie ist die

Lage, wo stehen die Alliierten?" – „Der Druck auf unsere Erdtruppe hat sich enorm verstärkt, die Abwehr wird auf den Ostteil der Insel konzentriert werden. Es ist möglich, dass Sie bald verlegen müssen. Der Gegner drängt auf das Zentrum zu."

„Aber wohin sollen wir das Geschwader verlegen, Herr General?"

„Das weiß ich jetzt noch nicht", ist seine etwas ärgerliche Antwort. „Vorläufig darf kein deutscher Soldat die Insel verlassen. Bereiten Sie aber alle Fahrzeuge zur Verlegung vor. Es wird keinen Lufttransportraum geben, das Fliegerkorps hat keine Junkers Ju 52 mehr. – Und noch einmal: Nehmen Sie dieses Fernschreiben nicht zu ernst. Versprechen Sie mir das?"

Was soll ich darauf sagen, über eine Telefonverbindung, die jede Sekunde wieder zusammenbrechen kann? Wir haben in einem mehrstündigen Gespräch in dieser Frage keine Lösung gefunden, deshalb hat es jetzt gar keinen Zweck, irgendetwas zu sagen. Also: „Jawohl, Herr General."

Fast schäme ich mich meiner Haltung dem General gegenüber. Mir ist, als habe ich mich mitschuldig gemacht an einem Verrat, dessen Opfer unsere Flugzeugführer sind. Gleichzeitig wird mir die teuflische Zwangslage klar, in der sich der General befindet. Ich habe resigniert und nur „Jawohl, Herr General" gesagt. In dieser Antwort liegt das Vertrauen zum Vorgesetzten, zu dem wir erzogen sind, zu dem unsere Väter und deren Väter schon erzogen waren, liegt eine ganze Weltanschauung. Die war bisher für uns Soldaten die einzig richtige, ja, die einzig denkbare. Der Gehorsam, den der deutsche Soldat seit Jahrhunderten übt, setzt das felsenfeste Vertrauen voraus, dass nur Sinnvolles befohlen wird, dass die Führung, ehe sie ganze Verbände opfert, sich schweren Gewissensprüfungen unterzieht. Mit dieser Gewissheit starben die Vielen, die geopfert wurden, und diese Frage schlägt mir immer öfter aus den stummen Gesichtern meiner Flugzeugführer entgegen, aber seit einiger Zeit mit einem deutlichen Fragezeichen, nicht wahr, Herr Major, scheinen sie zu fragen, es ist doch noch so? – Es hat doch noch einen Sinn, wenn die Führung es von uns verlangt, muss es doch einen Sinn haben!

Was aber, wenn etwas in dieser alten militärischen Rechnung nicht mehr stimmt? – Wer ist überhaupt „die Führung"? Wie, wenn seit dreiunddreißig etwas Neues in diese Gehorsamshierarchie gekommen ist, etwas, was auf einmal der Führung alles erlaubt, auch das Sinnlose?

Fragen über Fragen. Man müsste Zeit haben, um darüber nachzudenken. Man müsste ausgeschlafen sein und Zeit haben. Man müsste jemanden haben, mit dem man darüber sprechen kann. Bei unserem Handwerk spricht kein Mensch über so etwas. Und doch wäre es vielleicht gut, es würde möglicherweise die Zweifel von uns nehmen.

Ich stehe am Telefontisch, den Hörer in der Hand, schon seit Minuten. Kegel und der Dicke starren mich entgeistert an. Aus dem Hörer quäkt eine Stimme:

„Sprechen Sie noch, wird noch gesprochen, ich trenne!" Das sind keine Gedanken für einen Geschwaderkommodore am Morgen seines Einsatztages. Rasch nehme ich das Koppel mit der Pistole von der Stuhllehne, an der es immer hängt, und schnalle es um. In dieser Bewegung des Umschnallens liegt etwas für einen Soldaten sehr Hilfreiches: Das Sichzusammennehmen, das Wegwischen aller unnützen Gedanken, das Sichkonzentrieren auf das Nächstliegende, das Wesentliche.

Wie ich diese Flüge nach Gerbini hasse! Auf der öden Fläche in der prallen Sonne, von Bombenkratern übersät und mit Flugzeugtrümmern bedeckt, wird mir die Hoffnungslosigkeit unseres Kampfes auf dieser Insel stets von Neuem klar.

„Dicker, sagen Sie auf dem Gefechtsstand Bescheid, dass ich komme, um Hauptmann Straden und Oberleutnant Bachmann abzuholen. Wir fliegen nach Gerbini!"

Kegel steigt mit mir in den Kübelwagen, und wir fahren den schmalen, menschenleeren Weg zwischen den Gärten entlang, bis er in einer engen Gasse auf die Hauptstraße mündet. Der Westzipfel der Insel mit dem Flugplatz zu unseren Füßen und der weißen Stadt Trapani im Morgendunst liegt herrlich ausgebreitet vor uns. Es ist die kurze Stunde nach Sonnenaufgang, in der etwas wie Frische vom Meere her zu ahnen ist, ehe der ewig heitere Himmel des Südens das Land in seine sengende Glut hüllt. Am Horizont, über Marsala, steht eine Kette dunkelblauer Tupfen über dem Dunst – Flakwolken. Die Idylle ist trügerisch, der Krieg geht weiter. Es ist fünf Uhr morgens, und dieser Tag wird endlos sein.

Während wir zum Gefechtsstand hinauffahren, gebe ich Kegel die notwendigsten Anweisungen zum Vorbereiten der Verlegung. „Wer vom Bodenpersonal nicht für den letzten Flugbetrieb benötigt wird, soll in Richtung Messina in Marsch gesetzt werden. Überprüfen Sie unsere Beladepläne und bereiten Sie die Zerstörung des Geräts vor, das nicht transportiert werden kann."

Zusammen mit Kegel springe ich vor der Baracke aus dem Wagen und steige die wenigen Stufen hinauf. Straden kommt mir schon entgegen: „Der General möchte Sie sprechen." Noch immer vermeidet er es, mich anzusehen. Ich habe das Gefühl, er würgt innerlich an dem Brocken des Fernschreibens, das der Reichsmarschall uns hingeworfen hat. Friss oder stirb.

Während ich auf dem Klappstuhl am Fenster hocke und auf die Verbindung warte, schweift mein Blick über die Ebene unter uns.

Die Funkmessgeräte bei Marsala haben Anflüge von schweren Bombern gemeldet. Es wäre aber sinnlos, die wenigen einsatzbereiten Jagdflugzeuge jetzt auf sie anzusetzen, denn wir wollen ja in wenigen Minuten nach Gerbini starten. Der Angriff könnte unserem Platz gelten, aber ebenso gut auch dem Hafen von Palermo. Die Alliierten wollen den Nachschub abschnüren, um auf der Insel leichteres Spiel zu haben. Dazu müssen sie sowohl die Straße von Messina als auch den Hafen von Palermo angreifen. Wahrscheinlich tun sie beides gleichzeitig, sie haben genügend Kräfte dafür.

Die Flak hat Warnschüsse gefeuert, und sofort ist alles Leben auf dem Flugplatz zu unseren Füßen erstorben. Vor der Baracke gestikulieren einige Soldaten und zeigen hinüber nach Chinisia. Nun sehe auch ich eine lange Kolonne von Bombern von Westen her heranmarschieren. Das weiße Band der Startbahn, das sonst in der Sonne leuchtet, ist plötzlich in eine riesige Staubwolke gehüllt. Sie müssen einen breiten Teppich von Bomben geworfen haben, die ganze Länge des Flugfeldes ist verdunkelt. Jetzt erst erreicht uns das Grollen der Einschläge. Während ich in den Handapparat schreie und vergeblich auf meine Verbindung warte, steigen die ersten schwarzen Benzinwolken von brennenden Flugzeugen aus dem Dunst.

Das Bild des getroffenen Flugplatzes Chinisia weckt in mir die Erinnerung an meinen Besuch bei der italienischen Jagdgruppe. Dabei registriere ich, dass ich die Existenz der italienischen Jäger fast völlig vergessen habe. In dem schauerlichen Finale auf dieser Insel ist jeder sich selbst der nächste. Die schweren Angriffe begannen, ehe wir Zeit gehabt hatten, miteinander Nachrichtenverbindungen auszutauschen und taktische Vereinbarungen zu treffen, was unter halbwegs normalen Verhältnissen eine Selbstverständlichkeit wäre. So aber nahm jeder für sich den Kampf auf, und bei dem keineswegs guten Verhältnis zwischen der deutschen und der italienischen Führung haben die Verbände beider Nationen völlig getrennte Unterstellungsverhältnisse und bekommen unterschiedliche Befehle, sodass an eine Einsatzkoordinierung gar nicht zu denken ist. Das ist übrigens seit Beginn des Mittelmeerkrieges das Hauptübel der gemeinsamen Kriegsführung: Die beiden Führungsorganisationen sind so sehr um ihr Prestige besorgt, dass jeder von beiden Verbündeten es möglichst vermeidet, etwa eigene Verbände dem anderen zu unterstellen. So gibt es zwar einen gemeinsamen Kampf, aber immer unterschiedliche Befehle und Aufträge.

Ein Bombenteppich ist eine fürchterliche Waffe gegen einen Flugplatz und äußerst deprimierend für die Besatzung, mag sie auch einigermaßen geschützt in Bunkern und Splittergräben hocken. Besonders wirksam sind die kleinen Bomben, die zu Tausenden abgeladen werden. Sie erzeugen nur einen flachen Krater und fegen mit großer Rasanz in geringer Höhe zwischen die Flugzeuge, deren Außenhaut sie zerfetzen wie Papier.

Wie mag es der italienischen Jagdgruppe zumute sein, die solche Angriffe nicht gewohnt ist und von ihrer Führung nur noch mit halbem Herzen zum Einsatz nach Sizilien verlegt wurde? Vor einigen Tagen hatte ich dem italienischen Geschwaderkommodore meinen Besuch machen wollen. Als ich landete, fand ich den Platz in erstaunlich gutem Zustand. Ich rollte die lange Startbahn entlang und wurde zu einer Boxe eingewinkt, die von einer Schutzmauer aus weißem Tuffstein umgeben war. In den benachbarten Boxen standen Macchi-Jäger, die noch den Tarnanstrich des afrikanischen Kriegsschauplatzes trugen. Vor dem Gebäude der Flugleitung trat mir ein Offizier entgegen, der sich als Kommandeur des Jagdverbandes vorstellte – Major

Visconti. Sein Kommodore, sagte er, habe seinen Gefechtsstand auf dem Erice und wohne auch dort – falls ich ihn besuchen wolle.

Das Gesicht des Mannes, der neben mir her schritt, war ausgesprochen sympathisch und männlich. Die kleine weiße Mütze mit dem kurzen Schirm war tief in die Stirn gezogen, bis dicht über die buschigen, kräftigen Augenbrauen. Unter der Hakennase kräuselte sich ein schwarzer Schnurrbart. Ohne Scheu waren die ausdrucksvollen überraschend blauen Augen auf mich gerichtet. Der Name des Fliegers war mir bekannt, ich hatte viel von ihm gehört. Die Veteranen meines Geschwaders kannten ihn von den Luftgefechten über Nordafrika und wussten zu erzählen, dass er ein hervorragender Jagdflieger und tapferer Kämpfer war.

Er begann über die miserablen Nachrichtenverbindungen zu sprechen. Sein Hauptführungsmittel sei ein Feldtelefon, das die Verbindung zu seinem Kommodore nur selten zustande bringe. Er habe auch keinerlei Verbindung zu den deutschen Funkmessgeräten bei Marsala und könne mir neidvoll beobachten, wie die deutschen Jäger, rechtzeitig alarmiert, zum Luftkampf starteten, denn ihm sei klar geworden, dass man ohne diese Bodenführung auf Zufallserfolge angewiesen sei. Ihn warne niemand bei Einflügen, und Befehle in der Luft empfange er schon gar nicht.

Ich konnte ihm seine Lage nachfühlen: Wenn wir uns schon von unserer Führung nicht verstanden fühlten, was musste er erst empfinden! Ich überlegte, wie ich ihm helfen könnte, und beinahe empfand ich etwas wie Stolz, wenn ich seine hoffnungslose Situation mit der unsrigen verglich. Wir hatten doch wenigstens die technischen Mittel zu einem erfolgreichen Kampf – hatten sie noch! Und was für ein Kommodore, der auf einem Berge saß und zusah, wie ein Teil seines Geschwaders untätig auf einem vorzüglichen Platz lag, bis es durch einen gezielten und massierten Bombenangriff eines Tages ausgeschaltet sein würde! Ich beschloss, noch während ich Visconti die Hand schüttelte und mich meinem Flugzeug zuwandte, diesen Kommodore zu besuchen, sobald mir der tägliche Einsatz dazu Zeit lassen würde.

An diesen Vorsatz erinnert mich jetzt der Angriff auf den Flugplatz Chinisia, den ich vorausgesehen hatte. Ich wundere mich nur, dass die Alliierten sich diesen schönen Platz jetzt erst vorgenommen haben. Nehmen sie vielleicht die Italiener nicht mehr ernst? Haben sie sie je ernst genommen? – Ich will nicht weiter darüber nachdenken, es erscheint mir beinahe unkameradschaftlich gegenüber Visconti, dem ich mich verbunden fühle. Auf jeden Fall will ich heute Abend, sollte ich wieder hier sein, den sagenhaften Kommodore auf dem Erice aufsuchen.

Dann nehmen mich die Startvorbereitungen, der Start selbst und die Führung meines kleinen Verbandes in der Luft wieder voll in Anspruch. Immer wieder hindert uns die Forderung der Stunde am Nachdenken, und das ist gut so. Denn wer hier zum Grübeln kommt, ist verloren. Verloren in jedem Falle – denn entweder fällt er, weil es ihm im entscheidenden Kampfmoment an Konzentration und Entschlossenheit fehlt, oder er wird laurig, kneift schon vor der Feindberührung, kehrt um, kehrt immer wieder um, bis er schließlich abgelöst werden muss und als Jagdflieger erledigt ist.

Wir umfliegen den Platz von Gerbini und suchen nach dem Landestreifen, den sie mit kaum zu erkennenden Fähnchen für uns abgesteckt haben. Schließlich steht mein Bild von der Sache fest, und ich entschließe mich zur Landung. Die gelben Stoppeläcker sind an vielen Stellen in Brand geraten, Bombenkrater und schwarze Brandnarben haben ein widerwärtiges Muster über die Ebene gebreitet, die für ihre Fruchtbarkeit bekannt ist. Da hinein drücke ich mein Flugzeug, und kaum gelingt es mir, meinen Widerwillen bei dieser Landung zu beherrschen. In der Nähe der Baracke kommt die Maschine zum Stehen, der Propeller dreht sich mit lautem Knallen noch ein paar Rucke weiter. Es ist viel zu heiß für die Motoren, wenn man gezwungen ist, im Schritttempo zu rollen. Das Aufsuchen der Abstellboxe gelingt nicht gleich, die Mechaniker haben mich um das halbe Flugfeld dirigiert, bis ich die Baracke und den für mich freigehaltenen Platz finde. In dem Chaos der Bombentrichter und Flugzeugskelette zwischen verbrannten Olivenbäumen ist es schwer, sich am Boden zu orientieren, viel schwerer, als es beim Anflug aussieht.

Straden, Bachmann und Zahn haben ihre Messerschmitts in der Nähe abgestellt, gehen mit müden Schritten auf die Baracke zu und setzen sich – schon am Morgen erschöpft – ohne Umstände auf die Bank, die aus ein paar Quadersteinen und einer Holzbohle besteht. Ich gehe wortlos an ihnen vorbei und versuche, von der Baracke aus eine Verbindung zum Jagdfliegerführer zu bekommen, oder zum Fliegerkorps oder zu irgendeiner vorgesetzten Stelle. Schließlich kommt Feldwebel Kern herein – wie ist er überhaupt hierhergekommen? – und meldet, dass es sich nicht lohne, eine Kommandostelle anzurufen, der Auftrag laute „Tanken, Starten und Jagdschutz über der Straße von Messina".

Mit dieser erschöpfenden Auskunft versehen, geselle ich mich zu den Männern auf der Bank, die die Beine von sich gestreckt haben und in dem spärlichen Schatten vor sich hin dösen. Ich lehne den Kopf an die heiße Wand und schließe die Augen ebenfalls. Um mich herum sind die gewohnten Geräusche eines Feldflugplatzes, das Klicken der Tankhandpumpen, die Zurufe der Mechaniker und das Aufheulen der Motoren beim Probelauf. Ich höre das alles, und jede Minute, die dabei vergeht, wird von mir bewusst registriert.

Wir sind hier auf dem Präsentierteller aufgebaut, und der Feind braucht nur auf den Gedanken zu kommen, zufällig jetzt anzufliegen – dann sind wir erledigt. Wir warten nervös, bis die Flugzeuge aufgetankt sind, und wenn wir dann heil in die Luft kommen, so haben wir Glück gehabt.

Als das dumpfe Grollen und Rumpeln fern detonierender Bomben an unser Ohr dringt, springen wir ohne Zögern in die Gräben. Wie von Geisterhand ist jede Bewegung von der Oberfläche des Ackers fortgewischt. Die Flak im Süden beginnt heftig zu feuern – dann wird es wieder still. Der Angriff galt diesmal einer anderen Ecke dieser riesigen Ebene, nicht uns. Erst als das ferne Summen von Flugzeugmotoren wieder die normale Lautstärke erreicht hat, mit der es fast ohne Unterbrechung den ganzen Tag zu hören ist, verlassen wir die Gräben argwöhnisch und sehr vorsichtig. In einer Staubwolke rollt eine Me 109 über den Platz, und jemand vom Geschwadergefechtsstand meldet: „Oberst Larsen ist soeben gelandet." Er findet seinen Weg zwischen den Bombentrichtern hindurch und hält unweit der Baracke an. Während Larsen heraussteigt, meldet mein Wart Schwarz, dass an meiner Maschine die Zündkerzen gewechselt werden müssen. Das bedeutet Ausfall des Flugzeugs für eine Stunde.

„Straden, geben Sie an die Erste durch, dass Godert das Geschwader führen soll. Sie übernehmen bitte den Stabsschwarm."

„Jawohl, Herr Major".

Noch während ich Larsen begrüße, beginnen bereits die Motoren rings um das Flugfeld anzuspringen, und es kommt Bewegung in den Rest des Verbandes. Ein paar Minuten später ist das Geschwader in der Luft – Auftrag: Schutz der Straße von Messina. Larsen legt die Schwimmweste ab und reicht sie dem Mechaniker, der sein Flugzeug auftanken soll. Wir gehen langsam zur Baracke, und ich ertappe mich dabei, dass meine Augen die Umgebung abtasten und ganz mechanisch die Lage des nächsten Splittergrabens feststellen. Ich lenke unsere Schritte auf eine Stelle zu, wo aus leeren Munitionskisten eine Art Bank am Rande eines tiefen Grabens entstanden ist. Wahrscheinlich haben am vergangenen Abend einige Soldaten dort ihren Skat gespielt.

„Ich bedaure das Fernschreiben. Du kannst überzeugt sein, dass wir alles getan haben, um es zu verhindern."

Unwillig blicke ich dem alten Freund gerade ins Gesicht. Auch er kann sich in seiner Führungsstelle wahrscheinlich der allgemeinen Doppelzüngigkeit nicht ganz entziehen. „Franzl, ich kann das nicht mehr hören! Ihr alle entschuldigt euch bei uns – du, der General, das Fliegerkorps, jetzt fehlt mir nur noch der Feldmarschall! Vielleicht werdet ihr uns bald wieder loben, wenn ihr merkt, dass wir dann besser kämpfen und getröstet vor die Hunde gehen. Erst schickt ihr uns schändliche Fernschreiben, und kurz darauf klopft ihr uns jovial auf die Schulter und sagt: ‚Haha, nicht so ernst nehmen' oder: ‚Kopf hoch – wird bald vergessen sein.' Dabei wisst ihr so gut wie ich, dass jede Fernschreibstelle, jeder Stab auf dem Wege vom Reichsmarschall bis zu uns die Schande zur Kenntnis genommen hat, ohne dass ihr denen klarmachen könnt, dies alles sei nicht so sehr ernst zu nehmen. Franzl, ich kann mir nicht helfen, ich finde das Verfahren nachgerade niederträchtig, es ist einfach soldatischer Rufmord."

Er hält meinen Blick aus und erwidert ruhig: „Natürlich hast du recht – das ist unmöglich und trifft uns alle. Ich halte das auch für den denkbar schlechtesten Führungsstil. Aber was sollen wir tun? Die Lage der Luftwaffe ist entsetzlich. Seitdem die Fliegenden Festungen bis über Berlin hinaus nach Osten vorstoßen, ist der Reichsmarschall gleichsam unter Beschuss. Der Führer gibt ihm die Schuld an der verfehlten Luftrüstung, und er macht es sich leicht, indem er immer wieder ‚Nicht ich, sondern die Jäger!' sagt. Ich habe selbst erlebt, dass man mit dem Reichsmarschall nicht mehr vernünftig reden kann, wie Offiziere miteinander sprechen sollten. Du kannst es mir glauben: Mir kommen selbst immer öfter ernsthafte Zweifel ..."

Er verstummt und verrät mir nicht, woran ihm ernsthafte Zweifel kommen. Ich weiß es auch so, aber das sind Dinge, die man in unserer Lage nicht aussprechen kann. Sie würden uns in Gewissenskonflikte stürzen, die ein Soldat, der kämpfen soll, nicht aushalten würde. So schweigen wir eine Weile und wissen dabei genau, was der andere denkt. Schließlich sage ich:

„Ich habe das Fernschreiben nicht bekanntgegeben, obgleich natürlich alle Flugzeugführer davon wissen. Ich habe es ‚vereinnahmen' lassen."

„Niemand wird dich danach fragen ..."

„Wieviel Zeit gibst du uns noch auf Sizilien?"

Larsen zündet sich eine Zigarette an und stößt mit einem fauchenden Geräusch den Rauch aus. „Die Spitze der Achten britischen Armee steht keine fünfunddreißig Kilometer von hier entfernt im Süden. Die Siebente amerikanische ist über Gela hinaus vorgestoßen, wohl mit dem Ziel, sich mit der englischen hier in der Ebene von Catania zu vereinigen. Was das für euch in Westsizilien bedeutet und überhaupt für die ganze Verteidigung der Insel, das liegt wohl auf der Hand."

„Du meinst Räumung, wenn möglich geordneter Rückzug?"

„Was sonst", sagt Larsen ohne Betonung, sieht mich aber dabei vielsagend an, „und wer hätte mehr Erfahrung darin als du?"

„Mein Lieber, wie stellt ihr euch diesen Rückzug vor? Schon in Tunesien kam der Befehl viel zu spät. Bei uns heißt das ja paradoxerweise nicht Befehl, sondern Erlaubnis, als ob die Führung die geheime Hoffnung trage, es könnten sich ganz Tapfere finden, die von der großzügigen Erlaubnis keinen Gebrauch machen und sich auf den Thermopylen bis zum letzten Atemzug schlagen wollen. Hier aber ist nichts mehr zu retten. Ich habe mir diesmal in den Kopf gesetzt, jeden Mann aufs Festland zu bringen, und wenn ich das meiste Gerät sprengen oder anzünden muss. Allmählich kommen wir in eine Lage, in der jeder Mann gebraucht wird. Die Leute, die wirklich etwas können und verantwortlich arbeiten, werden ohnehin immer weniger, wenn die Bombenteppiche weiter so vom Himmel fallen."

„Ja, du kannst recht haben", meint er nachdenklich. „Flugzeuge und anderes Material kann man ersetzen, erfahrene Mechaniker nicht. Wenn ihr mit dem Personal heil über die Straße von Messina kommt, können wir das Geschwader neu ausrüsten. Weißt du, dass wir im Monat runde tausend Jagdflugzeuge produzieren und diese

Zahl womöglich noch steigern können? Allerdings verlieren wir auch sehr viel. Schon in der Ausbildung gehen Hunderte verloren."

In diesem Augenblick überfliegen zwei Jäger wackelnd den Platz. Dann landet der eingesetzte Verband in dichter Folge, und sofort ist alles wieder Staub, Getöse und scheinbares Durcheinander. „Hauptmann Straden ist nicht weit von hier abgesprungen!" schreit Feldwebel Kern aus dem Fenster der Baracke, er muss es laut brüllen, um den Lärm zu übertönen. „Wir brauchen einen Storch!"

Er telefoniert kurz und konzentriert, und nach einer Weile kann er melden: „Herr Major, die Zweite schickt uns ihren Storch, die Absprungstelle ist bekannt."

Bachmann meldet sich zurück und berichtet vom Luftkampf. Sie seien nach Westen gestiegen, um aus der Sonne heraus auf die Festungen zu stoßen. Aber schon im Quadrat „Martha", als der Verband noch im Steigen war, seien Boeings unter ihnen hindurch auf Nordkurs geflogen. Hauptmann Godert habe sofort den Angriff eingeleitet, es sei fast schulmäßig gelaufen, aber im gleichen Augenblick seien Spitfires auf sie herabgestoßen und hätten den Verband gesprengt. In enger Formation mit Straden fliegend, sei der Stabsschwarm bis zur letzten Kette der Bomber vorgestoßen, und in einem Sprühregen von Geschossen sei es gelungen, bis auf Schussentfernung an sie heranzukommen. Da plötzlich habe sich Stradens Maschine aufgebäumt, er habe gerufen „Ich habe Treffer, bin verwundet!" und sei im steilen Gleitflug in Richtung Gerbini abgedreht. Auf einmal habe er aber dann das Kabinendach abgeworfen, die „Me" auf den Rücken gelegt und sei herausgesprungen. Er, Bachmann, habe noch gesehen, wie der Schirm sich entfaltete.

Der Storch mit Straden landet wenige Meter vor der Baracke. Sorgfältig wird die Bahre heruntergehoben, und sofort ist der Arzt der I. Gruppe/Jagdgeschwader 53 dabei, das blutgetränkte Hosenbein des Verwundeten bis zur Hüfte hinauf aufzuschlitzen.

„Nun hat es den auch erwischt", sage ich zu Larsen, während wir in der Nähe auf und ab gehen. „Die Erste meldet drei Verluste, das Geschwader verliert immer mehr Flugzeugführer. Es geht hier zu Ende, Franzl."

Er scheint damit beschäftigt, das Bild des Einsatzes zu verarbeiten, das sich ihm hier bietet. Natürlich hat er als Inspizient Süd wenig Einfluss auf die taktischen Entscheidungen auf diesem Kriegsschauplatz, aber seine Stimme im Rat der Männer um den General der Jagdflieger wiegt doch etwas. Vielleicht hilft dieser unmittelbare Eindruck dazu, den Entschluss zu erleichtern, diesen ungleichen Kampf auf der Insel abzubrechen.

Ich habe Sterbende und Tote gesehen. Vier Jahre Krieg, das bedeutet, vier Jahre fast ununterbrochenen Einsatzes – eine endlos lange Zeit, in der ich sie abstürzen, verbluten, verbrennen sah. Blutjunge „Neue", bei denen das sogenannte Schicksal sofort zuschlug, und Alte, Veteranen, die alle an Erfahrung übertrafen und deren Uhr dennoch plötzlich abgelaufen war. Straden ist zwar „nur“ verwundet, aber ich werde ihn auf lange Zeit nicht, vielleicht überhaupt nicht wiedersehen, und so prägt sich mir das Bild unauslöschlich ein, wie die Flugzeugführer um den Storch herumstehen, während der Doktor um Straden bemüht ist.

Dies ist nun eine der letzten Stationen auf dieser Insel: Unbarmherzig brennt die Sonne über der gelben Ebene, in der an verschiedenen Stellen solche Menschengruppen wie wir eine hektische Betriebsamkeit entfalten, um die wenigen Flugzeuge in die Luft und an den Feind zu bringen, wodurch sie mit Sicherheit immer weniger werden. Während die Mechaniker in routinierter Eile Benzin in die Tanks der Flugzeuge pumpen und die Munitionsgurte über die Motorhauben rasseln, stehen und hocken die Piloten unter den verstaubten Olivenbäumen mit leeren Gesichtern und hängenden Schultern. Es wird fast nicht gesprochen, jeder weiß es vom andern und von sich selbst: Sie sind am Ende ihrer Kraft. Nichts mehr erinnert an die noble, elegante Jagdfliegerei mit Seidenschal und fantasievoll veränderten Uniformen. Das äußere Erscheinungsbild zeigt genau, wohin es mit uns gekommen ist: Die Khakihosen sind schmutzig, voller Ölflecke und zerknüllt, die Schwimmwesten speckig und alt, die Gesichter ausgemergelt und bei vielen unrasiert, alles ist staubbraun, die Erde, die Kleider, die Gesichter, die Flugzeuge. Es gibt die Strapazen des Sieges, die wir in Russland und in Afrika lachend hinter uns gebracht haben, die man manchmal gar nicht empfand, weil einen das Hochgefühl der Überlegenheit darüber hinwegtrug – und es gibt die Strapazen der Niederlage, sie sind unrühmlich und schmutzig, sie fressen an der Moral, lähmen den Kampfgeist und erzeugen nur noch neue Niederlagen. Hier kommt – so lernten wir es – die Stunde des geborenen soldatischen Führers, er reißt seine Männer aus der Depression, gibt ihnen ein Ziel und neuen Schwung, führt sie in kühner Aktion gegen den Feind, zu Sieg oder Tod. Aber wir alle, die wir hier in Dreck und Hitze unsere Alltagsarbeit des Krieges tun, wir wissen, dass dies höchst fragwürdig ist. Es stammt aus der Zeit der Kavallerieattacken, allenfalls noch aus dem Ersten Weltkrieg, aber für die Situation, in der wir uns befinden, sind solche Vorstellungen unbrauchbar. Der Luftkrieg ist ein technischer Krieg, und den gewinnt man nicht allein mit hoher Kampfmoral und todesmutiger Entschlossenheit, wenn man technisch unterlegen ist Das ist es, was unsere Feldmarschälle nicht begriffen haben, und das ist auch der Grund, warum der Reichsmarschall nicht anders denken kann als in den Kategorien von Tapferkeit und Feigheit, warum für ihn eine Jagdwaffe, die ihre Überlegenheit eingebüßt hat, nicht anders sein kann als feige.

In diese meine Gedanken hinein sagt Larsen plötzlich: „Man muss euch aufs Festland verlegen, solange noch genügend Substanz da ist, um das Geschwader wieder aufzubauen. In Afrika war es viel zu spät. Ein Geschwader, das ist doch mehr als eine Ansammlung von Flugzeugen und Gerät plus einer bestimmten Anzahl von Männern.“
„Wem sagst du das“, antworte ich bitter. „Sag es dem General. Er sollte es eigent-

lich gut wissen, vor zwei Jahren war er noch Kommodore." – „Du darfst ihm nicht unrecht tun. Ich bin überzeugt, er weiß das alles, schließlich gehört er zu unserer Generation und hat im Einsatz genau das Gleiche erlebt wie wir. Aber was kann er tun …?"

Ich zucke mit den Schultern und wende mich wieder dem Verwundeten zu. Wahrscheinlich hat Larsen recht. Es gibt keine Lösung, wir müssen weitermachen. Wir haben Führung und Befehl mit einem Heiligenschein versehen und fanden das großartig, solange wir siegten. Nun bleibt uns in der Niederlage auch nichts anderes übrig, als auf Befehle zu warten und sie auszuführen, auch wenn sie falsch sein sollten, auch wenn wir wissen, dass sie falsch sind.

Bachmann hat sich am Fuße eines Olivenbaumes niedergehockt, wie er aus dem Flugzeug gestiegen ist. Er lässt kein Auge vom Rücken des Doktors, der noch immer am Boden kniet und mit dem Verwundeten beschäftigt ist. Während er unverwandt hinüberblickt, fährt seine braune Hand ruhelos über das Kinn, in dieser Stellung wirkt er auf mich wie ein alter Mann, und überdeutlich sehe ich jede Einzelheit an dieser Gestalt, die abgetragenen Tropenschuhe mit den Lederkappen an dem verblichenen Segeltuch, die fettig glänzenden Farbbeutel an den Karabinerhaken der Schwimmweste, die vertragenen und zerknüllten Fliegerhandschuhe, die nur dazu dienen, mit den ewig schweißfeuchten Händen nicht am Knüppel und an den Hebeln im Flugzeug abzurutschen.

Dann erhebt sich der Arzt, und der Verwundete liegt mit dick verbundenem Bein und geschlossenen Augen. Er war die ganze Zeit bei Bewusstsein, hat aber kein Wort gesagt. Wahrscheinlich steht er unter Schockeinwirkung.

„Die rechte Wade ist durch ein Sprenggeschoß zerfetzt", berichtet der Doktor mit leiser Stimme, sodass es der Verwundete nicht hören kann. „Ich kann hier nicht beurteilen, ob man das Bein retten kann. Er muss sofort in ein Lazarett." Nach einer kleinen Pause fügt er hinzu: „Aufs Festland am besten. Ich habe Anti-Tetanus und Morphium gespritzt."

„Wir können erst in der Abenddämmerung wagen, einen Storch dafür einzusetzen", sage ich, „aber wir werden den Flugplatz Vibo Valencia vorwarnen, damit sie ihn unverzüglich weiterleiten." – „Telefon, Herr Major", ruft Feldwebel Kern aus der Baracke. Es ist Temme, der Kommodore der Focke-Wulff-Jagdbomber, die hier seit Tagen aushalten und immer wieder zu ihren fast nutzlosen Nadelsticheinsätzen starten. „Bei uns ist ein Befehl vom Fliegerkorps eingegangen. Er lautet: Sofort mit Stab, I. und II. Gruppe/Jagdgeschwader 77 auf Ausweichplätze bei Trapani verlegen. III. Gruppe/Jagdgeschwader 77 verlegt nach Sardinien zurück."

„Danke. Ich werde starten, sobald meine Flugzeuge betankt und munitioniert sind. Also in wenigen Minuten. Ich halte den Platz bei Salemi für den besseren und schlage Ihnen vor, dort einzufallen." – „Gut", quittiert der Jagdbomber sachlich. „Ich fliege aber vorher Angriffe auf die Schiffe bei Gela, damit das Ganze noch einen Sinn hat."

Der Platz bei Salemi ist unsere Weide mit dem Gehöft, das die Piloten der Kittyhawks so geärgert hat. Der Gegner hat ihn sicher als Stützpunkt erkannt, aber schließlich kann er uns überall aufspüren. Der Platz bei Corleone ist weniger als ein Notbehelf, er bleibt uns immer noch für den Fall, dass wir Trapani räumen müssen, ohne den Westteil Siziliens aufzugeben.

„Start zum Feldflugplatz bei Salemi", rufe ich Kern zu, „ich möchte bald wissen, wieviel Flugzeuge klar sind."

Wir werden starten und die Flugzeuge, die später klar werden, nachziehen. Das bedeutet, dass wir in kleinen Gruppen verlegen, die keine rechte Kampfkraft darstellen. Auf dem Wege nach Westen werden wir Tiefangriffe auf die Landeköpfe fliegen. Meinen Gruppenkommandeur Abben habe ich nicht zu Gesicht bekommen, seit wir in Gerbini sind. Er meldete seine Gruppe über das Ringtelefon, berichtete Luftkampf über dem Ätna, und jetzt rüstet er zum Rückflug nach Sardinien. Das geschieht in der gleichen Hast wie bei uns, um möglichst schnell von diesem Präsentierteller wegzukommen, ehe der Feind seinen nächsten Bombenteppich auf uns abgeladen hat.

Larsen verabschiedet sich von mir. „Ich fliege nach Catania", sagt er. „Dem General werde ich berichten, wie es um euch steht. Wenn der Führer nur die Erlaubnis gäbe, die Insel zu verlassen!"

Der Führer, denke ich zerstreut, ach ja, der Führer. Im Augenblick ist mir der Feind viel wichtiger, und ich frage mich, ob der uns noch erlauben wird, die Insel zu verlassen.

Diesmal, als ich vom Boden abhebe und den Rückflug nach Trapani antrete, will sich das Gefühl der Befreiung nicht einstellen, das bei jedem Verlassen des Platzes Gerbini stärker geworden war. Es wird wohl das letzte Mal gewesen sein, und das Ende steht dicht bevor. Auch wenn das Bombardement plötzlich aufhören würde, könnten wir auf Wochen hinaus kaum eine wirksame Aktion zustande bringen, denn es mangelt uns an allem, was Jagdverbände für den Einsatz brauchen. Ersatzteile, Munition, genügend Fachpersonal, ja selbst Benzin fehlt, denn wir können am Tage nur noch von den Feldflugplätzen starten, zu denen das wenige, was noch vorhanden ist, unsäglich mühsam hingekarrt werden muss. Es ist so, wie Temme sagte: Wir haben hier miterlebt, wie man auf einem Kriegsschauplatz eine Luftwaffe zerschlägt, damit man mit der eigenen Luftmacht ungestört operieren und seine Bodentruppen ohne Gefährdung entfalten kann. Der Einsatz, zu dem ich jetzt gestartet bin, wird zwar den Amerikanern zeigen, dass wir noch immer nicht ganz erledigt sind, er wird einigen feindlichen Soldaten das Leben kosten und etwas Material zerstören, aber was bedeutet das schon gegen die Tonnen von Bomben, die der Gegner auf Sizilien geworfen hat. Es sind nur neun Messerschmitts, die mir folgen. Die anderen werden in Gerbini starten, sobald sie flugklar sind. Auf dem Feldflugplatz werden wir uns wieder versammeln. Einen Verband kann man das nicht nennen, denn mit einer Handvoll Flugzeuge kann man gegen einen Bomberfeind, der von Bordkanonen nur so strotzt, nichts mehr ausrichten. Vielleicht könnten wir ein paar Jäger im Kurvenkampf abschießen, aber sie sind uns inzwischen nicht nur an Zahl, sondern auch an Qualität ihrer Flugzeuge überlegen.

Der Himmel ist im Westen stahlgrau geworden. Eine Gewitterwand hat sich über dem Zentralmassiv der Insel aufgebaut. Mit der Karte auf den Knien bin ich bemüht, die Wolkenbarrieren zu umfliegen, ohne die Orientierung zu verlieren. Bei Enna, das man gut an der großen Anlage des Stauferkastells erkennen kann, gehe ich auf Südkurs, um die Bucht von Gela zu erreichen. Es ist dunstig, und die Wolkenschleier hängen tief, so tief, dass ich vorsichtig mit gedrosseltem Motor das lange Tal hinabfliege, von dem ich weiß, dass die Amerikaner in ihm nach Norden vordringen. Aber wenn ich die Küste überhaupt erreichen will, werde ich das Feuer der Truppen in Kauf nehmen müssen. Zunächst halte ich mich mehr am Hang, dessen Grat in den Wolken liegt, weitab von der Straße – doch ehe ich mich versehe, sind die Perlenketten der Leuchtspurmunition um mich herum, sie steigen mir entgegen, ein Feuerwerk, das in meinem Motorlärm lautlos wirkt, hübsch aussieht und in jedem Augenblick tödlich sein kann. Das ist so verwirrend, dass ich Vollgas gebe und in wilden Ausweichbewegungen das Tal hinabschieße.

Wie ein Schlag trifft ein Regenguss die Frontscheibe und nimmt mir für Sekunden völlig die Sicht. Dann plötzlich reißt der Wolkenvorhang auseinander, und vor mir liegt der weiße Strand von Gela, auf dem ich noch vor Kurzem zu Fuß den italienischen Sicherungsposten begegnet bin. Ich ziehe das Flugzeug nach rechts herum, um nicht über die Küste in das unentrinnbare Flakfeuer der Zerstörer und Landungsboote hinausgetragen zu werden. Nun bin ich wenige hundert Meter über der Straße, die parallel zur Küste verläuft. Ohne Unterbrechung fliege ich durch Leuchtspurregen, die anderen folgen dicht aufgeschlossen, als ob sie auf eine Schnur gezogen wären. So kann man mit dem Überraschungseffekt ein Maximum an Feuerkraft entfalten, ehe die Bodentruppen sich in Deckung geworfen und die Schützen das Ziel aufgefasst haben.

Wie zur Parade stehen Fahrzeuge und Panzer aufgereiht auf der Straße, und während ich hinabstoße und das „Pop-pop" meiner Kanone den Motorenlärm übertönt, fühle ich wieder den wohlbekannten bitteren Geschmack im trockenen Munde. Es sind nur wenige Sekunden, die mir für den Beschuss bleiben, als ich andrücke und die Geschwindigkeit sich rasch steigert. Das helle Fadenkreuz des Visiers hebt sich von dem dunklen Boden ab, und die Konturen der Fahrzeuge schwimmen rasch hindurch. Durch heftiges Stoßen mit den Füßen ins Seitensteuer versuche ich den leuchtenden

Kreis mit dem Kreuz mit der Straße und den Fahrzeugen in Deckung zu bringen. Ein dicker Panzer wächst rapide in das Visier hinein, die Geschosse meiner Kanone zerplatzen auf der Panzerung und stieben nach allen Richtungen davon. Soldaten springen zur Seite und verschmelzen vor meinen Augen mit dem Boden.

Dann presst mich die Beschleunigung heftig auf den Fallschirm, als ich über die rechte Fläche hochziehe und die Straße entlang weiter nach Westen rase. Den Kopf weit zurückgebeugt, schaue ich an der Panzerplatte vorbei durch die schräge Plexiglasscheibe hinab auf die Straße, die wie in einem Film, der mit zu großer Geschwindigkeit abgespielt wird, an mir vorbeizieht. Fahrzeuge brennen, Kanonengeschosse zerbersten auf der Straße, Jeeps rumpeln in wilder Flucht ins Gelände. Ein fesselnder Anblick, er vermittelt ein trügerisches Gefühl der Überlegenheit. Ich gehe in eine Linkskurve und sehe zurückschauend gerade noch, wie eines unserer Flugzeuge tief heruntergeht – tief – viel zu tief!, bis es ein Fahrzeug in der Kolonne berührt und sofort in einem Wirbel von Metall und in einer haushohen Explosionsflamme zerplatzt.

„Aufschlagbrand" nennen wir das, Aufschlagbrand durch Flaktreffer oder versehentliche Bodenberührung. Man sieht diesen grandiosen, schauerlichen Tod nur für Sekunden, nur mit einem Auge. Der Motor dröhnt, im Kopfhörer gellt das Stakkato des Kampfes, aber die gewaltige Explosion erscheint lautlos wie im Stummfilm. So sah ich Feldwebel Meyer eine Schneise in den Wald bei Nowgorod reißen, so sah ich Leutnant Behrends sich gleich einem Feuerball in einer sowjetischen Lastwagenkolonne „aufrollen", und so erlebte ich, wie Oberfeldwebel Stumpf beim Abfangen eine Fläche verlor und steuerlos zwischen roten Panzern in der Steppe aufschlug.

Unvermittelt hört die fließende Leuchtspur auf, meinen Weg zu kreuzen. Das helle Band der Straße unter mir ist leer. Ich habe die Front überflogen. Wer mag der Unglückliche gewesen sein? Ich weiß nicht, wer mit mir gestartet ist. Bachmann und Zahn sind neben mir in Gefechtsformation, aber die anderen sind so aus Gerbini herausgestartet, wie sie gerade versorgt und klar waren. Zu meiner Linken liegt Agrigent. In weitem Bogen umfliege ich Stadt und Hafen, um die Flak nicht geradezu herauszufordern, und beginne den Steigflug. Die Sonne scheint mir ins Gesicht, die Wolkenwand im Osten erstrahlt in blendendem Weiß. Ich werde einen großen Halbkreis fliegen, sodass ich Chinisia, Trapani und die beiden Feldflugplätze aus der Höhe beobachten kann, vorausgesetzt, wir haben vorher keine Feindberührung.

„Erice von Odysseus eins, wie hören Sie mich?"

„Odysseus eins, höre Sie ausgezeichnet – Achtung, wir haben einen Marauderverband mit Jagdschutz im Anflug auf Trapani erfasst. Melden Sie Ihren Standort und Höhe. Ende."

„Erice von Odysseus eins, verstanden, Standort Castelvetrano, fünftausend, Ende." Wieder einmal „im Anflug auf Trapani", dieses stupide Bombenkarren, um sie immer von Neuem auf derselben Schutthalde abzuladen! Aber im Grunde genommen haben die Alliierten ganz recht damit, denn wir fliegen immer noch, wenn auch nur mit dem Rest unserer Kampfkraft. Sie kennen inzwischen unsere Zähigkeit. Nach meiner Berechnung sind es noch zehn Minuten bis zur Feindberührung – was für einen Haufen führe ich eigentlich? Ich wende mich um und versuche an den aufgemalten Ziffern meine Begleiter zu erkennen. Neun Flugzeuge mit mir, das ist meine ganze Streitmacht, und ich weiß nicht einmal, wer sie fliegt, außer Bachmann und Zahn natürlich, deren Maschinen eng bei mir, rechts und links, ohne Bewegung in der ruhigen Luft liegen. Dass diese Feindmeldung kommen würde, habe ich irgendwie geahnt. Eine Art Angstgefühl sagte mir, dass dieser Luftkampf unausweichlich kommen würde und dass ich mit meinen Kräften am Ende bin und keine Reserven mehr habe.

Die Bodenstelle gibt laufend den Standort des Feindes. Wenn wir nicht so wenige und etwas frischer wären, könnte dieses Zusammenspiel eine reine Freude sein, aber so, wie die Lage ist, bildet es nur das Vorspiel auf einen ungleichen Kampf. „Odysseus eins von Erice, Möbelwagen jetzt hart nördlich Platz, Höhe dreitausend, beeilen Sie sich!"

„Victor, Victor, Odysseus eins." Da sind auch schon die schmutzigen Flakwolken, und davor in geschlossener Formation der Bomberverband. Sie kommen von Norden über den Berg hinweg und müssen jeden Augenblick ihre Bombenschächte öffnen. Mein Höhenmesser zeigt 4.000 Meter. „Beeilen Sie sich!" – Ja, ja, ich komme schon zurecht, um mit den alten Bekannten aus Afrika zu kollidieren. Wo sind die Jäger? Zurzeit sehe ich keine. Die Flak schießt ausgezeichnet. Genau zwischen den Marauders liegen die Sprengwolken und zwingen sie zum ständigen Kurswechsel.

Eine der großen Maschinen hebt jetzt die Fläche und fliegt ein paar Sekunden im Messerflug im Verband mit, eine völlig unnatürliche Flugbewegung. Gleich darauf berührt sie eine andere Maschine dieser Kette. Sofort gibt es einen Knäuel von Metallteilen, der ineinander verwickelt abstürzt, während unvermutet darüber zwei Fallschirme ruhig in der Luft stehen.

Dann sehe ich die Jäger, direkt vor mir auf gleichem Kurs, als flögen sie spazieren, hoch über den Flakwolken: Thunderbolts mit dicken Sternmotoren.

Fast automatisch lege ich den Hebel am Knopf des Steuerknüppels herum, die Waffen sind entsichert. Das tue ich stets kurz vor der Feuereröffnung, wenn ich ganz sicher bin, dass ich schießen werde. Und da ist auch wieder der bittere Geschmack im Munde.

Sobald die Kanone feuert, platzt die Formation der Jäger auseinander. Ich habe sie überrascht. Der Kettenführer stellt sein Flugzeug auf den Kopf und taucht in abenteuerlichem Sturz weg. Ich habe noch nicht getroffen, der dunkle Qualm aus seinen Auspufftöpfen zeigt nur an, dass er Vollgas fliegt. Rasend schnell kommt die Erde näher, ich kann meine Position halten und feuere mit kurzen Unterbrechungen. Meine Kettenhunde sind weg, wer weiß, in welchen Kampf sie verwickelt sind. Jetzt sind wir ganz tief, vor der Küste springen wir über Häuser und Bäume und sind plötzlich über See, nur wenige Meter über der Wasseroberfläche. Obwohl ich mit geringer Benzinreserve in Richtung auf Pantelleria dahinjage, hat mich das Jagdfieber wieder einmal erfasst. Ich bin schneller als er und komme ihm näher.

Wenn er den Kopf wendet, wird er mir genau auf die Motorhaube schauen. Die Kanone ist leergeschossen. Aber ich darf noch nicht mit dem MG schießen, denn man verschätzt sich leicht, wenn man Jäger angreift. Der Amerikaner könnte mir auch den Kurvenkampf aufzwingen. Dafür würde mein Treibstoff nicht reichen, aber das kann er ja nicht wissen. So sucht er sein Heil in der Flucht, auf seinen starken Motor vertrauend.

Ohne dass ich mir über meinen Entschluss Rechenschaft ablegen kann, handele ich plötzlich instinktiv. Ich nehme den Gashebel zurück und wende in einer hochgezogenen Kurve, dem Lande zu. Ich lege den Schießhebel in gesicherte Stellung zurück, drehe den Knopf hinter dem Visier nach links, sodass das leuchtende Fadenkreuz erlischt, und öffne die Klappen der Kühler.

Nach wenigen Minuten sehe ich den Platz liegen, ich habe das Navigieren und Höhegewinnen fast automatisch erledigt, so leer ist mein Gehirn. Zweimal muss ich den Platz umrunden, ehe ich die schmale Landebahn zwischen den Bombentrichtern erkenne und die Landung wage. Mitten im Anschweben knallt der Motor in wilden Fehlzündungen und bleibt plötzlich ganz weg – ich bin mit dem letzten Tropfen Benzin gelandet. Der Platz ist ausgestorben und öde, als ob das Geschwader ihn schon verlassen hätte. Mit einem Male weiß ich, dass das Ende gekommen ist, unwiderruflich.

Ich habe mit Kegel den Nachmittag verbracht, um die Reste des Geschwaders in Trapani auf die Verlegung vorzubereiten. Die Bilanz ist kläglich. Seit gestern kommt kein Nachschub mehr an Munition und Treibstoff, die geringen Vorräte sind aufgebraucht. Was wir noch haben, müssen wir zusammenhalten, um genug für den letzten Start zu besitzen, für den Überführungsflug der klaren Maschinen aufs Festland. Für den Landmarsch nach Messina ist die Situation nicht ungünstig, weil die nördliche Küstenstraße mit einiger Sicherheit bis zuletzt feindfrei sein dürfte.

Bei Sonnenuntergang fahren wir auf den Berg, wie immer. Als wir die Stelle erreichen, wo die Straße zur Ortschaft Erice abbiegt, bedeute ich ihm zu halten. Er blickt mich verwundert an.

„Wir wollen noch einen Blick auf Trapani werfen, vielleicht den letzten. Und dann sagen wir noch dem italienischen Kommodore Guten Tag."

Wir folgen der staubigen Straße, die sich in zahlreichen Serpentinen zum Gipfel hinaufwindet, und verhalten vor der Porta Trapani. Die Straße macht an dieser Stelle eine weitschwingende Biegung dicht unter der felsigen Höhe des Berges, und die

Mauer aus massiven Felssteinen bildet eine Brüstung, an der um diese Stunde viele Menschen stehen, um den herrlichen Rundblick zu genießen, der sich von hier bietet. Gleichsam an die Brüstung des Balkons dieses großartigen Theaters gelehnt, überblicken die Zuschauer den Schauplatz des dramatischen Geschehens zu ihren Füßen. Sie sind nicht unmittelbar beteiligt, weil sie in dem Refugium des winzigen Felsennestes ohne strategische Bedeutung relativ ungefährdet sind. Und doch sind sie Augenzeugen eines historischen Ablaufes. Das Trümmerfeld des zerbombten Flugplatzes ist symptomatisch für das Ende der deutschen „Besatzung", aber auch für die systematische Zerstörung ihrer Heimat. Die Alliierten haben sich sichtlich bemüht, ihre Angriffe auf militärische Ziele zu beschränken, erst bei den letzten Angriffen auf Messina sind sie von diesem Grundsatz abgewichen. Hier in Trapani verwüsteten ihre Bomben die an den Platz grenzenden Teile der Stadt und die benachbarten Dörfer nur dann, wenn sie durch massives Flakfeuer oder unsere Jagdabwehr am gezielten Werfen gehindert wurden. Und das war in den letzten Tagen und Wochen natürlich oft der Fall.

Die kleine Gemeinde auf dem Berge ist die Zufluchtsstätte vieler Bürger von Trapani. Die Häuser sind voll Menschen gestopft und quellen von Kindern aller Größen geradezu über. Jetzt in der Abendkühle kommen sie heraus und beleben die engen Straßen. Sie stehen in Gruppen beieinander und diskutieren und gestikulieren, aber es ist nicht wie sonst. An den Luftkrieg hatten sie sich fast gewöhnt und waren trotz der ständigen Bombengefahr recht schnell zu ihren gewohnten Beschäftigungen zurückgekehrt. Nun aber ist eine wachsende Spannung in ihre Gespräche gekommen, und eine deutliche Unruhe zeigt sich auf ihren Gesichtern. Sie ahnen, dass ein Wechsel bevorsteht, ein Übergang in einen neuen Zustand. Die nächsten Tage, in denen es geschehen wird, sind voller Drohungen: das Schicksal ihrer Häuser und Dörfer, ja ihrer ganzen Insel nähert sich dem Kulminationspunkt. Wird ihre Stadt zum Schlachtfeld? Werden die Eroberer menschlich sein? Wird dann endlich Ruhe eintreten? – Fragen und Gerüchte schwirren zwischen den Menschen umher, die schon immer leicht erregbar waren und das Unglaubliche zuerst glauben, wenn es nur überzeugend vorgebracht wird. Als wir durch die belebte Gasse an den Bewohnern vorübergehen, verstummen die Gespräche. Mancher feindliche Blick trifft uns, andere wenden sich ab und kehren uns den Rücken zu. Meist jedoch ist nur stumpfe Schicksalsergebenheit in den Gesichtern zu lesen.

Das Haus, in dem der italienische Geschwaderkommodore sein Hauptquartier hat, grenzt an den kleinen Park, der die Reste des Kastells auf dem Berge umschließt. Als wir eintreten, umfängt uns wohltuende Kühle. Die dicken Mauern des geräumigen Hausflures lassen die Hitze nicht herein. Die bunten Kacheln des Fußbodens und die kostbaren Tapeten vermitteln den Eindruck, man habe ein Schloss betreten. Durch die Glastür am Ende des Flures bietet sich uns ein herrlicher Ausblick auf die Bucht am Fuße des Berges. Im Salon empfängt uns der Oberst. Er ist ein Mann, dem das Gewicht seines massigen Körpers offensichtlich zu schaffen macht. Wann mag dieser Flieger zum letzten Mal einen Steuerknüppel in der Hand gehabt haben? Er schnauft und ringt nach Luft, als er eine Flut von Elogen und nichtssagenden Höflichkeiten über uns ergießt. Ohne uns Zeit zu einer Entgegnung zu lassen, klatscht er auf orientalische Art in die Hände, um bei der Ordonnanz, die im Türrahmen erscheint, Kaffee zu bestellen. Dann zieht er mich zum Fenster, breitet die Arme aus und ruft enthusiastisch: „Ist das nicht eine herrliche Aussicht?"

Das kann ich ihm bestätigen. Als wir am niedrigen Tisch Platz nehmen, beginnt sich in mir das Mitleid mit diesem Mann zu regen. Hilfesuchend haften seine Blicke auf mir, als ob er sich von meinem Besuch eine Wendung zum Guten verspräche. Er habe soeben mit dem Armeekorps in Corleone gesprochen, sagt er, mit dem General persönlich. Er habe berichtet, wie tapfer sich die Jagdflieger gegen die Übermacht der Angelsachsen schlügen. Aber er habe auch Klage darüber geführt, dass er, sein Geschwader, allein gelassen werde. Niemand teile ihm mit, wann Einflüge bevorstünden und wie die Lage sei. Dieses Telefon hier – und er zeigt auf den Holzkasten eines alten italienischen Feldtelefons auf einem Tisch, auf dem eine Karte ausgebreitet ist –, dieses Telefon sei seine einzige Verbindung zum Armeekorps, zu seiner militärischen Führung überhaupt. Seine Funkstelle, die ihn mit der Luftwaffenführung verbinden solle, sei alt und eigentlich unbrauchbar. Es dauere einen Tag, um einen Funkspruch bestätigt zu bekommen, und so erfahre er immer nur die Ereignisse von gestern. Sein Major Visconti – ein tüchtiger Mann, ein sehr tüchtiger Mann! – läge ihm in den Ohren, er möge uns um Beistand bitten. Visconti sei verzweifelt, denn er sähe regelmäßig die deutschen Jäger rechtzeitig starten oder den Platz vor einem Bombenangriff räumen.

Welche Mittel zur Erfassung der Einflüge wir besäßen, will der Colonnello wissen, und er spricht in einer Weise davon, als ob wir im Besitz übernatürlicher Geheimnisse wären. Und ob wir bereit wären, die Gruppe in Chinisia an unser Fernmeldenetz anzuschließen?

Dann beginnt er wie wild an der Kurbel des Telefons zu drehen, wie um mir zu demonstrieren, wie dieses einzige Bindeglied zu seiner Führung funktioniere. Und er hat Glück, es funktioniert wirklich nicht, die Leitung ist offenbar wieder einmal gestört, und nach ein paar Minuten fruchtlosen Bemühens richtet er die Augen verzweifelt gen Himmel und lässt den Hörer resigniert fallen.

Ich verspreche ihm sofortige Hilfe und schlage vor, seinen und Viscontis Gefechtsstand an den meinen anzuschließen, um so der italienischen Gruppe sowohl die Ergebnisse unserer Funkauswertung auf dem Erice als auch die unserer Funkmessgeräte bei Marsala rechtzeitig mitteilen zu können. Das hätte natürlich schon vor Wochen geschehen müssen, aber wir waren zu beschäftigt mit unserem eigenen Wiederaufbau nach der tunesischen Niederlage, um uns um die Probleme des italienischen Bundesgenossen zu kümmern, und vermutlich waren die Italiener zu stolz, uns in irgendeiner Weise um ein Entgegenkommen zu bitten. Mir kommt es so vor, als lebten sie alle noch irgendwie im vorigen Weltkrieg. Der Anblick dieses Obersten bestätigt mir, dass die italienische Führung schon gar nichts von diesem technischen Krieg begriffen hat – gar nichts begreifen kann, weil sie überaltert und körperlich und geistig nicht mehr leistungsfähig genug ist.

Ich versuche ihm klarzumachen, dass dies alles natürlich geschehen kann, dass es aber nur noch wenig Zweck habe, denn schließlich stünde der Feind im Lande, und unsere Plätze seien so gut wie zerschlagen, sodass an einen planmäßigen Luftwaffeneinsatz kaum noch zu denken sei. Fast hätte ich ihm erzählt, dass wir uns bereits anschicken, die Insel zu verlassen, dass mein Hauptmann hier und ich den ganzen Nachmittag damit verbracht hätten, das Wichtigste von meinem Geschwader, die Menschen, abmarschbereit zu machen. Aber irgendetwas hindert mich daran, ihm die Wahrheit zu sagen. Wenn er noch eine Verbindung zu seinem Armeekorps hat, geht es ihm in dieser Beziehung noch besser als mir – jemand wird ihm schon sagen, wann er seinen Posten verlassen darf oder ob er sich im Bewusstsein erfüllter Pflicht in amerikanische Gefangenschaft zu begeben hat.

Für die realistische Vorschau auf die nächsten Tage scheint er aber nur wenig übrig zu haben, denn er wendet sich schnell anderen Themen zu, die der reinen Konversation angehören. Unvermittelt wird er gelöst und fast fröhlich, was auf mich angesichts der Lage einen fast gespenstischen Eindruck macht. So verabschieden wir uns bald, wobei sich der Oberst nochmals überschwänglich bedankt.

Als wir die dämmrige Straße hinauf zum Kastell schreiten, sprechen wir über das deprimierende Erlebnis und über den armen Visconti. „Er wird sich nun wohl erst einmal ausruhen müssen, der Oberst“, sage ich, „er war ganz erschöpft, und leicht gefallen ist es ihm bestimmt nicht, die Deutschen um etwas zu bitten. Aber wir wollen aufhören, uns überlegen vorzukommen, so großartig sind wir nämlich nicht mehr. Lieber wollen wir schnell Visconti helfen, ehe es zu spät ist.“

Auf dem Turm des Kastells ragen lange Antennen in den Himmel. Unsere Funkauswertung hat neben dem Turm in Zelten ihr Laboratorium eingerichtet, in dem die Frequenzen für Tastfunk und Sprechfunk abgehört werden. Dadurch, dass mein Geschwader direkt an diese Spezialisten angeschlossen ist, erfahren wir die für uns wesentlichsten Dinge aus ihrer Analyse immer rechtzeitig.

Feldwebel Henrich, der die Funkstelle leitet, ist in Kanada geboren, und Englisch ist seine Muttersprache. Uns verbindet ein enges Vertrauensverhältnis miteinander. „Was machen unsere Freunde?“ will ich wissen.

„Ach, Herr Major, wir werden am Tage mit dem Funkverkehr kaum noch fertig. Und er nimmt auch noch zu. Es sieht so aus, als ob ständig neue Verbände hier in diesen Raum einströmen. Hören Sie sich bloß einmal das Durcheinander an – englisch, amerikanisch und kanadisch, die Jabos von Pantelleria und die Spitfires von Malta sind in der Luft."

„Able three this is Baker one …", höre ich laut und deutlich. Im Hintergrund zählt ein anderer Engländer unerschütterlich zur Abstimmung: „One, two, three, four, how do you read me?"

„Unsere Freunde sind wieder auf uns angesetzt", sagt Henrich. „Ich meine die Marauders, die damals in La Fauconnerie so rücksichtslos waren …"

An dieses Heldenstück lasse ich mich nicht gerne erinnern. Damals war ich sehr bemüht, möglichst schnell die Achtung des Geschwaders zu gewinnen, das ich gerade übernommen hatte. Und als das passiert war, fühlte ich mich in diesem Bemühen zurückgeworfen.

Wir waren vom Feindflug zurückgekehrt, dem zweiten Einsatz, den ich in Afrika flog. Ich war mit allem, was sich dabei ereignet hatte, und mit mir selbst unzufrieden. Sie flogen in meinem neuen Geschwader anders, als ich es von Russland gewohnt war. Sie waren nicht ängstlich oder gar feige, aber es gelang mir nicht, sie aus einer schnell erkannten günstigen Position mitzureißen, um den Vorteil zu nutzen. Sie sicherten mehrfach nach allen Richtungen und trugen so der Tatsache Rechnung, dass die Spitfires meist da waren, wo man sie nicht vermutete. Ich hatte einen Angriff verpatzt, die Führung des Geschwaders aus der Hand verloren und war verschnupft zum Platz zurückgeflogen.

Als ich den Gefechtsstandwagen am Rande des Platzes betrat, meldete der Offizier vom Dienst, dass Feldwebel Henrich mich sprechen wolle. Die „Marauders vom Dienst" seien von Tebessa aus im Anmarsch mit dem Ziele, „La Fauconrie« zu bombardieren, – jedenfalls habe er das dem Funksprechverkehr entnommen, meldete Henrich. Kurz entschlossen bestieg ich den Volkswagen-Kübel mit den Worten: „Ich fahre hinüber zum Olivenwald, warum soll ich hier den Helden spielen" und fuhr ab.

Im Olivenwald, einer schattigen Plantage von Palmen und Olivenbäumen, hatte der Stab des Geschwaders seine Zelte aufgestellt. Hier stand der Wohnwagen – ein Erbstück von meinem Vorgänger –, in dem ich mit Straden und Bachmann schlief. Hier stand auch der Flügel – ohne viele Umstände mitten im Sand aufgestellt –, auf dem Oberleutnant Merkel allabendlich zu unser aller Freude spielte.

Es waren gut drei Kilometer bis zu dem Olivenhain, und ich hatte es nicht eilig. Anschwellendes Motorengeräusch ließ mich kurz vor Erreichen des Wohnwagens anhalten. Im gleichen Augenblick hörte ich das Pfeifen, das den Fall der Bomben begleitet. Gerade noch rechtzeitig warf ich mich in einen flachen Bewässerungsgraben, der kaum die Tiefe hatte, mich zu schützen, und hatte nun das zweifelhafte Vergnügen, inmitten eines herunterrauschenden Teppichs aus zahlreichen kleinen Sprengbomben „den Helden zu spielen". Als ich mich wieder erheben konnte, stand der Kübel mit geborstenen Reifen – aber laufendem Motor – da, wo ich ihn verlassen hatte. Aber wie sahen unsere Zelte aus! Die Splitter der Bomben hatten Zeltwände und Feldbetten und Fliegerrucksäcke durchdrungen und aus den Wasserbehältern sprühte das Wasser. Während der Wohnwagen wie durch ein Wunder unbeschädigt war, hatte der Flügel seine Rolle als musikalisches Instrument ausgespielt, seine Saiten bildeten ein krauses Gewirr verschlungener Drähte.

Als ich wieder beim Gefechtsstand am Rande des Flugfeldes ankam, empfingen sie mich grinsend mit unverkennbar gezeigter Schadenfreude.

„Da gibts nichts zu lachen. Liegen Sie mal bei einem Bombenangriff auf dem Bauch in einem flachen Graben, der kaum Ihren Hintern deckt …"

„Herr Major, kaum waren Sie zum Wäldchen unterwegs, rief Henrich an. Wir haben aufgeschrieben, was er abgehört hat." Der Offizier vom Gefechtsstanddienst reichte mir einen Zettel. „This is lead, this is lead, we are going to aim at the small wood north of the field, it probably houses the staff ." (Formationsführer an alle: Wir werden auf das kleine Wäldchen am Nordrand des Platzes werfen, es beherbergt wahrscheinlich den Geschwaderstab.)

Als wir die schmale, mit weißem Kies geschotterte Straße am Abhang des Berges zur Villa hinunterfahren, dunkelt es. Das ist die Stunde der trügerischen Ruhe nach dem Ende der Tagangriffe und vor dem Beginn der Nachtangriffe. Ganz abgesehen vom Kriege ist es die schönste Stunde des sizilianischen Tages, die manchmal nur von der Stimmung des Sonnenaufganges übertroffen wird. Vor dem Gefechtsstand treffe ich auf Bachmann. Er meldet, dass Godert und Zöhler inzwischen gelandet sind und in wenigen Minuten eintreffen werden.

Das Geschwader hat heute vier Flugzeugführer verloren. Einer davon ist der Leutnant, der bei Gela hinter mir mit „Aufschlagbrand" in die Feindkolonne fiel. Die III. Gruppe hat nach Sardinien zurückverlegt, wie es befohlen war.

Godert und sein Staffelkapitän Zöhler steigen aus dem Kübelwagen. Sie blinzeln, als sie in den hell erleuchteten Barackenraum treten, und beginnen unverzüglich den Gefechtsbericht zu diktieren.

Während ich mit Kegel und Tarnow die letzten Einzelheiten der Verlegung bespreche, hat sich Bachmann mit einer dickbauchigen Flasche des schweren, dunklen Marsalaweines zu Godert und Zöhler gesellt. Nach einer Weile wendet er sich an mich. „Auch einen kleinen Schluck, Herr Major?"

Ich nicke, und er reicht mir die Flasche herüber, die ich zu einem langen Zug an den Mund setze. In solchen kleinen, Gesten löst sich die Spannung, die uns alle beherrscht und nur noch für ganz kurze Augenblicke loslässt.

„Aperitif zum Abendessen", sagt Godert, indem er mich beim Trinken beobachtet. Bachmann lacht kurz und trocken auf. „Ich habe das Gefühl, als ob das heute unser letztes Diner in diesem Hotel sein wird." Plötzlich fällt ihm etwas ein. „Sollten wir nicht zur Feier des Tages im Offiziersheim dinieren, statt in der Grotte im Dunkeln zu hocken?"

„Und wenn die Wellingtons kommen?" wendet Zöhler ein.

„Ach, scheißegal. Die Bude steht doch noch immer. Warum soll sie gerade heute getroffen werden!" Und zu mir gewandt fügt er hinzu: „Wie wärs, Herr Major, wenn wir die beiden Gefangenen dazu einladen würden? Die haben heute solches Schwein gehabt, dass sie noch leben – da können sie ein kleines Festessen schon vertragen."

„Gut", sage ich, „ladet sie ein, das wird sicher amüsant sein. Auch ich habe das Gefühl, dass wir bald Stellungswechsel machen werden. Der Dicke soll zeigen, was er kann. Er wird ohnehin nicht alle Kostbarkeiten mitnehmen können, die er gehamstert hat. Also werden wir schlemmen."

Schon kurbelt Bachmann begeistert am Telefon, um das Festessen zu arrangieren. Trotz der schrecklichen Erlebnisse dieses Krieges bricht bei ihnen doch immer wieder die Jugend mit ihrer unbesiegbaren Lebensfreude durch.

Ich will wissen, was das für Gefangene sind. „Engländer oder Kanadier", ist die Antwort, „wir wissen es nicht genau. Zurzeit sind sie beim Verhör durch einen Dolmetscher. Aber sie sagen nichts." Als ich eine Stunde später mein Zimmer in der Villa betrete, steht dort eine Schüssel mit Wasser. „Es läuft wieder mal kein Wasser", sagt der Dicke. Nun, es grenzte ohnehin ans Wunderbare, dass wir während des ganzen Bombardements der letzten Wochen meist mit Strom und Wasser versorgt waren.

Dann gehe ich hinüber in den Essraum und sehe, dass der Dicke tatsächlich gezaubert hat. Er hat eine lange Tafel aufgebaut, die vom Balkon bis zur Wand mit dem großen ovalen Spiegel reicht. Darauf ist mit weißem Tischtuch, Tellern, Bestecken und Gläsern festlich gedeckt, zwei Leuchter mit schlanken Kerzen verdoppeln ihr Licht in dem Wandspiegel, und in der Mitte der Tafel stehen Gläser mit Bougainvilleen.

Sie standen und saßen herum, als ich eintrat, nun haben sich alle erhoben, was dem „Diner" eine geradezu feierliche Eröffnung gibt. Godert und Zöhler sind da, Dr. Sperrling, und von Köster, Kegel und Zahn.

Gerade in diesem Augenblick öffnet sich die andere Tür, und Bachmann komplimentiert mit seinem Schulenglisch die beiden Gefangenen herein.

Wir stehen einander gegenüber und blicken uns groß an, die Deutschen und die Angelsachsen. Die beiden Piloten fühlen sich vielleicht geehrt, obwohl der stehende Empfang gar nicht für sie gemeint war.

Der Kanadier ist schlank und beinahe schlaksig, er hat eine gute Figur und ein offenes Gesicht. Seine Hauptmannsuniform ist fast sauber, sie besteht aus einem Khakihemd mit aufgekrempelten Ärmeln und verblichenen Tropenhosen. Der englische Sergeant dagegen ist klein und gedrungen, hat ein sommersprossiges Gesicht, das rötliche Haar ist sehr kurz geschnitten. Er trägt die nach unserem Geschmack viel zu weiten Shorts der Briten und dazu Wickelgemaschen, die bis zum Knie reichen. Wir haben die beiden nicht nebeneinander platziert, aber sie tun ohnehin, als ob sie Luft füreinander wären. Ob das an dem Rangunterschied liegt oder daran, dass der eine Engländer, der andere Kanadier ist – wir können es nicht ergründen. Sie nehmen zwischen uns Platz und blicken sich aufmerksam um. Wer weiß, was man ihnen über die Hunnen erzählt hat, möglicherweise stellen sie jetzt zu ihrer Überraschung fest, dass der Feind auch aus nichts anderem besteht als aus ganz gewöhnlichen Menschen.

Der Dicke hat ein Menu zusammengestellt, das sich sehen lassen kann. Es zeichnet sich weniger durch kulinarische Raffinesse aus als durch die Vielfalt seiner Genüsse. Zwei große Platten eines Gemisches aus Rührei und italienischem Büchsenfleisch, das wir „Alter Mann" nennen, weil auf den Büchsen AM (Administrazione Militare) steht, bilden den Hauptgang. Aber da sind auch Platten und Teller mit Thunfisch, Ölsardinen und Anchovis, andere mit Leberwurst, Büchsenschinken, italienischer Cervelatwurst und Tomaten.

Trotz der Übermüdung essen wir mit Genuss und sprechen wenig dabei. Die Gefangenen antworten auf unsere Fragen höflich, aber wortkarg und schweigen sofort völlig, wenn es um militärische Dinge geht. Auch sie genießen das unvermutete Festmahl.

Es wird heute viel getrunken, der Dicke gießt ununterbrochen nach, sobald er ein leeres Glas sieht. „Was wir jetzt austrinken, brauchen wir nicht wegzuschütten, wenn wir abhauen", sagt er und nimmt selbst einen kräftigen Schluck.

Plötzlich sagt Bachmann: „Herr Major, wir haben keinen Storch mehr." Wer weiß, wie lange er daran herumgedruckst hat, bis er den Mut fand, mir das beizubringen. Das ist eine neue Hiobsbotschaft.

„Feldwebel Schulz hat ihn hingeschmissen. Er hatte Dienst auf dem Gefechtsstand, als er die beiden hier an ihren Fallschirmen baumeln sah. Sofort lief er hinab zu unserem kleinen Landeplatz, wo der Storch stand, und startete, um die Gefangenen einzusammeln. Einer, der Captain, war am Hang des Erice heruntergekommen. Schulz glaubte, einen geeigneten Acker gefunden zu haben, aber das Feld steigt zu steil an. Er verlor den Horizont aus den Augen, überzog den Storch und knallte ihn hin. Feierabend."

Was soll ich darauf sagen? Früher hieß es „Uhrmacher" oder „Anfänger" oder „Mancher lernt's nie". Jetzt ist das alles ziemlich egal, es ging so viel verloren, da kommt es auf den Storch auch nicht mehr entscheidend an.

Bachmann ist anderer Meinung. „Wir hätten den Vogel so gut gebrauchen können …"

„Aber was tun wir, wenn kein Befehl zur Verlegung mehr durchkommt?"

„Dann brauchen wir auch keinen Storch mehr!"

„Und können auch nicht mehr als Infanteristen an der Ostfront eingesetzt werden." Das ist wieder einmal eine der bitteren Bemerkungen, die sie machen, seit das berüchtigte Fernschreiben gekommen ist. Alle kennen seinen Inhalt, obwohl offiziell kein Wort darüber verlautet ist.

Aber keiner nimmt das Stichwort auf. Es scheint sinnlos, immer wieder unserem Ärger Luft zu machen. Außerdem verbietet die Anwesenheit der Gefangenen dieses Thema. Sie sitzen in untadeliger Haltung zwischen uns und essen mehr aus Verlegenheit als aus Hunger.

Schließlich isst keiner mehr, der Dicke räumt die Reste fort, und es wird nur noch getrunken und geraucht Wir alle sind müde von diesem sinnlosen Kampftag, an dem wir wieder fast nichts erreicht und doch vier Flugzeugführer verloren haben. Insgeheim wartet jeder auf den erlösenden Befehl, der über unser aller Schicksal entscheiden wird, falls es noch nicht zu spät ist. Vielleicht ist schon diese Nacht ein amerikanischer Stoßkeil auf Palermo angesetzt, der uns von der Straße von Messina abschneiden wird.

Ich weiß nicht, wie auf einmal das Thema Stalingrad aufgekommen ist. Vielleicht hat einer gesagt: „Sizilien ist das Stalingrad des Südens“ oder etwas Ähnliches. Jedenfalls ertappe ich mich wenig später dabei, dass ich von Stalingrad erzähle. Ringsherum ist es ganz still geworden, alle hören wie gebannt zu, auch die beiden Gefangenen, denen man nicht ansieht, ob sie etwas verstehen.

Ich flog zwischen unseren Feldflugplätzen und dem Kessel an der Wolga hin und her, solange es dort noch eine Landemöglichkeit gab und die Reichweite unserer Messerschmitt-Flugzeuge ausreichte. Jede Landung auf einem winzigen Stück Steppe war eine große Belastung, und oft standen die provisorischen Plätze unter dem Feuer der Artillerie oder der Stalinorgel. Es war für uns immer eine Angstvorstellung, in Deckung zu springen und das Flugzeug im Feuer stehen lassen zu müssen, bis es getroffen wurde und ausbrannte. Der Infanterist ist das Kleben am Boden gewöhnt, er hat dort seine Gruppe und seine Kompanie, und diesen Kampf hat er gelernt, er ist in diesem Kriege sein Element geworden. Wenn man uns Fliegern aber das Flugzeug nimmt und uns auf dem Erdboden aussetzt, sind wir hilflos. Wir haben keinen Kampfwert, wissen die Gefahren nicht richtig zu beurteilen, haben vor jeder Granate Respekt und benehmen uns ganz falsch. So vermied ich stets, wenn ich irgend konnte, das Landen auf diesen kleinen Feldflugplätzen in Reichweite der russischen Geschütze.

Wir pflegten die Vormarschstraßen – oder besser: die Steppenwege, die nach Stalingrad führten, im Tiefflug entlang zu fliegen, und überall, wo die Landser uns sahen, gebärdeten sie sich vor Freude wie toll. Das war im Sommer, und wenn wir über den Marschspitzen flogen, stand der Staub der marschierenden Panzer hoch über ihnen in der klaren Luft. Dann begannen wir, den Kampf um die Stadt zu unterstützen, und flogen Begleitschutz für die Ju 87 „Stukas“ und die Heinkel He-111-

Bomber, und dabei fanden wir Jagdgründe wie nie zuvor, denn die Russen setzten alles an Jägern ein, was sie hatten, um ihre Erdtruppe vor den gefürchteten Stukas zu schützen. Wir malten Abschüsse über Abschüsse an unsere Heckflossen und waren stolz darauf. Wir wussten noch nicht, auf was wir uns eingelassen hatten.

Denn bald änderte sich das Bild des Einsatzes. Wir flogen nun nicht mehr Geleitschutz für Bomber und Stukas, sondern für die Versorgungsflugzeuge, die bereits lange Strecken über Feindgebiet fliegen mussten. Die Armee war eingeschlossen, und es wurden Flugplätze für die Versorgung eingerichtet. Dass große Verbände einmal eine Zeitlang vom Feinde eingeschlossen waren, hatte es an der Ostfront immer gegeben, und es regte niemanden sonderlich auf. Was uns aber beunruhigte, die wir die Entwicklung im Großen überblickten und täglich die zu fliegenden Kilometer auf der Karte abgriffen, war die Tatsache, dass der Weg von der zurückweichenden Front bis zu dem Kessel Stalingrad immer weiter wurde. Die Begleitung der Transportflieger mit ihren alten Junkers Jus 52 begann uns mehr und mehr in Anspruch zu nehmen, und das war eine schrecklich deprimierende Sache. Es war fast noch schlimmer als das Sterben der Junkers Jus 52 hier über dem Mittelmeer, als Tunis kurz vor der Kapitulation stand. Die voll beladenen Jus kamen nur auf 3.000 Meter Höhe, und das war gerade eine schöne Höhe für die mittlere Flak der Russen, von denen sie ganze Brigaden besaßen. Und weil der wachsende Abstand zwischen den Absprungplätzen der Jus und Pitomnik, dem Feldflugplatz im Westen Stalingrads, keine Ausweichkurse zuließ – vor allem mit Rücksicht auf die geringe Reichweite von uns Jägern –, flogen die Jus eine regelrechte Flakstraße entlang, sobald sie über Feindgebiet waren. Wir hielten freilich die Jäger fern, aber gegen die Flak am Boden konnten wir sie nicht schützen.

Die ersten dünnen Schneeflocken fielen – da verlegten wir nach Süden in die Kalmückensteppe, um das Aufbrechen des Einschließungsringes um Stalingrad zu unterstützen. Der Weg nach Pitomnik war weit geworden. Wir konnten keinen Begleitschutz mehr fliegen, und die Jus und Heinkels und Dorniers wichen in den Schutz der Nacht aus. Immer wenn ich über die ausgetrockneten Wasserrinnen bei Stalingrad hinwegflog, sah ich die grauen Leiber der vielen Tausende von deutschen Soldaten zusammengedrängt in diesen Todesfallen.

Viele von uns sahen gleich mir die Katastrophe unausweichlich näherkommen, vor allem, als der Winter hereinbrach und die Armee schutzlos den eisigen Schneestürmen ausgeliefert war. Aus den Anzeichen erkannten wir, dass Munition und Verpflegung knapp wurden, aber der Reichsmarschall hatte verkündet: „Die Versorgung der 6. Armee um Stalingrad übernimmt die Luftwaffe, mein Führer."

Ein Flieger sieht die Schlacht in allen Phasen sich entwickeln, gleichsam wie im Sandkasten. Jeden Morgen, wenn er das Gelände zum ersten Mal überfliegt, erkennt er die Veränderungen der Front, er kann beurteilen, was die Truppe am Boden machen kann und was nicht, und welche Aussichten Angriff und Verteidigung haben.

Nach so vielen Jahren des Fliegens an verschiedenen Fronten bekommt man einen Blick dafür. Wir empfanden die ungeheure Weite des Raumes vielleicht viel mehr als die Soldaten am Boden, weil die Entfernungen für uns feste Realitäten bedeuteten, mit denen wir täglich rechneten. Wir begriffen auf einmal: Die Grenzenlosigkeit dieser Steppe hatte uns verschluckt. Wir lagen irgendwo in der Weite an einem namenlosen Ort, irgendwo hatten unsere Jus die Mechaniker abgeladen, waren wieder gestartet, hatten als nächstes die Fässer mit Betriebsstoff hingeflogen – und das war dann ein neuer Feldflugplatz mit Namen „Gigant" oder „Gumrak" oder anderen Namen, die keiner aussprechen konnte.

Als die Jus nicht mehr landen konnten, wurden Lebensmittel abgeworfen. Die Säcke waren manchmal federleicht, denn sie enthielten Knäckebrot in weißen Pappkartons, einmal sogar Pakete mit Weihnachtsgebäck. Gestiftet von der Heimatfront!

Es war kurz vor Weihnachten, da bewegte sich ein kampfstarker Stoßkeil von Panzern und Grenadieren beiderseits der Eisenbahnlinie durch die Kalmückensteppe über Kotelnikowa, Simowniki auf die Eingeschlossenen zu. Wir waren voller Optimismus, dass es gelingen würde, und flogen von früh bis spät. Selten habe ich einen Einsatz durchgeführt, der mit so viel innerer Beteiligung verbunden war. Ständig sprachen wir mit der 6. Armee über Funk und hörten ihre Meldungen, mit denen sie uns das Eingreifen zu ihrer Entlastung erleichtern wollten. Sie hatten auch oftmals Erfolg damit, denn die Russen hatten einen ungewöhnlich starken Luftwaffeneinsatz an diesem Schwerpunkt in Gang gebracht und fügten den Eingeschlossenen schweren Schaden zu, wo sie zum Wurf oder zum Tiefangriff kamen.

„Hier Funkstelle Getreidesilo – viele Bomber und Jäger über Pitomnik." Abends hieß es: „Auf Wiedersehen morgen früh, kommt bitte wieder!"

Am 16. Dezember brachen die Sowjets durch die Stellungen der Italiener und Rumänen am Don. Die 6. Panzerdivision, die Speerspitze unserer Befreiungsaktion, wurde abgezogen. Der Angriff kam zum Stillstand, das Unternehmen „Wintergewitter", auf das wir so große Hoffnungen gesetzt hatten, war vergeblich gewesen. Gegen Abend dieses Tages flog ich die Eisenbahnstrecke nach Norden entlang und traf auf viele weißbemalte Panzer, die mit Trauben von Soldaten in Schneehemden behängt waren. Ich ging tief herunter, um mich ihnen zu zeigen, aber plötzlich erhielt ich wütendes Maschinengewehrferuer und stellte mit Entsetzen fest, dass es sowjetische Panzer waren. Sie marschierten im Eiltempo nach Süden auf unseren Steppenflugplatz zu.

Ich machte zwei Anflüge, verfeuerte meine Kanonenmunition und rief über Funk Hilfe herbei. Wir taten, was wir konnten, aber ich vermute, viel Schaden haben wir den T-34-Panzern nicht zugefügt.

Während wir laufend angriffen, hörten wir in kurzen Abständen – beinahe flüsternd – im Kopfhörer die Stimme des Funkers auf dem Getreidesilo: „Hier Getreidesilo Stalingrad, hören Sie mich? Bitte kommen!“ Aber niemand antwortete ihnen mehr. In der gleichen Nacht verlegten wir fluchtartig auf einen Feldflugplatz im Süden.

Der kleine Engländer sitzt die ganze Zeit stocksteif am Tisch und rührt keinen Tropfen Alkohol an. Ab und zu richtet jemand eine Verlegenheitsfrage in schlechtem Englisch an ihn, und er antwortet höflich: „Yes, Sir“ oder: „No, Sir.“ Sein kanadischer Kollege hat zuerst bescheiden am Glase genippt und dann und wann einen Zutrunk mit „Cheers“ beantwortet, inzwischen aber leert er mutig das Glas, und der Dicke gießt ihm nach, ohne mit der Wimper zu zucken. Gerade stellt er ein Gläschen mit Kognak vor ihn hin, und als ich „Prost“ sage, leert der Kanadier auch dieses.

Als Godert mit fahrigen Bewegungen nach der Rotweinflasche fischt, windet Zöhler sie ihm aus der Hand. „He, du trinkst heute mehr, als du verträgst. Lass dir vom Dicken einen starken Kaffee geben.“

„Ich bin stocknüchtern“, murmelt Godert traurig und wischt mit dem rechten Ellbogen ein Glas vom Tisch. Auf der Tischdecke – eigentlich ist es natürlich ein Bettuch – steht eine große Rotweinlache, die allmählich aufgesogen wird.

„Bachmann, lassen Sie die Gefangenen zurückbringen“, sage ich und verabschiede die beiden mit einem Kopfnicken, das sie todernst erwidern.

Mit „Come on, Boys“, führt Bachmann die beiden zur Tür, wo sie noch einmal stehen bleiben und „good night“ wünschen.

Der Raum ist angefüllt mit Tabakqualm. Mit offenem Hemdkragen und aufgekrempelten Ärmeln sitzen wir in den Korbsesseln und Stühlen und wischen uns den Schweiß mit dem Handrücken von der Stirn. Ab und zu gluckert der Alkohol in ein Glas. Von draußen dringt durch die angelehnten Fensterläden das sonore Motorengeräusch der Wellington-Bomber und in unregelmäßigen Abständen die Detonation einzelner Bomben.

Kein Mensch hat mehr Respekt vor den nächtlichen Zufallstreffern, die sie erzielen. Die Wahrscheinlichkeit, dass sie die Villa erwischen, erscheint uns lächerlich gering. Wie gleichgültig ist uns alles geworden! Wie wenig nehmen wir Anteil an dem, was zum Beispiel in der Heimat vorgeht. Hier überschlagen sich die Ereignisse, sodass niemand zum Nachdenken kommt, und dann wieder werden die Tage so lang wie Jahre. Wer wagt noch an übermorgen zu denken und Pläne zu machen? Wir sind an den nichtigen Rhythmus des Krieges gewöhnt und leben bis zum nächsten Flug, bis zum Einsatz am Nachmittag, allenfalls bis morgen früh. Was der Tag darauf bringen könnte, ist uns gleichgültig, denn bis dahin ist noch eine endlos scheinende Zeit.

An Freiberg und seine erfrischende Art waren wir alle so gewöhnt, dass sein Fortbleiben eine Depression ausgelöst hat. Besteht überhaupt noch eine Möglichkeit, dass er lebt? Vielleicht ist er nach der Landung mit dem Fallschirm von den Amerikanern überrollt worden oder gleich in Gefangenschaft geraten? Alle möglichen Spekulationen werden angestellt. Ich mache mir wenig Hoffnung. An solchen Abenden waren Straden und Bachmann unzertrennlich, sie hatten sich immer viel zu erzählen und flüsterten ständig miteinander, sodass sie wenig zur Unterhaltung beitrugen. Es war Freiberg, der den Ton angab. Nun, da auch Straden verwundet und abtransportiert ist, sitzt Bachmann allein in einer Ecke des Raumes, schweigend, mit niedergeschlagenen Augen. Es sieht so aus, als ob er zwischen sich und den anderen auch physischen Abstand haben wolle und wenigstens heute Abend allein gelassen zu werden wünsche.

Sarkastisch und bitter bestreitet Zöhler fast die ganze Unterhaltung, und Godert neben ihm unterstreicht seine Bösartigkeiten mit heftigem Kopfnicken. Er hat rote Augenlider vor Müdigkeit oder Betrunkenheit und sieht krank aus.

Zwischendurch stößt Zöhler ein irrsinnig wirkendes Lachen aus. „Verachtet – es ist zum Totlachen. Von allen Jägern verachtet, Leute! Godert verachtet – hörst du, Godert, sie verachten dich. Und auch Freiberg, wenn er noch lebt. Wenn er nicht mehr lebt, ist er natürlich ein Held, ein verachteter Held. Ein toter Jagdflieger ist ein guter Jagdflieger …"

„Halt's Maul", fährt Bachmann überraschend und böse dazwischen. „Dadurch änderst du gar nichts. Degradierung und Versetzung an die Ostfront als einfacher Kämpfer ist vielleicht noch das beste Los, vorausgesetzt, sie lassen uns beieinander."

„Du hast keine Ahnung", gibt Zöhler grausam zurück. „Du kennst die Methoden nicht, mit denen Feiglinge fertig gemacht werden. Du kommst in ein Strafbataillon, da bist du unter deinesgleichen, unter Vorbestraften, Deserteuren und Defätisten, auch richtige Kriminelle werden in solche Haufen eingezogen, da kann man sie noch nutzbringend verwerten. Und du wirst immer da eingesetzt, wo es wirklich stinkt. Insofern ändert sich also gar nichts, nur dass du keinen fliegenden Untersatz mehr unterm Hintern hast, sondern Fußlatscher bist und mit deiner Knarre im Dreck liegst …"

Es ist Zeit, dieses Gerede zu beenden. Ich mache meine Stimme absichtlich laut und dienstlich: „Wie lautet der Einsatzbefehl für morgen, Hauptmann Kegel?"

Kegel versteht sofort, steht auf und meldet stramm: „Seit Stunden bemühen wir uns über Funk und Telefon, den Jagdfliegerführer oder das Fliegerkorps zu erreichen. Bisher kein Erfolg, Herr Major. Ohne Zweifel werden wir morgen Frühaufklärung fliegen müssen, und zwar nach Kap Bon, Pantelleria, Malta und über den Landeköpfen …"

Während er weiter unsere Absichten und Möglichkeiten für morgen entwickelt, winke ich ab und erhebe mich. Als ich die Tür zu meinem Zimmer zuziehe, sehe ich, dass Bachmann und Godert eingeschlafen sind.

„Die Moral der Zivilbevölkerung war wegen der alliierten Luftangriffe und der ungenügenden Nahrungsmittelversorgung sehr schlecht. Das Rationierungssystem funktionierte nicht mehr, und Schwarzmarktgeschäfte waren weit verbreitet. Die Bevölkerung wollte nur das Ende des Krieges!"

THE U.S. ARMY IN WORLD WAR II

Fernschreiben des Jagdfliegerführers an Kommodore Jagdgeschwader 77: „Westteil Siziliens wird führungsmäßig aufgegeben. Jagdgeschwader 77 schafft sofort alle flugklaren Flugzeuge aufs Festland. Das Bodenpersonal ist schnellstens an der Nordküste Siziliens entlang bis Milazzo in Marsch zu setzen. Der Führer-Befehl, dass kein Soldat Sizilien verlassen darf, ist noch nicht aufgehoben."

08.00 UHR AM 13. JULI 1943
KRIEGSTAGEBUCH DES JAGDGESCHWADERS 77

# 13. Juli 1943

Vom Rumoren im Nebenraum werde ich wach. Der Dicke macht sich an der Frühstückstafel zu schaffen. Durch die Ritzen, der Fensterläden scheint der helle Tag. Es ist 05.00 Uhr.

Ich greife zum Telefonhörer und drehe die Kurbel.

„Gefechtsstand, bitte."

„Hier ist Gefechtsstand, Hauptmann Kegel."

„Was gibt es für Neuigkeiten? Wie viele Flugzeuge sind einsatzbereit?"

„Wir haben noch keinen Einsatzbefehl – weder vom Jagdfliegerführer noch vom Korps. Die Funkverbindung will nicht zustande kommen. Telefonverbindung haben wir immer nur für Minuten, dann werden wir unterbrochen. Auch wissen wir noch nicht, wie viele Flugzeuge einsatzbereit sind."

Die paar Flugzeuge sind über vier Plätze verteilt, Trapani, Sciacca und die beiden Feldflugplätze. Es sieht traurig aus, weil wir keine Ersatzteile mehr haben. Flugzeuge ohne intaktes Funkgerät können wir nicht gegen den Feind einsetzen, oder solche ohne Bremsen oder deren Waffen nicht mehr justiert sind. Das sind die Gesetze der Luftkriegstechnik, die uns beherrschen. Die Aufklärung nach Tunesien, Pantelleria und Malta müsste bald zurückkehren. Vorläufig richten sich die Einflüge der alliierten Bomber ausschließlich gegen den Osten der Insel. Die Bomberpulks sind bereits zur Straße von Messina unterwegs, wie der Funkhorchdienst meldet.

„Ich werde in einer halben Stunde auf dem Gefechtsstand sein."

„Jawohl, Herr Major."

Die Flügeltür zum Balkon steht weit offen, und die Morgensonne wirft ein scharf umrissenes Rechteck grellen Lichts auf den Frühstückstisch und auf die Rückwand mit dem großen Spiegel. Der Dicke hat beim Tischdecken gespart, die dicken Wehrmachtstassen aus weißem Porzellan stehen ohne Untertasse auf dem nackten Holz der Tafel, daneben liegt ein Messer – offensichtlich hat er alles übrige für die Verlegung verpackt, obwohl er gar nicht weiß, wie er es transportieren kann. Die Bougainvilleen in den Wassergläsern haben welke Blätter. Sie erinnern mich an das „Diner" von gestern Abend.

Bachmann, der sich erhebt, als ich eintrete, hat frisch gewaschenes Tropenzeug an, und hinter seinem Stuhl steht der prall gefüllte Flugzeugführersack aus kräftigem, blauem Zeltstoff, den man schultern und an zwei Riemen auf dem Rücken tragen kann.

Der Dicke gießt den Kaffee ein und macht sich am Tisch zu schaffen, weil er mithören möchte, was wir sprechen. Er hat Sorge, wir könnten ihn hier allein lassen oder gar vergessen. Während ich appetitlos eine Tasse schwarzen Kaffees schlürfe, fällt mein Blick auf die Frontzeitung der Luftflotte, den „Adler im Süden", den Bachmann aus Gerbini mitgebracht hat. Es ist die Ausgabe vom 10. Juli, und auf der ersten Seite, die zerknüllt und von Kaffeeflecken bedeckt ist, sprechen die Überschriften vom „heldenhaften Abwehrkampf" und der Absicht, „den Gegner ins Meer zurückzuwerfen".

Das ist widerlich, denke ich. Derartige Parolen auszustreuen, und dabei weiß jeder, dass es nicht so ist.

Auf dem Wege zum Gefechtsstand begegnet uns keine Menschenseele. Als ob die Sizilianer ahnten, dass ihr Leiden nun ein Ende findet und wir uns zurückziehen müssen, bleiben sie in den Häusern. So fahren wir durch eine Szenerie tiefsten Friedens, in der nur das Motorgeräusch und Klappern unseres Kübelwagens schmerzhaft stört.

Von der Giebelwand des weißen Hauses am Ortseingang leuchtet in riesigen Lettern: „Noi tireremo diritto."

Die Morgenaufklärung ist gelandet Die Flugzeugführer berichten, reger Schiffsverkehr herrsche zwischen Pantelleria und Tunesien, es seien Versorgungsschiffe. In Pantelleria starteten auch Jäger, als sie die Insel überflogen. Der Flugplatz steht voller einmotoriger Flugzeuge – Thunderbolts. Sie fühlen sich dort so sicher, dass sie nicht einmal die Felsenbunker benutzen, die von den Italienern gebaut wurden.

Die Erste hat das Seegebiet bis nach Malta aufgeklärt. Der Bericht meldet Kreuzer und Zerstörer auf dem Marsch zur Landestelle, lebhaften Fährverkehr zwischen den großen Schiffen, die im weiten Bogen um den Landekopf bei Gela liegen oder auf- und abdampfen.

Als ich – ich weiß nicht zum wievielten Male – den Versuch mache, die Zahl der einsatzbereiten Messerschmitts festzustellen, kommt Bachmann mit der Telefonkladde aus der Baracke und liest laut den Text eines telefonisch übermittelten Befehls vor, so laut, dass die Umstehenden es mithören. „Herr Major, über die Vermittlung Corleone ist soeben folgender Befehl eingegangen:

Der Westteil Siziliens wird aufgegeben. Jagdgeschwader 77 bringt sofort alle flugklaren Flugzeuge aufs Festland. Das Bodenpersonal ist schnellstens an der Nordküste Siziliens entlang bis Milazzo in Marsch zu setzen. Der Führerbefehl, dass kein deutscher Soldat Sizilien verlassen darf, ist noch nicht aufgehoben.

Jagdfliegerführer Sizilien."

Das ist die Entscheidung. Vielleicht ist die Tatsache, dass wir diesen Befehl jetzt bekommen, auf das unauffällige Wirken Larsens zurückzuführen. Er bedeutet nichts anderes, als dass die Führung eingesehen hat, dass wir eine weitere Schlacht verloren haben. Aber es ist merkwürdig, von diesem Eingeständnis geht keine deprimierende Wirkung aus, im Gegenteil, man sieht wieder so etwas wie eine Zukunft, vielleicht einen neuen Anfang, möglicherweise sogar einen Erfolg. Das ist die Wirkung eines klaren Befehls auf die Truppe. „Wieviel Uhr ist es?" – „08.30 Uhr!" – „Kegel, geben Sie den Befehl an die I. Gruppe in Sciacca durch, die müssen sich beeilen, wenn sie

Milazzo noch erreichen wollen. Und beginnen Sie mit der Zerstörung." Als ob sie den Schlusspunkt unter dieses Kapitel setzen wollten, erscheinen die „Marauders" von Norden her über dem Erice, und die Meldung Henrichs, er habe den Funksprechverkehr der auftauchenden Bomber erfasst, fällt mit dem Beginn des Flakfeuers zusammen.

Aber sie werfen schlecht. Der ganze Segen wühlt den Olivenhain am Platzende auf, ein paar Bauernhäuser werden abgedeckt. Dann hört die Flak zu schießen auf, und die Soldaten gehen wieder ihrer Arbeit nach, als sei nichts geschehen.

Wo die Amerikaner jetzt wohl stehen mögen? Der Spruch vom Jagdfliegerführer gelangte über mehrere Relaisstationen zu uns – es gibt keine reguläre Verbindung mehr nach dem Osten. Wir wollen uns beeilen, damit unsere Transporte nicht abgeschnitten werden. Vielleicht sind die Amerikaner schon bis zur Küstenstraße im Norden durchgestoßen – das würde das Ende des Geschwaders sein.

Was soll ich jetzt noch tun? Ich kann nur im Schatten der Zeltbahn vor der Baracke im Liegestuhl ruhen und abwarten, bis das Programm der Zerstörung abgelaufen, bis alles kurz und klein geschlagen, verbrannt oder gesprengt ist. Es ist absolut sinnlos, jetzt noch einen einzigen Einsatz zu fliegen.

Ich werde zuschauen, wie sie – einer nach dem anderen – starten, um das Festland zu gewinnen, erlöst, der Verantwortung ledig, für einige Tage „nicht zu erreichen", nicht einsatzbereit, für nichts zu gebrauchen und nicht zählend.

Die Bomber werden diese blatternarbige Landschaft nochmals verwüsten, und die Sizilianer werden erkannt haben, dass unsere letzte Stunde gekommen ist. Die hochgewachsenen Deutschen mit den harten Gesichtern, die so selbstbewusst einherschreiten und so tun, als gehöre ihnen die Insel, das bunte, aufgeregte, nach ihren Maßstäben pygmäenhafte Völkergemisch ihrer Bewohner eingeschlossen – diese Deutschen müssen jetzt fliehen.

Das Knirschen von Autoreifen auf dem groben Schotter weckt mich aus meinen Gedanken. Mannschaftstransportwagen und Kübel sind auf dem schmalen Plateau aufgefahren, während Soldaten unter der Leitung Kegels Funkgeräte und die allernotwendigsten Einrichtungen des Gefechtsstandes bergen und verladen. Drahtrollen und Telefone türmen sich vor dem Tunneleingang zu der halbfertigen Höhle im Felsen, die unsere unzerstörbare Zuflucht vor den Bombern werden sollte. Seit Tagen ruht die Arbeit der Presslufthämmer, der Bohrer und Spitzhacken. Sooft die Bomber angriffen, eilten wir über die hoch aufgetürmten gelben Felsbrocken in die schützende Kühle der dunklen Röhre und fanden immer die gleichen Arbeiter in ihren staubigen, dunklen Anzügen, die gleich uns vor den Bomben Schutz suchten, schweigsam in einer Ecke zusammengedrängt.

Sie nahmen die angebotene Zigarette mit „grazie" und leichter Verbeugung und ließen sie meist unter der verschwitzten Mütze verschwinden. Während der letzten

Tage redeten sie nicht miteinander, wenn wir in die Höhle kamen. Sie sahen uns nur mit Augen an, aus denen nicht etwa der Triumph über unsere Niederlage, sondern das Wissen um das Ende, unsere bevorstehende Flucht, zu lesen war.

Heute stehen sie bei dem Felsgeröll vor der Höhle in der sengenden Sonne und beobachten aufmerksam unser zerstörerisches Tun. Sie weichen etwas zur Seite, als Kegel ein Zündholz an den Papierberg legt, der sich aus all dem Ballast an Fernschreiben, Berichten und Korrespondenz mit dem Jagdfliegerführer, dem Korps, der Luftflotte (und wem sonst noch) vor der Höhle türmt. Die Flamme steigt hoch in die klare Morgenluft, und ab und zu trägt sie eins der so wichtigen Papiere auf ihrer züngelnden Spitze an dem Felsen hoch, wo es dann angekohlt und wie das Papierflugzeug eines Kindes seinen Gleitflug ins Tal hinab fortsetzt.

Die Arbeiter warten in stoischer Ruhe und wenden kein Auge von der Baracke. Sie haben die Trinkwasserkrüge mit nassen Fetzen aus Sackleinwand umwickelt und im Schatten der Felsen bei den Körben abgestellt, die Tomaten, Käse und Brot enthalten. „Sie werden doch nicht etwa die Baracke anzünden!" sagen ihre Blicke. „Wir können jedes Stück Draht gebrauchen" und „wir haben Zelt, wir werden hier bleiben" und „macht schnell, dass ihr verschwindet ..."

„Was sollen wir mit der Baracke machen?" fragt Kegel.

„Gar nichts", sage ich, „lasst sie für die Arbeiter stehen."

Bachmann kehrt von unserem Landhaus zurück und bringt den Kübelwagen vor dem Gefechtsstand mit quietschenden Bremsen zum Stehen. Er hat mein Marschgepäck – das schäbige braune Lederköfferchen und den Schlafsack – mitgebracht.

Der Dicke, so berichtet er, sei nur widerwillig bereit gewesen, den Lastwagen zu besteigen und sich von all den schönen Dingen zu trennen, die er gehamstert hat. „Ich fand ihn im Garten – er war dabei, mit einer Schaufel einen Splittergraben aufzufüllen und zu planieren. Kognak- und Weinkisten standen herum. Er hat ein geheimes Lager angelegt. Mit der Begründung: ‚Mer kann doch nicht wissen, ob mer wieder mal herkommt ...'"

Das Mädchen Teresa habe vor dem Eingang zur Grotte gesessen und unbewegt das hektische Tun beobachtet. Die Nachbarn hätten Fensterläden und Türen geschlossen, als ob sie von unserem Abmarsch, unserer Flucht keine Notiz nähmen.

Es ist heute sehr still, die Sonne scheint erbarmungslos aus einem gelben Himmel. Kein Windhauch bewegt die stickige, klebrige Luft. Nur die Stimmen der Soldaten, die einander Anweisungen zurufen, dringen dann und wann vom Flugplatz zu uns herauf. Plötzlich werden meine Augen von einem Schauspiel gefangen, das im Halbkreis um den Flugplatz dargeboten wird.

Wie auf ein Kommando steigen kurz nacheinander hohe Flammen, die weithin leuchten, zwischen den Kulissen der Olivenbäume auf, und darüber bilden sich quellende schmutzig-graue Qualmwolken, die reglos – riesigen Ballons gleich – stehen bleiben. Dann dringt Geschrei und Gejohle an mein Ohr – die Zerstörung hat begonnen. Auf dem Plateau vor der Baracke halten wieder Lastwagen an, die Rückwände fallen mit Getöse herunter, Soldaten springen herab in den groben Schotter und beginnen Funkgeräte und Drahtrollen heranzuschleppen, indem sie sich mit Zurufen anfeuern. Es mag eine Stunde vergangen sein, da weckt mich der Gefechtsstandschreiber: „Herr Major, der Flakkommandant möchte Sie sprechen." Vor der Baracke steht ein Hauptmann in Tropenuniform. Er sieht mich unfreundlich an und grüßt, als ich auf ihn zutrete.

Ein großes Fernglas baumelt vor seiner Brust, und an seiner Seite, sodass sie sein Koppel herunterzieht, hängt eine 08-Pistole in einem glänzenden, schwarzen Lederfutteral.

„Was für ein Wahnsinn spielt sich da unten ab, Herr Major? Haben Sie den Befehl gegeben, sinnlos alles kurz und klein zu schlagen oder zu verbrennen?"

„Ja, den Befehl habe ich gegeben."

„Aber was Ihre Landser dort unten tun, können Sie doch nicht verantworten!"

"Lassen Sie das am besten meine Sache sein", antworte ich kühl.

Es ist ihm anzusehen, dass er sich mit Mühe beherrscht „Herr Major – meine Soldaten sind an den Geschützen in den Stellungen. Wir haben in den letzten Tagen schwere Verluste gehabt und kommen kaum noch zum Schlafen. Nun sehen diese Soldaten, wie Ihre Männer Berge von wertvollem Gerät auftürmen und Benzin darüber gießen. Sie sehen, wie Motoren zerschlagen werden, wie Kisten mit Ersatzteilen und Werkzeugen und sogar Zelte und Verpflegung vernichtet werden – das versteht keiner von uns. Wir müssen hier stehen bleiben und kämpfen, während Sie abhauen."

„So – abhauen nennen Sie das! Wollen Sie denn mit Ihrer Batterie Westsizilien halten?"

Der Hauptmann blickt mich plötzlich ruhig an. „Ich will nicht, aber ich werde es müssen, wenn es mir befohlen wird."

Wie ich ihn so vor mir stehen sehe, wütend, aber in untadeliger Haltung, wird mir bewusst, dass die 8,8-cm-Flak, die um den Flugplatz in Stellung liegt, während der ganzen Zeit der pausenlosen Angriffe hervorragend geschossen hat. Die Kanoniere mussten in der sengenden Hitze und auch in der Nacht noch mit den schweren Granaten arbeiten und konnten nicht in die Gräben springen, wie wir es taten, wenn die Bomben fielen und der grollende, alles vernichtende Teppich auf uns zu walzte.

„Ich verstehe Ihre Aufregung und Sorge", sage ich ohne Schärfe. „Dass Verpflegung vernichtet wird, habe ich nicht befohlen und werde es sofort abstellen lassen. Ohne Sie hätte man uns hier in ein paar Tagen zusammengehauen. Aber was bleibt uns denn übrig, als alles das zu vernichten, was wir nicht rausschleppen können, oder wollen Sie von uns Flugzeugmotoren oder eine komplette Feldwerft …?" Er sieht mich weiterhin mürrisch an und schüttelt den Kopf. „Das zerstört aber jede Disziplin. Dieses sinnlose

Kaputthauen und Verbrennen wird in Panik und Flucht ausarten." – „Beruhigen Sie sich", sage ich bitter, „es ist Flucht. Der Westteil Siziliens wird geräumt, das wird man Ihnen auch bald mitteilen."

„Aber warum muss dann all dieses wertvolle Material zerstört werden?"

„Das will ich Ihnen sagen! Weil ich jeden Soldaten aufs Festland bringen möchte. Weil wir keinen Platz auf den Lastwagen haben für Werkzeuge, Motoren und Papier! Motoren können wir wieder bekommen, falls wir die Straße von Messina überqueren dürfen, aber keine neuen Mechaniker, Funkwarte oder Motorenschlosser."

Er sieht mich immer noch mit zornigen Augen an und schüttelt abermals den Kopf. „Das verstehe ich nicht – Sie lassen uns allein, nun gut, es ist Ihnen befohlen, aber vorher bieten Sie uns das Schauspiel eines unglaublichen Vandalismus. Dann werden Sie in Ihre schnellen Flugzeuge steigen, und eine Stunde später sind Sie irgendwo drüben, wo tiefster Friede ist, in Sicherheit …"

Was da aus ihm hervorbricht, ist der angestaute Zorn der Nichtflieger über die – wie sie glauben – unglaublichen Privilegien der „Kavaliere der Luft". Einfach davonfliegen und die Kämpfer auf der Erde in ihrem Dreck allein lassen!

Seit es eine Flugwaffe gibt, ist das so. Ausgerechnet aus der vornehmen Kavallerie rekrutierten sich die Jagdflieger des ersten Krieges. Sie lebten in Frankreich in schönen Châteaus und waren an das Champagnertrinken gewöhnt, wie andere ans Wasser. Wir machten das 1940 freudig nach, lebten auch in Châteaus, tranken Champagner und trugen gegen jede militärische Anzugsordnung in übertriebenem Individualismus jene sagenhaften erbeuteten Lederjacken und saloppen Pelzstiefel, um uns von den erdgebundenen Kämpfern zu unterscheiden.

Der Reichsmarschall, der sich doch wahrhaftig durch immer neue Extravaganzen auszeichnet, hat diese unsere Schwäche erkannt, und in seiner Hilflosigkeit kränkt er rücksichtslos diejenigen, an deren hoffnungsloser Lage er allein die Schuld trägt.

Wie nannte er die Jagdflieger in Frankreich voll Verachtung? „Jagdflieger der Seidenbettengeschwader!"

Vielleicht ist es wirklich zu affektiert, was wir uns leisten. Die flotten Bärtchen, die wir tragen (Freibergs Sandalen und weiße Strümpfe!) – oder das erbeutete hellbraune Koppel mit der winzigen „Damenpistole", Kaliber 6,35 Millimeter, und der gelbe Schal …

Ob die Nichtflieger uns je mit anderen Augen sehen werden? Das Schlachtfeld in der eisigen Höhe von 10.000 Metern ist beinahe unendlich und dem Auge entrückt. Sie sehen uns nur, wenn wir am Boden in unserem unmilitärischen Aufzug die Pausen zwischen den Flügen genießen, als sei uns das Leben wiedergeschenkt. Aber sie denken nicht darüber nach, dass jeder Flug auch ein neuer Sturmangriff sein kann – mehrere hundert Male haben die „Alten" unter uns solche Sturmangriffe geflogen. Der Hauptmann salutiert, besteigt seinen Wagen und fährt mit bitterbösem Gesicht davon. Unten auf der Piste rollen die ersten Messerschmitts in den Wind, um zum Flug nach dem Festland zu starten. Ich werde mich um das Vernichtungswerk kümmern und Sorge tragen, dass die Soldaten nicht außer Rand und Band geraten.

Die Straße, die zur Stadt hinabführt, ist menschenleer. Vor dem Tor zum Flugplatz haben die Bomben den Weg unpassierbar gemacht. Auf Umwegen, durch die Höfe zerstörter Gehöfte und Gärten, gelange ich auf die Ringstraße des nahezu kreisrunden Platzes. Die Gebäude der Kommandantur, die Flugleitung und die Hallen liegen in Trümmern. Davor die verkohlten Skelette der verbrannten Flugzeuge, ein wirres Gestrüpp toten Metalls.

Wenn man von der Ringstraße nach Süden abbiegt und den ausgefahrenen Sandweg entlangfährt, der mehrere Olivenhaine durchquert, kommt man zu dem weiten Platz, auf dem das Werftzelt gestanden hat.

Von Weitem höre ich schon das Geschrei und die anfeuernden Rufe der Männer, die das gierige Feuer umstehen, das Symbol sinnloser Vernichtung. Eine schwarze Wolke steigt hoch über die Bäume und breitet sich aus wie der Wipfel einer Pinie.

Ich lasse den Wagen am Durchbruch durch die Kakteenhecke stehen, steige aus und wate ein paar Schritte durch den Sand, dann halte ich an, weil mich das Bild, das sich meinen Augen bietet, fesselt.

Wo das Werftzelt gestanden hat, brennt eine weiße Lohe riesigen Ausmaßes. Die Männer des Geschwaders umkreisen behende dieses feuerspeiende Gebilde und nähren es, indem sie all das in hohem Bogen in die Glut schleudern, was die Lastwagen am Rande des Feldes ausladen oder herabschütten. Jedes Mal, wenn das Feuer neue Nahrung erhält, ergießt sich ein Funkenregen über die Landschaft, und die Flammen machen röhrende Geräusche wie gierige Tiere.

Der Tanz um das Feuer hat orgiastische Züge. Die Soldaten ergreifen alle Gegenstände, deren sie habhaft werden können, und schleudern sie mit Gejohle in die Flammen: Kisten, Stühle, Zelte, Feldbetten, Telefone, Werkzeuge – kurz alles, was dazu gehört, den Geschwaderstab und eine Jagdgruppe im Kampf zu versorgen und einsatzfähig zu erhalten. In einer Ecke des Feldes türmen sich metallische Hügel aus Motoren und zahllosem Zubehör.

„Hier herauf, Jungs – noch höher, am Schluss werden wir Benzin darüber gießen!“ schreit ein Unteroffizier, der mit einem Vorschlaghammer wie ein Berserker auf Motorblöcke einschlägt. Sie betreiben diese Zerstörung in großer Hast, denn sie wissen, dass sie erst dann die Fahrt nach Messina antreten können – die Fahrt, die sie vielleicht vor der Gefangenschaft bewahrt, sobald alles zerstört ist. Es kann aber auch für manchen die letzte Fahrt sein, wenn die Lightnings und Kittyhawks die Kolonne entdecken.

„Achtung, Munition!“

In gewaltigem Ausholen hat einer der Männer einen Holzkasten im Kreis geschwungen und in die Flammen geschleudert. „Das ist ja Wahnsinn!“ schreie ich. Aber meine Stimme geht im Getöse unter, und auf einmal, einem Feuerwerk gleich, pfeifen und fauchen die Schüsse in jede Richtung. Als ich mich umsehe, liegen alle auf dem Bauch oder haben Deckung hinter den Erdwällen gesucht.

Ich beauftrage einen Offizier, für einen geordneten Ablauf zu sorgen. Aber war es eigentlich vor drei Monaten in Tunesien anders? Kann überhaupt eine sinnlose Zerstörung geordnet, geregelt ablaufen?

Die Landser haben eine diebische Freude am Prasseln der Flammen und dem Zünden der Munition, die mit „wrop“ und „ffft“ über den Acker saust.

Nicht weit von uns, hinter der nächsten Kaktushecke, müssen auch Zerstörer am Werk sein. Dort steigt eine weitere Qualmwolke auf. Kaum sind die Explosionen der Munition verpufft, biegt ein Lastwagen in die schmale Durchfahrt ein, schwer beladen mit Gerät und Ausrüstung aller Art Die Kisten und Kästen, die Flaschenzüge und Hämmer, die Batterien und Spaten und Helme und Reifen und Seile werden hastig heruntergewuchtet und vom Wagen herabgestoßen oder fliegen im hohen Bogen ins Feuer – schnell, schnell, wir müssen uns beeilen!

Nun sehe ich auch die versteckten Beobachter hinter den Agavenhecken: die Bewohner der umliegenden Gehöfte. Ab und zu schlüpft eine Gestalt gebückt durch die Kakteen, springt ein paar Meter nach vorn, erfasst den Griff einer Kiste, ein Seil oder eine Plane und rast mit der Beute in Sicherheit.

Die heisere Stimme Hauptmann Kegels dringt an mein Ohr. Er brüllt irgendwelche Befehle, und als er meiner ansichtig wird, meldet er: „Wir sind bald fertig, Herr Major, noch zwei Wagenladungen, aber die Itaker klauen wie die Raben.“

Seine Arme sind bis zu den Ellbogen rußbeschmiert, und sein Tropenhemd ist schweißnass. Tatsächlich ist die Temperatur in der Nähe des Feuers unerträglich.

„Darf ich die Wagen, die nicht mehr benötigt werden, mit Mannschaften in Richtung Milazzo in Marsch setzen?“

„Selbstverständlich – beeilen Sie sich. Einzelmarsch ist sicherer.“

Als ich wieder beim Gefechtsstand eintreffe, finde ich dort Bachmann, Zöhler und Tarnow in den Liegestühlen unter der Zeltbahn. Das Gepäck für den Flug, die Fliegerrucksäcke stehen griffbereit neben ihnen, und die Karte Siziliens und Unteritaliens ist auf Bachmanns Knien ausgebreitet.

Der Dicke hockt feldmarschmäßig auf der Treppe vor der Baracke und beginnt, sobald er mich sieht, auf einem Schemel Brot, Käse und Schinken aus dem Papier zu wickeln und auf Blechteller zu verteilen.

Am Rande des Platzes wartet der große Funkwagen mit offener Tür auf den Befehl zur Abfahrt. Der Dicke lässt ihn nicht aus dem Auge, denn er soll gemeinsam mit den Funkern den Rückmarsch antreten, sobald diese nicht mehr benötigt werden. „Fliegen Sie los!“ sage ich, indem ich mich an Bachmann und Zöhler wende. „Fliegen

Sie los und melden Sie sich beim Restkommando in Foggia. In zwei bis drei Tagen werden wir wissen, wo wir drüben eingesetzt werden!"

Bachmann murmelt etwas wie: „Möchte mit Ihnen fliegen" und „Warum warten Sie noch, Herr Major?"

Aber sie erheben sich, gemeinsam schultern sie die Rucksäcke, machen gebückt unter der Last den verunglückten Versuch zu salutieren und stapfen zu ihrem Kübelwagen.

Die bleiernen Stunden des Nachmittags schleichen dahin. Die Feuer am Flugplatz sind erloschen. Ab und zu startet ein Flugzeug oder eine Rotte.

Seit heute Morgen haben die „Marauders" sich nicht mehr sehen lassen, als wüssten sie, dass wir am Ende sind und es sich nicht mehr lohnt, uns zu schlagen. Die Messerschmitts sind gestartet und die Lastwagen sind auf dem Marsch nach Milazzo. Der Dicke ist behände aufs Trittbrett des Funkwagens gesprungen und durch die Tür ins Innere verschwunden, nachdem ich: „Fahrt los" rief.

Ein Volkswagenkübel steht bereit, um mich zum Platz hinunter zu bringen, sobald ich mich entschließe zu starten. Zwei Mechaniker dösen auf den Sitzen. Ich habe hier keine Aufgabe mehr. Die Bürde der Verantwortung ist plötzlich von mir genommen – man hat mir erlaubt, das Geschwader zu zerstören, beinahe bis zur Unkenntlichkeit zu zerschlagen. Aber erst, nachdem man von uns etwas verlangt hat, was weit über unsere Kräfte ging. Und weil alles gegen uns war, bin ich erfüllt von Scham und Zorn, und das Gefühl der Befreiung will sich nicht einstellen.

Die Fliegenden Festungen, die unsere schwachen Angriffe fast hochmütig ignorieren, die Führung, die uns demütigt und beleidigt, die Hitze des sizilianischen Sommers und die ewige Sonne – wie ich das alles hasse!

Wenn ich vor Sonnenuntergang auf dem Festland sein will, muss ich jetzt zum Flugplatz hinunterfahren. Die Schatten sind länger geworden, und die Farben der Landschaft beginnen unter der späten Sonne zu leuchten wie jeden Tag auf Sizilien.

Die „Me" steht unmittelbar neben der Startbahn. Der kleine Lederkoffer und der Schlafsack sind in dem winzigen Gepäckraum hinter dem Kopfpanzer untergebracht. Nichts hindert mich mehr, davonzufliegen. Die anderen Flugzeugführer haben wieder, wie vor Kurzem in Tunesien, Männer vom Bodenpersonal in den Rümpfen der Flugzeuge transportiert. „Lufthansa des kleinen Mannes" nennen sie das. Der Rumpf meiner Me 109 ist angefüllt mit den Kriegstagebüchern und den „Offiziersakten". In letzter Minute ist es Bachmann gelungen, die Munitionskiste, die diese Akten enthält, einem Soldaten aus der Hand zu reißen, bevor dieser sie in hohem Bogen in die Flammen schleudern konnte.

Irgendetwas hält mich noch hier, als ob es an dem Auftrag, der uns gegeben war – und bei dessen Ausführung wir „versagten" –, noch etwas zu erfüllen gäbe. Das „whopp" irgendwelcher Explosionen in den Feuern am Platz unterbricht die Stille.

Die Rohre der 8,8-cm-Flak hinter der nächsten Hecke aus Olivenbäumen starren feuerbereit in den Himmel – als ob es hier noch etwas zu schützen gäbe. Die Telefone sind abgebaut oder zerstört. Feldwebel Henrich mit seinem Funkhorchtrupp hat längst die traumhafte Stellung im Turm des Kastells auf dem Erice geräumt und ist auf dem Wege nach Milazzo.

Die Arbeiter haben von der Gefechtsstandbaracke Besitz ergriffen. Wenn ich zum Erice hinaufschaue, sehe ich, wie die Baracke sich auflöst, wie erst das Dach verschwindet, dann die Seitenteile und schließlich die Giebel.

Die Landser im Kübelwagen schielen zu mir herüber. „Wann will er denn endlich starten?", mögen sie denken. Ich gehe auf die „Me" zu und beginne langsam, eins nach dem anderen, mit den Vorbereitungen. Schwimmweste, Gurt zwischen die Beine, festziehen. Leuchtpatronen um die Waden gurten. Die Karte so zusammenfalten, dass ich den Flugweg ohne Mühe verfolgen kann. (Wozu eigentlich, zu dem Flug nach Kalabrien braucht man keine Karte. Die Navigation ist lächerlich einfach.)

Wortlos haben die Landser die Fläche der „Me" bestiegen und die Plexiglashaube geöffnet. Als ich die Fallschirmgurte in das Schloss vor der Brust einschnappen lasse, beginnt das weinende Geräusch des Schwungkraftanlassers lauter zu werden. Alles läuft planmäßig ab. Der letzte Start auf Sizilien ist nicht anders als alle anderen.

Der Motor läuft sehr gleichmäßig. Meine Augen wandern – einem System folgend, das nirgendwo in der Vorschrift steht – über die Instrumente, und in regelmäßigen Abständen drehe ich den Kopf nach rechts und links und suche den Luftraum hinter und über mir ab. Wer allein fliegt, muss doppelt aufmerksam sein. Nun sind die gewohnten Gerüche wieder da – Öl, Kühlstoff, Farbe und Benzin –, die Gerüche, die der heiße Motor, das heiße Öl und das Glykol in den Leitungen erzeugen und die charakteristisch für die „Messerschmitt" sind. Jedes Flugzeug riecht anders.

Die Arbeiter vor der Höhle am Erice schauen zu mir herauf, als ich die „Me" auf die Fläche stelle und sie um den Felsen herumziehe. Sie stehen regungslos. Ein Augenzwinkern lang ist unser Landhaus zu sehen, dann liegt schon das Meer vor mir.

Ich umfliege die Bucht von Palermo, indem ich weit nach Norden abbiege. Die Stadt liegt im Dunst, aus dem der Monte Pellegrino, von der Abendsonne angestrahlt, herausragt.

Ich habe die Sonne genau im Rücken. In 4.000 Meter Höhe nehme ich den Gashebel vorsichtig zurück und lasse die Motorhaube auf dem dunklen Horizont aufliegen.

Da, wo die Berge steil ins Meer stürzen, zieht sich das helle Band der Küstenstraße von der Spitze der rechten Fläche bis zur kreisenden Nabe des Propellers hin, und darüber ragt – durch die dreieckige Seitenscheibe neben dem dicken bläulichen Panzerglas vor dem Visier deutlich erkennbar – der schneebedeckte Gipfel des Ätna. Auf dieser Küstenstraße zwischen Palermo und Messina marschiert jetzt mein Geschwader, besser: der menschliche Rest meines Geschwaders. Aufgeteilt in kleine Kolonnen, winzige Grüppchen von Menschen, die mit einem Befehl, sich irgendwo zu sammeln, auf den Weg geschickt wurden. Wie sie über die Meerenge kommen, ist noch unklar. Es heißt, man habe einen Fährdienst mit Siebelfähren und Pontonbooten vorbereitet, aber der Luftwaffeneinsatz der Alliierten über der Straße von Messina ist mörderisch. Dementsprechend groß ist auch die Ansammlung von schwerer Flak rund um die Meerenge. In den Kopfhörern spielt die Begleitmusik des Luftkrieges heute pianissimo. Es ist ruhig in dieser Zeit vor Sonnenuntergang. Es flüstert und knackt, und das Ein- und Ausschalten der Sender lässt auf Sekunden lauten Rauschens völlige Stille folgen.

Als ich im Frühjahr – Anfang April – nach Trapani flog, waren die Hänge satt grün, und die Gipfel der Berge steckten in Regenwolken. Ich war auf dem Wege nach Afrika und flog – wie heute – allein. Die Endphase des Kampfes um Tunesien war im Gange, und die Alliierten stießen durch die Marethlinie nach Norden vor.

Und heute fliege ich als Letzter meines Geschwaders zum Festland, und die Räumung der Insel hat begonnen. Die Berge sind von der sommerlichen Sonne verbrannt und karstig – und es sind seit diesem ersten Flug nur drei Monate vergangen. Die „Festung Europa" schrumpft in erschreckendem Maße zusammen. Querab zur Rechten liegt Cefalú. Ich werde nach Norden über die Liparischen Inseln ausholen, um die Straße von Messina in weitem Bogen zu umfliegen. Auch wenn die Fliegenden Festungen und die Jäger um diese Tageszeit auf dem Heimflug sein werden, so würde doch die Flak auf mich schießen. Und dem möchte ich mich nicht aussetzen. Die Berghöhen sind tiefblau, und darüber leuchtet der Gipfel des Ätna wie eine Fackel. Zwischen dem Stromboli, über dem eine schwarze Wolke steht, und der Meerenge nehme ich Kurs auf die Südspitze Kalabriens.

Die Straße von Messina ist ein heller Streifen Wassers, von blauen Hügeln begrenzt, der die späte Sonne reflektiert. Langsam schiebt sich der Randbogen meiner Tragfläche über das glitzernde Wasser und verbindet für Sekunden die Insel mit dem Festland. In diesem Augenblick werden meine Augen von den zahllosen dunklen Wölkchen gefangen, die wie ein großartig gewölbtes Dach den Himmel der Meerenge überspannen – die schwere Flak schießt heftiges Abwehrfeuer gegen die Fliegenden Festungen.

Der kreisrunde Flugplatz Vibo Valentia ist von weither sichtbar, weil die Rasenfläche auf dem Grat des Höhenrückens, der sich bis zur Zehenspitze des italienischen Festlands bei Reggio hinzieht, inmitten der Olivengärten und dicht bewachsenen Hänge das einzige planierte Stück Erde ist.

Mit letzter Fahrt ziehe ich die „Me" an das Landekreuz heran, das da ausgelegt ist, wo der Platzrand an den Hang grenzt, der steil zum Meere hin abfällt. Die Wipfel der hohen Pappeln huschen in gleicher Höhe an beiden Flächen vorüber, dann berühren die Räder den Boden. Die Bomber haben den Platz häufig angegriffen, aber verglichen mit unseren sizilianischen Flugplätzen ist er so gut wie intakt. Die Flugzeughallen, die am Ostrand an die Landstraße nach Reggio angrenzen, sind allerdings Ruinen. Der Luftdruck der detonierenden Bomben hat die Tore eingedrückt und die Dächer zerfetzt. Obgleich die zahllosen Bombentrichter zugeschüttet und planiert sind, springt mein Flugzeug bei der Landung, und ich muss heftig in die Pedale treten, um ein Ausbrechen zu verhindern, bevor es stillsteht.

Es vergehen nur wenige Minuten, bis Oberst Larsen im Kübelwagen ankommt. Larsen ist hier für die Jägerführung verantwortlich, er soll mir Weisungen für den Einsatz meines Geschwaders geben.

Wir bleiben neben der Maschine im Grase hocken, während Larsen mir in dürren Worten die Lage auf Sizilien schildert. Es ist leicht zu erkennen, dass es zu Ende geht. Der Befehl zur Räumung der Insel ist eingetroffen. Der Rücktransport der Truppen über die Straße von Messina hat begonnen, und trotz gewaltiger Anstrengungen der Alliierten scheint der Rückzug geordnet vor sich zu gehen.

Die Bomber werfen pausenlos, um den Übersetzverkehr zwischen der Insel und dem Festland zu verhindern. Aber die Flak schießt ein massiertes Abwehrfeuer wie nie zuvor, und die Bomber müssen ausweichen und kommen nicht zum gezielten Abwurf.

Der Feldmarschall hat befohlen, dass ich das Geschwader auf dem Festland sammeln und die Luftverteidigung Kalabriens und Apuliens vorbereiten soll. Aber wir sollen die großen, dem Gegner bekannten Flugplätze meiden. Die ausgedehnten Weizenäcker bei Crotone, die Küstenstreifen Kalabriens bei Catanzaro und die Ebene der baumarmen Basilicata seien vielleicht geeignet. Es bleibt mir überlassen, Feldflugplätze zu finden.

Gut! Neue Befehle, neue Pflichten, neue Hoffnung. Doch für heute bin ich allein, ohne Geschwader, ohne Verantwortung. Nur für mich allein habe ich zu sorgen. Hier möchte ich aber nicht bleiben. Larsen ist einverstanden. „Ja, flieg nach Apulien, aber beeile dich, damit du irgendwo landest, bevor die Dunkelheit einbricht …"

Bevor ich im weiten Bogen Stadt und Hafen Tarent umfliege, gleitet der schier endlose weiße Sandstrand der Basilicata unter dem Rumpf der „Me" hindurch. Die weiße Brandung leuchtet phosphoreszierend in der Bläue der Dämmerung. Der Flugplatz Manduria ist ein langgezogener Landstreifen zwischen Weingärten und Olivenhainen.

Als die Räder den weichen Rasen berühren, sind in den Bauernhäusern am Platz schon die Lampen angezündet.

Ich stehe mit einem deutschen Hauptmann vor dem Zelt, das Flugleitung und Kommandantur ist, und warte auf den Wagen. „Hier war es eigentlich ganz ruhig", sagt er. „Wir sehen die Viermots manchmal vorüberfliegen, aber sie haben hier noch nicht geworfen. Vorgestern Nacht haben die Engländer Gelsenkirchen angegriffen.

Die Stadt brennt noch immer, und die Bevölkerung hat schwere Verluste erlitten. Meine Eltern leben in Gelsenkirchen."

Und weil ich nicht antworte, fährt er fort:

„Vor ein paar Minuten haben wir über den Deutschlandfunk gehört, dass Danzig angegriffen wurde, gestern Nacht. Stellen Sie sich das vor, Herr Major – Danzig!"

Die Nacht ist schnell hereingebrochen. Ich atme den Duft der Pinien und Eukalyptusbäume, die hinter dem Zelt stehen, und höre voll Entzücken das überlaute Konzert der Zikaden. Der Himmel ist tief violett, und die Umrisse der Bäume gleichen Scherenschnitten.

Obgleich mir „Gelsenkirchen" und „Danzig" noch in den Ohren klingen, kann ich mich nicht gegen ein übermächtiges Glücksgefühl wehren, das mich unvermittelt überfällt. Ich werde in die Stadt hineinfahren und in einem sauberen, ruhigen Hotelzimmer schlafen. Ein „Topolino" – („Wir haben leider kein anderes Fahrzeug") – soll mich nach Lecce bringen. Ich werde ganz allein sein. Niemand wird mich suchen – wer sollte heute Befehle oder Weisungen für mich haben? Obgleich ich sehr müde bin, werde ich in irgendeinem Restaurant essen und eine Flasche Wein trinken und die Leute beobachten, Menschen, die hier unbeschwert leben wie im Frieden.

Der „Topolino" kommt über den Rasen geholpert und hält neben mir.

„Ich möchte morgen früh um acht Uhr abgeholt werden. Ich werde nach Foggia fliegen. Sorgen Sie dafür, dass meine Maschine betankt ist."

„Jawohl, Herr Major. Gute Nacht"

Auf der Straße zur Stadt ist reger Verkehr. Sie führt durch fruchtbare Weinfelder, die sich bis an den Rand der Stadt Lecce ausdehnen. In den Vororten sitzen die Bewohner vor den Häusern und genießen die Abendkühle. Soldaten und Mädchen springen zur Seite, wenn sie das Motorengeräusch unseres Wagens hören.

Das Hotel „Grande Italia" liegt an der Piazza Sant' d'Oronzo. Es passt sich dem Stile der Stadt an und ist einer der großen Steinpaläste, wie sie als „Grand Hotel", „Hotel Roma" oder „Albergo Napoli" in jeder nennenswerten Stadt stehen. Der Boy trägt mein bescheidenes Gepäck hinauf in den ersten Stock, wo man mir ein Zimmer gegeben hat, dessen Fenster und Balkon an der Piazza liegen. Wegen der Verdunkelung sind die Vorhänge zugezogen. Ich lege Koffer und Schlafsack auf das Gestell neben dem Bett und lösche das Licht, dann öffne ich die Vorhänge und trete zum Fenster. Der Platz liegt im Halbdunkel der Sommernacht Als ob sie das Sonnenlicht des Tages gespeichert hätten, glühen die mächtigen Barockfassaden der Häuser um den Platz. Sie haben die Farbe von rosa Malven.

Ich lege mich auf das Bett und kehre das Gesicht zum Fenster, sodass ich den Sternenhimmel sehen kann. Ich könnte vor Müdigkeit versinken. Wenn ich die Augen auch nur Sekunden schlösse, würde ich in tiefen Schlaf fallen. Aber ich will diesen Abend auskosten, ich will mir bewusst werden, dass ich lebe und morgen leben werde, und dass ich ein Recht habe zu leben. Ich möchte mich an einen Tisch setzen, der für ein Abendessen gedeckt ist, mit Weingläsern und Serviette und Besteck. Und ich möchte gut essen, mit dem Löffel den Käse über die „Pasta“ streuen, und mit der Hand möchte ich die dunkle Rotweinflasche mit dem bunten Etikett und dem in das Glas geprägten Siegel umfassen. Ich möchte das alles langsam und ausführlich tun und es genießen. Und es müssen Menschen um mich sein – ich sehe die lebhaften Apulier, die ungeachtet des Krieges und der verlorenen Schlacht, die nur ein paar hundert Kilometer von hier ihrem Ende zugeht, alles auf ihre Art ignorieren. Ich sehe sie voll Temperament diskutieren und ihre Theorien vertreten, um deutlich zu machen, dass es nun an der Zeit sei, dass alles vorüber ist.

Leider sehe ich unmöglich aus. Der Dicke hat mir noch schnell ein Hemd gewaschen, aber die Hose ist fleckig und zerknüllt. Doch niemand wird davon Notiz nehmen. Ich stehe auf und gehe die breite Treppe zum Restaurant hinunter. Das Licht aus dem kleinen Restaurant fällt auf die Tische unter den Arkaden. Genug Licht, um draußen essen zu können – man nimmt es in Lecce nicht so genau mit der Verdunkelung.

Die Tische stehen inmitten einer Reihe blühender Oleanderbüsche und sind mit rotkarierten Tischdecken bedeckt.

Es sind meist Soldaten, die unter den Arkaden sitzen, aber auch Bürger der Stadt Lecce. Ihr lebhaftes Gespräch füllt den kleinen Platz mit den Stimmen ihrer wohlklingenden Sprache, mit Frauenlachen und temperamentvollen Ausrufen.

Es gibt Past'asciutta und köstlichen geräucherten Schinken und Melone und dazu einen schweren roten „Salice“. Das Brot ist schneeweiß, und die Kruste bricht zwischen den Zähnen.

Im Inneren des Restaurants zieht sich ein langer Bartisch an der Wand entlang, die eine große Fläche aus Spiegelglas ist. Zahllose Flaschen mit farbigen Etiketten stehen davor auf den Regalen. Ein italienischer Fallschirmjägerhauptmann hat mit seinem Mädchen an meinem Tisch Platz genommen. Er trägt ein flottes Bärtchen und nimmt auch im Sitzen die rote Baskenmütze nicht ab, die er verwegen in die Stirn geschoben hat. Was er sagt – und er spricht ohne Unterbrechung –, unterstreicht er gestikulierend mit den Händen.

Wo mögen die anderen gelandet sein? Vielleicht in Bari, auf dessen Flugplatz für unser Geschwader alle Nachschubflugzeuge gesammelt werden, die aus dem Reich kommen. Vielleicht in Foggia, wo wir ein kleines Restkommando mit Personal und Gerät unterhalten. Oder auch in Brindisi, Gioia del Colle oder Tarent.

Bachmann wird sicher in Foggia in irgendeinem vornehmen Hotel wohnen und in einem der zahlreichen Restaurants essen, in denen man wie im Frieden kulinarische Genüsse für jeden Gaumen anbietet. Foggia ist tiefste Etappe. Wie lange noch? Reinhold wird in Bari bei seinem Mädchen „Sprachunterricht“ nehmen. Ob sie sich in Bari verabredet haben? Die Droschkenkutscher fragen dort mit Augenzwinkern „Settanta-cinque?“, wenn deutsche Fahrgäste zusteigen. „Settanta-cinque“ ist die Nummer eines Hauses mit leichten Mädchen. Ich wette, dass dort heute „high life“ herrscht.

Wenn die Engländer jetzt in der Nacht bis Danzig fliegen, werden die Amerikaner nicht ruhen, das Gleiche bald mit ihrer riesigen Bomberarmada am Tage zu tun. Der Reichsmarschall wird toben und den Jägern die Schuld geben, und die armen Menschen werden durch die rauchenden Trümmer irren und ihre Verwandten und Kinder suchen und wieder und wieder verzweifelt und übermüdet an die Arbeit in den Fabriken und Büros gehen.

Die Schlacht in der Ebene westlich von Catania wird den Flugplatz von Gerbini erreicht haben. Fallschirmjäger sollen heute Nacht springen und das Vordringen der Alliierten verzögern, damit noch möglichst viele Truppen die Straße von Messina überqueren können.

Wir werden auch in Foggia keine Ruhe finden. Die Viermots werden die Offensive gegen das Festland ohne Unterbrechung aufnehmen, sobald Sizilien gefallen ist.

Nichts ist von der seltsamen Anziehungskraft geblieben, die uns beinahe süchtig den Luftkampf suchen ließ – am Kanal und später in Russland. Jener Hauch von Ritterlichkeit im Zweikampf, der Wunsch, immer wieder die Herausforderung anzunehmen, hat einem Gefühl des Ausgesetztseins Platz gemacht, das die Lust am sportlichen Kampf mit gleichen Chancen längst verdrängt hat.

Wer so geringe Aussicht hat, am Leben zu bleiben, ist bitter und legt seine Worte nicht auf die Goldwaage. Aber der Sarkasmus hat Formen angenommen, die der nicht mehr versteht, der nicht ausgesetzt ist. In ihrer Isoliertheit – nur noch „Abschussmaschinen“ (die versagen!) – werden die Piloten hochmütig, ja beinahe arrogant, und behandeln nur noch den, der fliegt, oder den Fallschirmjäger oder den U-Boot-Mann als ihresgleichen.

Wie selten sprechen sie noch über die Zeit nach dem „Endsieg“, das Pathos der Frontberichte ekelt sie an, und in ihren Kommentaren ironisieren sie die großen Worte der Propagandazeitungen. Sie glauben an nichts mehr. Ist das eigentlich schon Defätismus?

Hoch über uns ist auf einmal das Motorengeräusch eines Bombers - die Gespräche um den Platz werden um eine Nuance leiser, aber sobald das Gebrumm in der Ferne verklungen ist, füllen die Stimmen wieder den kleinen Platz. Der Rotwein ist schwer, und die Müdigkeit lastet auf mir wie eine Betäubung. Ich erhebe mich und gehe durch das kühle Restaurant die Treppe hinauf zu meinem Zimmer. Aus dem Spiegel sieht mich ein fremdes, schmales, olivgelbes Gesicht an.

Als ich das Licht lösche, ist es plötzlich so dunkel, dass ich eine Art Angstgefühl in mir aufsteigen fühle, aber die Leinentücher des Bettes sind wohlig kühl und duften nach Seife, und allmählich ergreift ein starkes Empfinden der Geborgenheit von mir Besitz.

Morgen früh werde ich nach Bari fliegen und feststellen, ob dort genügend fabrikneue Messerschmitts stehen. Bachmann wird in Foggia alles für die Flugplatzerkundung vorbereitet haben – wir benötigen dringend einen neuen Fieseler „Storch". Die riesigen gelben Weizenäcker bei Crotone gefallen mir nicht, sie hegen inmitten eines ausgedehnten Malariagebietes, und es wird dort unerträglich heiß sein. Außerdem wird der Staub uns beim Start verraten.

In der Sila, dem Waldgebirge, das ostwärts von Cosenza bis über tausend Meter aufsteigt, soll es ausgedehnte Wildweiden geben, die wir vielleicht in Feldflugplätze verwandeln können – die Wälder bieten gute Tarnung für die Messerschmitts.

Hoffentlich sind genügend „Kanonenboote" unter den Flugzeugen in Bari, das sind solche, denen man zusätzlich zu der 20-mm-Kanone, die durch die Nabe des Propellers schießt, zwei weitere in Gondeln unter die Fläche montiert hat.

Ein Glück, dass in Foggia noch ein paar Fahrzeuge des Geschwaders stehen – wir werden zu den Depots fahren, um Zelte, Werkzeuge und Kräne, neue Motoren und all die tausend Dinge zu holen, die wir heute zerstört haben.

Man wird uns wieder keine Zeit zur Auffrischung lassen. Vielleicht ein paar Tage in Foggia zum Ausschlafen und zum Baden in der Bucht von Manfredonia.

Wir müssen die Angriffsformation gegen die Fliegenden Festungen üben. Ganz dicht beieinander müssen wir bleiben, Fläche an Fläche von vorn angreifen, „bis die Silhouette der Bomber genau ins Visier passt …"

# Fünfundzwanzig Jahre danach

Seit der Landung der Alliierten auf Sizilien sind mehr als fünfundzwanzig Jahre vergangen, und die schmerzlichen Wunden jener Tage, in denen die Bomben auf die Kämpfer und die leidende Zivilbevölkerung herabregneten, sind verheilt. Die Landung bedeutete für die Alliierten das Aufstoßen einer Tür, für uns Deutsche war sie eine der Stationen – vielleicht die entscheidende – auf dem Wege zur Niederlage, auf dem Wege, den vorher die Namen Stalingrad und Tunis gekennzeichnet hatten.

Warum habe ich seitdem den Wunsch gehabt, das Erlebnis dieser kurzen Episode aus dem Kriege – der 5 ½ Jahre dauerte – ausführlich zu beschreiben? Einer Episode, die im Kriegstagebuch meines Geschwaders ganze zwölf Seiten füllt und die gegenüber den großen Schlachten, den Siegen und Niederlagen des Krieges verblasst.

Die Ereignisse jener Tage haben sich tief in mein Gedächtnis eingegraben, obgleich mir der Krieg keine Zeit zum Verweilen und zur Rückschau ließ. Gemessen an dem, was folgte, wurden die Einsätze in Sizilien immer unwichtiger. Mit dem zurückweichenden Heer zog mein Geschwader auf der italienischen Halbinsel nach Norden, sprang dann für ein paar Tage „zur Abwehr der Invasion" nach Frankreich, verlegte nach Rumänien, um das Vordringen der Russen aufzuhalten, und wurde schließlich im Reich zum Schutz Berlins eingesetzt. Die Odyssee endete in russischer Kriegsgefangenschaft.

Der Verband behielt seinen Namen, aber die Kommandeure der Jagdgruppen, die Staffelkapitäne, die Flugzeugführer fielen oder wurden „ersetzt", die „Straden", „Zöhler", „Godert", „Bachmann" und viele andere.

Ich habe niemals die Absicht gehabt, Kriegserinnerungen zu schreiben, niemals wollte ich Dokumentation und Kriegshistorie durch eigene Beiträge bereichern. Als ich in den Jahren nach dem Mai 1945 als Keramikmaler und später als Werbeassistent das gar nicht heroische und in vieler Hinsicht banale Alltagsleben des Angestellten führte und der Umgang mit der Rechenmaschine und das Diktat von Geschäftsbriefen an die Stelle des Fliegens rassiger Jagdflugzeuge trat, waren es nicht die Erinnerungen an die großen Luftkämpfe und die siegreichen Vormärsche, die mich immer wieder überfielen, sondern die Erinnerungen an jene Tage in Sizilien. Vielleicht war es die Eigenart des Geschehens, die mich besonders beeindruckt hat. Die Eigenart, die darin bestand, dass man mir eine Aufgabe gab, die undurchführbar war und die mir bewusst machte, dass eine Wende zur endgültigen Niederlage eingetreten war.

Ich sehe die Gesichter der jungen Männer, die mir anvertraut waren, deutlich vor mir. Ich sehe sie vor mir, wie sie sich zum ersten Mal „an der Front" meldeten, selbstbewusst und auf den Kampf (von dem sie nur eine unklare Vorstellung hatten) psychologisch vorbereitet. („Der Endsieg wird unser sein." „Der deutsche Soldat gibt keinen Meter Boden preis.") Die oberflächliche Tünche ideologischer Erziehung in der Hitlerjugend fiel bald von ihnen ab. Die Phraseologie des Dritten Reiches verschwand aus ihrem Wortschatz, und sie wurden zu Menschen, die, wie in Notwehr, eng aneinanderrückten.

Nachdem die „Neuen" beim Bombardement im Splittergraben gelegen und die ersten Angriffe gegen die Fliegenden Festungen überstanden hatten, passten sie sich schnell denen an, die in schnoddrigem Ton und mit beißender Ironie alles bagatellisierten (obgleich sie reife ernste Männer geworden waren und nur noch „von einem Tag auf den anderen lebten"). Ich habe es selten erlebt, dass einer von ihnen in dieser Zeit unser Zusammenleben dadurch gestört hätte, dass er sich nicht anpasste oder unerträglich war.

Die Luftwaffe zog als Torso in den Krieg. Als dieser zum Mehrfrontenkrieg gegen Großmächte wurde, waren die Führung und das Instrument nicht im entferntesten in der Lage, ihre Aufgabe zu bewältigen.

Unter dem ersten Generalstabschef der Luftwaffe entstand die erste Luftkriegsvorschrift (LdV 16), sie behandelte im Wesentlichen den Luftangriff und teilte der Luftverteidigung eine nebensächliche Rolle zu.

So existierte die Luftwaffe im Jahre 1939 in einer militärischen Vorstellungswelt, die Möglichkeiten und Grenzen der eigenen Kräfte außer acht ließ. Der „selbstständige" Luftkrieg, die Zerstörung der Kraftquellen des Gegners – von den Angelsachsen zutreffend „Strategischer Luftkrieg" genannt – wurde vom Generalstab der Luftwaffe nie konsequent geplant. Der Angriffsluftkrieg sollte vielmehr mittels „operativer" Bomberkräfte geführt werden, die nach Umfang und Charakteristik bestenfalls zur temporären Störung des gegnerischen Potentials, aber nicht zu dessen Vernichtung fähig waren.

Unter dem Arbeitsbegriff „Ural-Bomber" wurden Pläne für den Bau eines Großbombers verfolgt, ohne jedoch je realisiert zu werden. Dass die Wirtschaftskraft des Dritten Reiches nie ausgereicht hätte, eine Luftrüstung zu verwirklichen, mit der sowohl Luftverteidigung wie auch strategischer Luftkrieg mit Großbombern geführt werden konnte, ist unwidersprochen.

Bei Kriegsbeginn war die Luftverteidigung des Reiches schlimm vernachlässigt. Die Flak war – überbewertet – fast ausschließlich als aktiver Träger des Abwehrkampfes vorgesehen. Es gab keine zusammenhängende Organisation für die Führung des Abwehrkampfes, da man nicht mit Luftangriffen auf das Reich rechnete. Als die Nachtangriffe der Engländer begannen und – wenig später – die Tagesangriffe der Amerikaner, war es zu spät, die Versäumnisse nachzuholen.

Während Göring als Richthofens Nachfolger aktiver Flieger gewesen war und wohl wissen musste, dass sich der Luftkrieg zu einem selbstständigen Element des

Krieges entwickelt hatte, kamen zahlreiche Generäle und höhere Führer vom Heer und von der Marine, und nur wenigen von ihnen gelang es, die anders gearteten Gesetze des Krieges in dem Element Luft zu erfassen. Sie taten ihr Bestes, indem sie die Berechtigung erwarben, Flugzeuge zu fliegen, oder sich als Beobachter ausbilden ließen, aber die meisten waren nicht in dieser neuen Waffe „gewachsen", und ihre Vorstellungen vom Krieg in der Luft kamen aus der engen Vorstellungswelt des Landkrieges.

Die Führung verlor dann im Kriege die Verbindung zur kämpfenden Luftwaffe in zunehmendem Maße. Ihre Unfähigkeit – trotz beinahe revolutionärer Durchbrüche auf dem Gebiet der Flugtechnik in der Situation der verzweifelten Rundumverteidigung Schwerpunkte der Entwicklung und Produktion zu bilden und die Mittel effektiv einzusetzen, blieb der kämpfenden Truppe nicht verborgen.

Dem jungen Offizier wurden die Fehlentscheidungen und Führungsfehler deutlich, als sich die Luftschlacht um England ihrem Ende zuneigte. Die Jagdwaffe – sie war erst fünf Jahre alt – hatte in dieser Schlacht einen Substanzverlust erlitten, der, gemessen am Umfang, nicht wieder gut zu machen war. Die Ausweitung des Luftkrieges und der Beginn der alliierten Bomberoffensive gegen das Reich ließen die verbliebene Fähigkeit, wirkungsvoll und mit überlegenem Material abzuwehren und den offensiven Luftkrieg zu führen, dahinschwinden. An die Stelle einer wohlkalkulierten und organisierten Reaktion traten in zunehmendem Maße Improvisation und überstürztes Handeln mit ungenügenden Mitteln. Die großen technischen Durchbrüche – der Düsenantrieb des Flugzeuges, die Raketentechnik – konnten das Schicksal nicht wenden.

Die Führung begann ihre Fehler und Unterlassungen durch „psychologische Kriegsführung" zu kompensieren. Die Forderungen an die Tapferkeit und das Durchhaltevermögen der Kämpfer wurden härter und endlich gnadenlos. Was das Material nicht vermochte, sollte der Todesmut des deutschen Soldaten gutmachen.

Da, wo eine realistische Betrachtung der militärischen Möglichkeiten unschwer die Niederlage voraussehen musste, trat an die Stelle der Berechnung und des Kalküls jene pathetische Unbekannte von Opfersinn und Heldenmut, die in der deutschen Militärgeschichte eine so verhängnisvolle Rolle gespielt hat.

Ein Vierteljahrhundert politischer Entwicklung ist seitdem vergangen. Es hat uns Deutschen eine Position in der Welt gebracht, die 1945 keiner für möglich gehalten hätte. Ich sage das ohne jeden chauvinistischen Stolz.

Deutschland ist noch immer geteilt. Sein westlicher Teil ist ein zwar mit begrenzter Handlungsfreiheit ausgestatteter, aber doch souveräner Staat, ein freiheitlicher Staat, den zu schützen sich lohnt. Die Bundesrepublik ist wirtschaftlich eine Macht und militärisch ein geschätzter Bündnispartner. Wir besitzen eine moderne Luftwaffe, die wir mit ihren Kampfkräften voll der NATO zur Verfügung gestellt haben.

Das verpflichtet uns, auf dem Gebiet der Luftfahrt und Luftrüstung selbstständig vorauszudenken und diejenigen technischen Waffen und Mittel zu entwickeln oder zu beschaffen, die notwendig sind und die wir uns leisten können. Denn auch heute noch gilt für jede technische Streitkraft: Schlechte Technik kann nicht durch gute Soldaten, hohe Moral und todesmutigen Einsatz wettgemacht werden. Eine Luftwaffe mit unzulänglicher Technik auszustatten und sie auf die Dauer in diesem Zustande zu belassen ist heute genauso unverantwortlich wie im Zweiten Weltkrieg. Dass dieses nicht eintrete, ist in allen Nationen Aufgabe und ständiger Durchsetzungskampf der Luftwaffenführung.

Fragt man den Kommodore von einst nach den Grundsätzen, die für ihn – im Besitz seiner Erfahrungen aus sechs Kriegsjahren und fünfundzwanzig Friedensjahren – unverrückbare und unaufgebbare Maxime für sein heutiges Amt geworden sind, so antwortet er mit fünf Thesen, von denen die ersten zwei keines Kommentars bedürfen.

1. Der Krieg ist auf unserer Zivilisationsstufe verabscheuungswürdig. Gewalt zwischen Völkern ist kein Mittel zur Lösung ihrer Probleme. Jedoch sind Verteidigungsanstrengungen notwendig, solange die Drohung mit Gewalt fortbesteht.

2. Auf dem Gebiet der Verteidigungsanstrengungen schreitet wie überall die Entwicklung zu größeren, übernationalen Verbänden fort. Für ein Land in der Lage der Bundesrepublik – will es nicht in dauernd gefährdeter Neutralität leben – ist die Einordnung in das westliche Bündnis die einzige Möglichkeit, sich wirksam zu verteidigen, und gleichzeitig Schutz gegen ein Handeln aus nationaler Engstirnigkeit.

3. Rüstung, insbesondere Luftrüstung, ist Spitzentechnik. Nur diejenigen Nationen, die über ein technisches und industrielles Potential verfügen, können Waffensysteme in der geforderten Modernität und Qualität entwickeln, beschaffen, in Dienst halten und versorgen. Durch übernationale Zusammenarbeit und Arbeitsteilung kann eine Nation sich diese Aufgabe erleichtern.

Neuzeitliche Streitkräfte werden in ihrem Abschreckungswert entscheidend bestimmt durch das Ausmaß ihrer Teilnahme am technischen Fortschritt. Sie veralten schnell und verlieren ihre politische Wirksamkeit, wenn sie nicht ständig weiterentwickelt werden. Sie benötigen daher einen hohen Anteil der Haushaltsmittel für Investitionszwecke und binden sie für lange Zeit.

Es ist eine Erfahrungstatsache, dass theoretische militärische Sicherheitsforderungen, die sich allein von der Bedrohung herleiten, häufig über das Maß des Möglichen hinausgehen. Das Maß des Möglichen aber bestimmt sich einmal nach den finanziellen Hilfsquellen des Staates (hierin eingeschlossen auch die personellen) und zum anderen nach den Möglichkeiten der Wehrwirtschaft und Wehrtechnik, moderne Wehrmittel herzustellen, oder, wenn im Ausland hergestellt, zu beherrschen und im Sinne des Managements zu steuern.

Was nun den Staatshaushalt betrifft, so sind dem Anteil der Verteidigung deutliche Grenzen gesetzt. Wenn das Wesen der politischen Führung das „Koordinieren der Staatszwecke“ ist, so ist es die Kunst der Legislative, die den Haushalt beschließt, den Staatszweck „Verteidigung“ so gegen die anderen Staatszwecke auszubalancieren, dass einerseits dem Sicherheitsanspruch Genüge getan, andererseits die Stabilität der Volkswirtschaft nicht gefährdet wird. Ebenso entscheidend ist die Leistungsfähigkeit der Wehrtechnik.

Zu einer eigenständigen leistungsfähigen Rüstungsproduktion gehört eine entsprechende Forschungs- und Entwicklungskapazität, langjährige Erfahrung, ein Stamm von Wissenschaftlern und Ingenieuren – also etwa das, was die Amerikaner als „know-how“ bezeichnen.

Aber auch wenn man nicht selbst produziert, ist zur Beherrschung eingeführter Systeme ein großer Aufwand und viel Erfahrung auf dem Gebiet des „System Management“ notwendig. Das ist zu beachten, wenn man militärische Forderungen auf ihre Durchführbarkeit untersucht. Auch hier wird die Entscheidung bei realistischer Beurteilung der eigenen Grenzen so ausfallen, dass von der theoretischen Forderung nur ein bestimmter prozentualer Anteil erfüllbar sein wird. Und auch hier – das wird jeder verantwortlich denkende Soldat ohne Zögern zugeben – muss der Anteil des Sicherheitsanspruches nach der Leistung des Ganzen so bemessen sein, dass das Ganze nicht geschädigt wird. Das Ganze ist in diesem Zusammenhang die gesamte zivilisatorische Bemühung von Wissenschaft, Forschung und Technik zur Wohlfahrt eines in einem Staat lebenden Volkes.

Am Beispiel der raumfahrenden Nationen wird klar, dass die Unterhaltung einer modernen Luftwaffe in einer bestimmten Relation zu diesem neuen zivilisatorischen Tätigkeitsfeld einer Nation steht, mindestens aber viel davon widerspiegelt Das gilt auch für einen Staat, dem die Begrenztheit seiner Mittel keine eigene Raumfahrt erlaubt.

Luftwaffe und Luftfahrt sind zwei Gradmesser unter vielen anderen, die den technischen Stand der Nation anzeigen. Und der technische Stand einer Nation ist heute ausschlaggebend für

- Geltung und Gewicht unter anderen Nationen,
- die Effektivität ihrer Selbstverteidigung,
- die Leistungsfähigkeit ihrer Wirtschaft,
- Wohlfahrt und Wohlstand ihrer Bürger im Ordnungsgefüge des Staates – also für das, was wir „Zukunft“ nennen.

4. Verteidigungstechnik verlangt nicht nur materielle, sondern vor allem geistige Anstrengungen. Es genügt nicht, Waffensysteme zu besitzen, eine Nation muss auch die Fähigkeit haben, sie durch technisches „Management“ auf dem höchsten Stand der Einsatzbereitschaft zu halten, sie fortzuentwickeln und ihren Ersatz vorzuplanen. Das erfordert eine neue Art wehrtechnischen Denkens und Führens. Luftwaffen sind technische Großbetriebe, Technik und Taktik bilden bei ihnen eine Einheit.

Die Taktik der Kampfsysteme ist mehr und mehr durch die Zwanghaftigkeit technischer Abläufe bestimmt. Demgegenüber geht der Spielraum militärischer Einzelentscheidungen zurück. Es wird immer schwieriger, richtige Planungs- und Rüstungsentscheidungen zu treffen, weil das Gewicht der Erfahrung gegenüber dem Wert richtiger Voraussagen abnimmt. Richtige Voraussagen sind immer weniger durch herkömmliche militärische Lagebeurteilung möglich. Sie verlangen zunehmend exakte Berechnungen aufgrund von großen Datenmengen. Die Folge ist ein Zwang zur Zentralisierung des Planens und Führens.

In diesen Erscheinungen wird auf zivilem und militärischem Gebiet oft ein Zwang gesehen, und sie werden meist negativ beurteilt. Man hat den Eindruck, dass auch im Bereich der Streitkräfte die stattgehabte Zweite Industrielle Revolution noch nicht überall verstanden worden ist. Was am meisten Unbehagen auslöst, ist der erwähnte technische Zwang. Es wird darin eine unwürdige Abhängigkeit von schwer durchschaubaren Zusammenhängen gesehen. Dabei wird verkannt, dass dieser Zwang nur dann tatsächlich zwanghaft wirkt, wenn die technischen Zusammenhänge nicht überblickt werden. Nur der militärische Führer, der naturwissenschaftlich-technische Zusammenhänge durchschaut, beherrscht die Waffe im wahren Sinne des Wortes, statt sie zu „bedienen“. Er gewinnt Entscheidungsfreiheit, weil er Alternativen erkennt, wo andere nur Zwang sehen.

Die wesentlichen Konsequenzen für die Führung der Luftwaffe sind: Wir müssen technisch weit voraus planen. Diese Planung setzt zutreffende Voraussagen über die technischen Möglichkeiten des Gegners und der eigenen Seite voraus. Sie ist nur gemeinsam mit Verbündeten, Luftfahrtindustrie und Wissenschaft möglich Wir brauchen eine Führungsorganisation, die den unabweisbaren Forderungen der Technik gerecht wird. „System Management“ darf kein bloßes Schlagwort sein, wir müssen systemgerecht führen. Wir brauchen eine Führungstechnik. Technik kann nicht untechnisch geführt werden. Elektronische Führungssysteme bringen die Datenverarbeitung in die Gefechtsstände. Wir müssen lernen, sachgerecht mit ihr umzugehen.

Daraus entwickeln sich neue Führungsmethoden. Richtige Voraussagen sind bei komplexen Zusammenhängen nur noch unter Heranziehung von Operations Research möglich. Damit ändert sich auch der Führungsstil. Er wird weniger autoritativ und mehr kooperativ. Allerdings darf der militärische Befehl dadurch nichts von seiner beherrschenden Stellung verlieren. Ihm gegenüber – ist er einmal erteilt – gelten nur die Einschränkungen des Soldatengesetzes. Es ist für den Soldaten einer der überzeugendsten Züge dieses Rechtsstaates, dass seine Pflichten und Rechte durch ein Gesetz bestimmt sind. Dass dies erstmalig in der deutschen Militärgeschichte der Fall ist, wird oft vergessen.

5. Die Streitkräfte haben einerseits Anspruch auf einen bestimmten Teil der Arbeitskraft der Nation, andererseits die Verpflichtung, für eine Ausbildung der jungen Bürger zu sorgen, die für sie einen Vorteil beim Wiedereintritt in die zivile Arbeitswelt bedeutet. In der Luftwaffe besteht diese Möglichkeit in besonderem Maße. Sie sollte ein Teil der offenen Industriegesellschaft sein, welche die Existenzform des Menschen im späten 20. Jahrhundert ist.

Technische Mittel und Menschen, die sie beherrschen, sind die beiden Hauptkomponenten, aus denen sich Leistung und Kampfkraft einer Luftwaffe ergeben. Untersucht man – ohne Bezug auf den Gesamtrahmen des Krieges von 1939 bis 1945 – die Ursachen der Niederlage der Wehrmacht-Luftwaffe, so erkennt man, dass in der falschen Behandlung sowohl der Technik als auch der Menschen die entscheidenden Fehler der damaligen Führung lagen. Das „Tagebuch des Kommodore“ ist mit der Absicht geschrieben worden, dies aus der Sicht des kämpfenden Soldaten aufzuzeigen. Heute ist die Entwicklung und Beherrschung der technischen Mittel in Gestalt der Waffen- und Gerätesysteme bis auf bestimmte Teilprobleme, die sich immer neu stellen, befriedigend gelungen. Wir mussten auf diesem Gebiet Lektionen nachholen, die andere Luftwaffen in ihrer kontinuierlichen Entwicklung früher gelernt haben.

Problematisch ist noch immer die Einordnung des Menschen in das Gesamtfunktionssystem der Luftwaffe. Die Struktur unserer Offizier- und Unteroffizierkorps entspricht nicht mehr den Anforderungen moderner Technik.

Die Zusammenarbeit der Führungsschicht der Technik und der oberen militärischen Führung ist noch nicht intensiv genug. Ausbildung und Werdegang, besonders der Luftwaffenoffiziere, müssen in einer gesunden Relation von Aufwand und nutzbarer Zeit für den Kampfwert der Luftwaffe stehen.

Unser Vorstellungsbild vom Offizier entspricht nicht mehr der vorwärtseilenden technischen Entwicklung, die das Wesen der Luftwaffe in besonderem Maße kennzeichnet. Es entspricht auch nicht mehr der soziologischen Struktur einer offenen, arbeitsteiligen Industrie- und Leistungsgesellschaft und damit auch nicht mehr dem Menschen, wie er sich in den technischen Bereichen der Luftwaffe als Teil dieser Gesellschaft findet. Ganz sicher aber entspricht das überkommene Leitbild des Offiziers nicht mehr einer Gesellschaft, die sich mitten in der Zweiten Industriellen

Revolution, nämlich im Umwandlungsprozess zur Dienstleistungsgesellschaft, befindet. Diese Gesellschaftsform wird revolutionär oder evolutionär verändert durch Automation, Kybernetik und elektronische Datenverarbeitung, das heißt durch die Tatsache, dass nun auch die Hirnkraft des Menschen durch technische Einrichtungen ergänzt oder ersetzt oder potenziert wird.

Der neue Typus sollte ein Offizier und Unteroffizier sein, der aus der Gesellschaft kommt und nach begrenzter, zweckgebundener Ausbildung und Tätigkeit in der Luftwaffe wieder in die Gesellschaft zurückkehrt. Andere Nationen – wir haben das untersucht – haben die Integration der Streitkräfte in den zivilen Bereich der Gesellschaft, in das zivile Bildungs- und Berufswesen, weitgehend verwirklicht.

Gerade die wirkliche (nicht nur die „gesellschaftliche") Integration in die Industriegesellschaft war für die Reformatoren und Schöpfer der Bundeswehr von Anfang an eine selbstverständliche Forderung. Im Gegensatz zur Reichswehr, die rückblickend oft als „Staat im Staate" bezeichnet wird, soll die Bundeswehr als Wehrpflicht- und Freiwilligenarmee voll in Staat und Gesellschaft integriert sein. Dies steht in unmittelbarer Beziehung zur Inneren Führung technischer Streitkräfte. Innere Führung umfasst unter anderem zeitgemäße Menschenführung, und „zeitgemäß" kann nichts anderes bedeuten als „auf der Höhe dieses unseres technischen Zeitalters".

Es wird den Führern technischer Streitkräfte, wenn sie aus der wachsenden Technisierung sachliche Konsequenzen ziehen und entsprechende Forderungen stellen, oft vorgeworfen, sie vernachlässigten gegenüber den rational-technischen Gesichtspunkten den Menschen mit seinen Bedürfnissen, seinen Emotionen und Anfälligkeiten. Diese Betrachtungsweise ist oberflächlich und auch falsch. Das Gegenteil ist der Fall: Solange es auf unserer Zivilisationsstufe Armeen geben muss, werden es technische Armeen sein, ob uns das lieb ist oder nicht. Soldaten in technischen Armeen können nicht existieren ohne dauernde Befriedigung in diesem ihrem Metier. Solche Befriedigung ist nur zu erreichen, indem man ihnen

- gute technische Wehrmittel die Hand gibt und
- sie entsprechend dem technologischen Stand dieser Wehrmittel ausbildet, einsetzt, bezahlt und achtet.

Eine Nation und ihre Lebensform werden nicht, wenn es notwendig ist, von Automaten verteidigt, sondern von denkenden und fühlenden Menschen, die den Willen und die Bereitschaft zur Verteidigung haben müssen. Ihnen die beste Technik und die beste Ausbildung zu geben ist zutiefst menschlich. In der Episode, die im „Tagebuch des Kommodore" geschildert wurde, war dies nicht der Fall. Die Führung des Reiches hatte bereits zu jener Zeit das Maß für verantwortungsvolles Handeln verloren, auch gegenüber ihren Soldaten. Es liegt in unser aller Verantwortung, dass solches nie wieder geschieht.

MUSEUM
STAMMHEIM
MILITÄR- UND ZEITGESCHICHTE
Museum
www.museum-stammheim.de 97509 Stammheim / Unterfranken